复旦文史专刊之十五

复旦大学文史研究院 编

朝鲜通信使与东亚文化交流

中华书局
ZHONGHUA BOOK COMPANY

图书在版编目(CIP)数据

朝鲜通信使与东亚文化交流/复旦大学文史研究院编. —北京:中华书局,2025.7. —(复旦文史专刊). —ISBN 978-7-101-17069-6

Ⅰ. D831. 209;K310. 4

中国国家版本馆 CIP 数据核字第 2025N9Z278 号

书　　名	朝鲜通信使与东亚文化交流	
编　　者	复旦大学文史研究院	
执行编者	王鑫磊　朱莉丽	
丛 书 名	复旦文史专刊	
责任编辑	孟庆媛	
封面设计	毛　淳	
责任印制	管　斌	
出版发行	中华书局	
	(北京市丰台区太平桥西里 38 号　100073)	
	http://www.zhbc.com.cn	
	E-mail:zhbc@zhbc.com.cn	
印　　刷	三河市宏盛印务有限公司	
版　　次	2025 年 7 月第 1 版	
	2025 年 7 月第 1 次印刷	
规　　格	开本/710×1000 毫米　1/16	
	印张 17¾　插页 2　字数 255 千字	
国际书号	ISBN 978-7-101-17069-6	
定　　价	98.00 元	

目　录

中国学界的朝鲜通信使研究综述……………………………… 朱莉丽　1

1590 年朝鲜通信使与丰臣秀吉国书 ……………………… 王鑫磊　20

壬辰战争后朝鲜对遣使日本的论争与决策：以新发现的

　《银台日记》为中心 ……………………………………… 丁晨楠　46

宽永十二年的译官使…………………………………………… 池内敏　62

译官使的职权扩大与接待仪式……………………………… 李晛镇　72

朝鲜通信使相关的倭情咨文与明清中国……………………… 程永超　109

朝鲜通信使和琉球使节………………………………………… 木土博成　137

明清鼎革后日朝通信使笔谈中的"中华"观碰撞…………… 年　旭　146

17、18 世纪朝鲜通信使对日本私礼单的处理与理解 ……… 徐韵文　168

1763 年通信使交流之特征：围绕"中华"表象的竞争 ……… 张真焜　188

18 世纪朝日文人的"文会"与"文战" ………………………… 韩　东　214

1811 年日朝外交中的交流机制与文化主导权争夺…………… 王连旺　243

对马易地通信交涉与朝鲜语通词的谚文文书………………… 许芝银　261

中国学界的朝鲜通信使研究综述

朱莉丽

复旦大学文史研究院 研究员

近年来，中国史学界对作为近世日朝交聘史料的通信使史料十分关注。以对通信使史料的整理、编纂为基础，展开了多样的研究。但是，考虑到通信使史料与中国历史的直接关联度并不强，而收藏了通信使史料的日韩两国又已经在通信使研究方面积累了丰富的研究成果。中国学者要从怎样的角度切入，才能在不重复日韩学术界既有研究的同时，做出具有开拓性的有意义的研究呢？在诸多的尝试中，葛兆光教授提出了"不在场的在场者"这一概念，即去探讨日朝间以通信使为载体而进行的交聘礼仪、儒学交流、知识交换、文学竞逐等交流活动背后的中国之影响。

这篇综述将从三个方面介绍中国的通信使研究。首先，是对中国学术界到目前为止的通信使研究的内容及其研究角度的介绍。其次，是对史料编纂情况和通信使相关的研究会议的介绍。最后，是对既已提出的研究方法的介绍。在这里需要说明的是，本文所论及的中国的通信使研究，是指中国学术界开展的研究。而海外的中国学者，比如在日本进行通信使研究的中国学者的研究，大多数情况下是在日本既有的研究脉络中展开的，因此纳入日本的通信使研究更为恰当。故而本文并不会涉及这一类研究。

一、中国的通信使研究及其角度

中国学者对通信使产生关注，可以追溯到 2000 年前后。但是，直到 2010 年为止，中国学术界关于通信使的研究论文只有数篇而已。就笔者所见，赵建民在 2002 年发表的论文，可以说是中国最早的通信使研究。这篇论文在对江户时代的 12 次通信使的情况作出简略介绍的基础上，一方面探讨了通信使在当时的日朝交流中发挥的作用以及当时日本和朝鲜对中国的关心情况；另一方面，指出江户时代的日本在通过通信使进行的对朝交聘中，将自身的位置置于朝鲜之上，并随着交往的推移，对朝鲜的蔑视情绪日益高涨。这一倾向被日后的明治政府所继承，并最终发展成 19 世纪对朝鲜的侵略行为。赵建民在引用日本既有研究成果的基础上对通信使概况进行了介绍，尚未触及到通信使史料本身。

之后发表的陈文寿的《丙子通信使与近世日朝通交体制》（2004）在通信使研究上有所推进。该文指出，德川幕府对朝外交革新的尝试，实则在"柳川一件"之前便已展开。"柳川一件"可以说是革新的契机，但并非起因。陈文寿认为，德川将军之所以支持对马宗氏，是为了维护家臣必须服从于藩主的幕藩体制的基本规则。幕府对这一事件的处置，相较于外交方面，在日本的内政方面发挥了更为重大的影响。日本通过与丙子通信使的交聘，实现了对国书中将军称号的变更，以及对日本年号的使用等外交上的革新。陈文寿的研究在切实地引用通信使史料的基础之上，对丙子通信使在日朝外交中的意义做出了分析，可以说是中国最早的具有实证性质的通信使研究。

另外，许多的通信使笔谈资料中蕴含着日朝知识人围绕中医及汉方学的交流情况。中国的医学工作者很早便注意到了这一批史料的价值。比如，梁永宣基于内阁文库及富士川文库收藏的 18 种笔谈资料中与医学交流相关的内容，分析了以通信使为媒介的日朝医学交流的情况（2004、2005）。全世玉也做出了类似的总括性的研究（2006）。总之,2010 年以前的通信使研究,大都处在对通信使及其关联史料的基本介绍阶段,并未呈现出明显的研究方向,成果很少,相互之间也未形成讨论。

2006 年,日本的通信使研究开始被介绍和引入到中国学界。首先被翻译过来的,是夫马进先生的《朝鲜燕行使与朝鲜通信使》一文。夫马进首先指出,燕行使史料可以作为明清中国的政治、外交、社会研究的新史料。通过对通信使和燕行使进行比较,可以判明近代之前的中国、朝鲜和日本各自在东亚社会中所处的位置。该文讨论的中心是朝鲜知识人在东亚的学术交流中发挥的作用。夫马进指出,以通信使的身份到访日本的朝鲜知识人,注意到江户时代的日本儒学者中出现了反对朱子学,主张重视古代语言,通过对古代语言的综合研究来理解儒教的经典著作,回归古典、回归原始儒学思想的倾向,即所谓的日本古学。此后,作为燕行使来到北京的朝鲜知识人,发现中国存在类型的倾向,即曾盛行于乾嘉时代的汉学。固守朱子学并将其作为王朝统治基础的朝鲜知识人由此感到深刻的危机,同时意识到日本的学术已经脱离了朝鲜的影响。以此为契机,朝鲜知识人开始重视收集日本的学术情报,而这一举措又进一步影响了朝鲜对自身和清朝学术的理解。

两年后,夫马进的《1765 年洪大容的中国京师行与 1764 年朝鲜通信使》被刊载于《复旦学报》社会科学版(2008)。此文在对作为燕行使访问清朝的洪大容和作为通信使访问日本的元重举的经历进行比较的基础上,分析了清朝、日本、朝鲜的知识人各自的精神世界。夫马进指出,无论是洪大容和清朝知识人的交往,还是元重举和日本知识人的交往,虽然都是以诚相待,但朝鲜知识人却对清朝知识人和日本知识人不能克制自己的感情、真情流露的举动无法理解。究其原因,是因为当时盛行古学的日本和推崇汉学的中国都不约而同地对“情欲”、“情爱”有所肯定,而尊奉朱子学的朝鲜知识人,却认为应该抑制“情爱”。故而,夫马进认为,与当时的清国和日本的知识人相比,朝鲜的知识人可谓生活在不同的精神世界里。2010 年,夫马进的专著《朝鲜燕行使与朝鲜通信使》在中国出版。就此书的内容而言,一是介绍了 16、17 世纪的朝鲜燕行使对中国社会的观察，二是介绍了18、19世纪经由燕行使和通信使进行的中朝、日朝学术交流的情况。同时收录了日本现存的朝鲜燕行使书目提要和中国现存的使朝鲜录提要。并通过将《使朝鲜录》和《使琉球录》进行比较，分析了中国人的朝鲜认识和琉球认识的区别。以对夫马进研究的介绍和引入为契机，既已对燕行使研究有着较深关注的中国学术界终于注意到了通信使这一研究对象。2009年，李永春的《简论朝鲜通信使》发表于《当代韩国》。此文也是概括性的研究，从通信使的派遣理由、活动概况、历史意义三个方面介绍了江户时代以来通信使的情况。

中国学术界对通信使抱以关心的另一个背景是，当时中国学界出现的对中国以外的国家保有的汉籍，特别是对东亚以汉文书写的使节日记、文集的加以重视的趋向。复旦大学文史研究院的葛兆光教授在2007年提出了"从周边看中国"的研究方向。在同属东亚的日本、韩国、越南等以前以汉字进行官方书写的国家，保留有大量的汉文史料。其中关于中国的记录十分丰富。葛兆光教授指出，这些史料不仅反映了东亚各国间的关系，而且反映出日本、韩国、越南等国对中国的观察。以上国家对中国的观察，对中国自身史料的记载做出了重要的补充。通过对这些史料的研究，可以更为立体地描绘出明清中国历史像的同时，帮助我们加深对东亚历史的理解。

随之，作为研究展开的基础，文史研究院着手进行了近世东亚汉文史料的整理编纂工作。于2010年编纂完成了《越南汉文燕行文献集成》，2011年编纂完成了《韩国汉文燕行文献选编》。作为其后续，2012年，推动了夫马进先生《朝鲜燕行使与朝鲜通信使》翻译出版工作的葛兆光教授提议进行朝鲜通信使文献的编纂工作。但是，与越南北使文献和朝鲜燕行使文献不同，除了壬辰战争时段之外的通信使文献与中国的直接关联性不强。而且，在日本与韩国已经有了丰厚的研究积累的情况下，中国学者要从怎样的角度切入，才能不重复于日韩的既有研究，同时又做出有意义的尝试呢？面对这一挑战，中国学者做出了各种各样的努力。笔者将中国到目前为止的通信使研究作一整理，发现研究主要从以下几个方面展开。

第一，是针对朝鲜通信使对日本社会和日本人观察的研究。这一研究以延边大学为中心展开，可以列举出金禹彤、朴在玉、徐东日、程美娜等人的研究。金禹彤的《朝鲜通信使眼中的日本丧祭礼俗——以〈海行总载〉中的记录为例》（2013）分析了朝鲜通信使关于日本葬仪的观察和评价。金禹彤指出，通信使注意到，日本与中国和朝鲜不同，主要实行火葬，祭祀的仪式也分为佛教和神道两种。尊奉儒家思想的朝鲜通信使无法理解日本的丧葬文化，因此得出了"国无丧葬祭祀之节"这样偏颇的结论。另外，因日本持有万物有灵的思想，因此在各处散布着祭祀诸物的小神祠，对此通信使也一律视作淫祠。通信使通过对日本的这些偏离于儒家信仰和伦理的习俗的强烈批判，获得了一定程度的自信和优越感。同氏发表的《论朝鲜通信使眼中的日本衣冠服饰礼俗——以〈海行总载〉记录为例》（2013）则指出，通信使以儒家的衣冠制度为标准，指责日本人的服饰乃是"诡怪"、"蛮夷"之服。金禹彤认为，这些批判，反映出朝鲜知识人对异文化的排斥以及强烈的自我中心意识。此外，朴在玉、徐东日的《朝鲜通信使眼中的日本器物形象》（2013）以及梁美娜的《〈海行总载〉中的日本人形象研究——以朝鲜通信使眼中的日本人服饰为中心》（2013）、金禹彤的《朝鲜通信使眼中的日本婚俗与性观念——以〈海行总载〉记录为中心》（2016）也采取了相同的研究方法。2018 年 7 月出版的徐东日和金禹彤的合著《朝鲜通信使眼中的日本形象：以〈海行总载〉为中心》可以说是以上研究的集大成。延边大学所在的吉林省，是明清时代中朝交流的重要地域。因此，延边大学通信使研究的兴盛，在一定程度上受到了地缘的影响。贯穿于这些研究的一个重要观点是，朝鲜通信使在对日本社会的各个方面做出观察和评价时，始终以儒家的道德、伦理和礼仪为标准，在对日本文化中偏离了儒家思想的部分进行批判的同时，强调了正确贯彻了儒家伦理和礼仪的朝鲜的优越性。

第二个方向是研究华夷秩序对日朝交聘的影响。刘永连与谢祥伟的文章从 1590 年通信使访问日本时围绕交聘礼仪与日本发生的冲突入手，指出朝鲜和日本共同受到中国的华夷秩序观念的影响，产生出以自己为"华"，以对方为"夷"的意识。但是，日本与朝鲜的固有文化原本便有所差别，因此对华夷秩序的理解也好，接受的方面也好，并不相同。双方在相互以对方为外交对象，将华夷观念作为一种外交手段并试图将自己置于对方之上的竞争中，产生了诸多冲突。这可以说是发源于中国的华夷秩序对周边的影响。同时，朝鲜和日本各自对华夷秩序的理解和贯彻也对近代的东亚国际关系产生了潜在的影响（2015）。前文已经论及的陈文寿的《丙子通信使与近世日朝通交体制》（2004）则认为，"柳川一件"之后，日本以使用"大君"称号为代表的对朝外交改革是其试图回归以中国为中心的华夷秩序失败之后，为了重新定位自己在东亚的位置而采取的措施。以上两篇研究的共通点在于强调了"华夷秩序"对近世日朝外交的影响。只不过，刘、谢二人的文章强调的是日朝双方试图在"华夷秩序"中将各自置于对方之上时产生的冲突，而陈文寿强调的是双方在外交中相互的妥协。

　　第三是针对以汉字的使用为基础的日朝间文学交流和笔谈的研究。这一研究，是以汉字作为日朝知识人交流的基础这一前提下，对日朝知识人围绕汉诗、笔谈进行的文化上的竞争，以及通过竞争发生的朝鲜知识人对日认识的更新进行分析。张伯伟的《汉文学史上的1764年》（2008）与夫马进的前述研究采取了相似的视角，但讨论的中心并非儒学，而是汉文学。张伯伟指出，1764年访问日本的通信使，通过与日本知识人的笔谈，对日本汉文学的现状有了进一步的了解，由此认识到日本人的汉文学水平有了更高的发展，并在此基础上形成了对包括中国、日本、朝鲜在内的汉文学圈的整体视野。不存在正式外交关系的中国与日本的学术，以通信使为媒介，实现了某种程度的交流。徐毅的《朝鲜通信使在中日文化交流中的作用》（2011）主要讨论了以下问题；即通信使与日本知识人唱和的汉诗中，对中国的历史典故多有引用。通信使在将中国的古典知识传递到日本的同时，也将明清中国的政治、经济、社会、学术各方面的情报介绍到日本。但是，朝鲜知识人从日本得到的知识却没有被传递到中国。也就是说，通过朝鲜进行的中日间的信息交换是不对称的。

第四，是对围绕通信使的活动进行的外交礼仪的探讨。金禹彤、张雨雪的《论德川时代日本对朝鲜通信使的宾礼仪——以〈海行总载〉记录为中心》（2014）将江户日本对通信使的接待，分为私人交往的非正式接待、地方上的正式接待和德川将军代表国家进行的接待三种，指出通信使对德川将军所行的四拜之礼是以明朝的礼仪为基准制定的。根据《明会典》，四拜礼是明的官僚拜见太子、藩王时所行之礼。张佳的研究《朝鲜通信使礼仪交涉发微：以崇祯丙子、癸未使行为中心》（2014）则指出，在以明朝为中心的朝贡秩序中，朝鲜国王的地位等同于明的藩王，因此朝鲜官僚对朝鲜国王行四拜礼合乎明朝的礼仪规定。而日本与朝鲜乃是敌礼之国，朝鲜使节向德川将军行四拜礼，即意味着朝鲜一方承认德川将军乃是与朝鲜国王对等的交聘对象。即，无论是德川将军还是朝鲜国王，在以中国为中心的秩序中是平等的。概而言之，以上的研究均认为江户时代日朝间的外交礼仪是参照明朝的礼仪而制定，这恰恰是明朝的文化对周边国家产生影响的证据。

第五，是对经由通信使进行的日朝间医学交流的研究。推进这一研究的大多是医学工作者。在通信使的成员中，包含有医员或者是精通医学的人才，他们与日本的医生以及知识人围绕汉方医学的交流散见于笔谈资料中。中国的相关研究大都是以这些资料为基础展开。2010年之前已经有了梁永宣的总括性研究，2010年以后，以某部史料为中心的个案研究相对多见。例如《日本〈桑韩笔语〉中的日朝医学交流背景与内容》（2005）、《日朝医学交流史的生动记录——〈韩客治验〉》（2011）、《日本〈两东笔语〉所载笔谈医学史料研究——以药物、诊疗为核心》（2015）、《日本〈和韩医话〉所载笔谈医学史料之所见》（2016）等。2017年，李敏的博士论文《18世纪日朝笔谈的医学史料研究》完成，论文从"医学问答人物史料"、"医籍史料"、"药材史料"、"疾病诊疗史料"、"朝鲜医药馈赠史料"五个方面归纳了日朝笔谈资料中的医学交流相关史料，并在此基础上分析了汉方医学对日朝医学的影响。

此外，还有一个研究方向是聚焦于某一人物的研究。比如温伟婧的《朝鲜通信使与雨森芳洲的研究——以〈缟纻风雅集〉笔谈唱和为中心》（2015）和熊玪的《从〈韩客笔语〉探究林罗山的自国意识和朝鲜观》（2017）。前者讨论了经由朝鲜通信使和雨森芳洲的笔谈反映的日朝知识人互动的情况，后者分析了通过与通信使的交流所见的林罗山的日本观和朝鲜观。但是，以上的研究并未能提出超越日本现有研究的新观点。另外，于泳、林范武的《江户"正德"年间朝鲜来聘仪礼修订策略解读》（2017）在对新井白石推进聘礼改革的过程进行分析的基础上，指出德川时代的日本业已滋生出"自民族中心"主义和文化优越感，并试图在东亚缔造以日本为中心的秩序。对朝的聘礼改革，包含着在政治和文化的方面与朝鲜一较胜负、进一步提升日本在东亚的位置的目的。此外也包含了对抗以中国为中心的华夷秩序的意识。

二、中国的通信使史料编纂与研究会的召开

当然，研究的展开必须以史料的获取为前提。近年来，中国的通信使史料的编集和整理工作主要围绕以下三个方面展开：

一、"从周边看中国"方向下，对中国以外的东亚各国使行文献的整理（以复旦大学文史研究院为中心）。

二、"东亚笔谈文献研究"方向下，对东亚各国笔谈文献的整理（以浙江工商大学东亚研究院为中心）。

三、"域外汉籍研究"方向下，对东亚各国保有汉籍的整理（以南京大学域外汉籍研究所为中心）。

其中，已经以正式出版物的形式出版的成果，是文史研究院编集的《朝鲜通信使文献选编》。这是作为《越南汉文燕行文献集成》和《韩国汉文燕行文献选编》的后续，由文史研究院主持编纂的第三部东亚使行文献资料集。但是，与《越南汉文燕行文献集成》和《韩国汉文燕行文献选编》采取了原本影印的方式不同，《朝鲜通信使文献选编》采取的是点校整理的方式。《朝鲜通信使文献选编》中包含了18种通信使记录，选择的标准是在日朝交通的重要时间点发生的记录或者内容较为丰富的记录。与日本尤其重视江户时代的12次通信使不同，作为倡议人

的葛兆光教授提出要在朝鲜王朝和日本整体的外交史中去认识通信使史料的价值，因此这 18 种史料涉及的时间范围从 1420 年直到 1877 年，虽然就朝鲜半岛而言只涉及到朝鲜王朝一个王朝，但日本列岛却经历了室町、织丰、江户和明治四个时代。当然，这一史料集编纂的背景，是中国学者对于明清中国对周边影响的关心。

　　《朝鲜通信使文献选编》的编集工作前后进行了 3 年的时间，于 2015 年 6 月正式出版。但是，这一工作还远称不上完美。2012 年的时候，中国学术界对通信使的关心相较于现在还要淡薄，可供参考的研究也十分有限。当时在编集者当中，并无一人是以通信使为研究方向的。但庆幸的是，当时的团队中，有从事中日交流、中朝交流、明史、清史专门研究的学者。大家互补长短、交换意见，尽可能地对史料进行正确的编纂和整理。对于底本中存在的错误，也参照他本进行了校对和注释。《朝鲜通信使文献选编》的编纂目的，是为了在唤起中国学术界对通信使史料关心的同时，为今后的通信使研究提供基本史料。

　　当然，《朝鲜通信使文献选编》与韩国编集的《海行总载》以及日本编集的《大系朝鲜通信使》相比，收入的史料较少。但是，这部资料集的出版，为中国的通信使研究提供了一个契机。一方面，既已对通信使有所关心的研究者围绕资料集的出版进行了讨论；另一方面，尚未对通信使产生关心的研究者也以《朝鲜通信使文献选编》的出版为契机了解到这一史料，其中一部分人产生了研究的兴趣。

　　此外，2014 年，在复旦大学文史研究院召开了汇聚了中国、日本、韩国三国学者的国际学术研讨会"从周边看中国（二）——以朝鲜通信使史料为中心"。其中，中国学者的研究，多从东亚国际关系的角度去阐明通信使文献的价值。按照研究所涉及时代的顺序，首先介绍朱莉丽的研究《围绕"己亥东征"的日朝交涉及其背后的明朝因素》。此研究以宋希璟的《老松堂日本行录》为主要史料，通过对中、日、朝三国史料的对比，分析了围绕"己亥东征"进行的日朝交涉背后的中国因素。其中一个非常重要的因素是，朝鲜时常将明朝、朝鲜之间的宗藩关系作为处理朝日关系的一个手段，比如朝鲜在决定讨伐对马之际所列出的出征理由中，便特别强调了倭寇对"上国"即明朝的不敬。作为明朝藩属国的朝鲜对日本的讨伐，包含了向明朝尽忠的意味。宋希璟在京都和作为将军使者的五山僧围绕国书所署年号的交涉中，也特别强调朝鲜作为明的藩属国必须使用明朝的年号。虽然朝鲜和明朝之间并非全无矛盾，但是在围绕"倭寇"这一问题与日本的交涉中，朝鲜却刻意强调自己和明朝的同盟关系，以将日本排除在朝鲜和明朝的亲密关系之外。

黄修志的《事大与交邻：丁酉再乱期间中朝围绕〈海东诸国记〉展开的书籍外交》，首先介绍了申叔舟《海东诸国记》的作成背景。然后进入主题，指出丁应泰以杨镐在丁酉再乱即庆长之役中谎报军情的事件为契机，对杨镐进行弹劾的同时，对维护杨镐的朝鲜也进行了告发。告发的依据，就是《海东诸国记》中记载的朝鲜三浦通倭问题、对日国书中使用日本年号的问题，以及朝鲜国王的谥号僭越称"祖"的问题。得知这一消息的朝鲜慎重制定对策，向明朝派出进行申辩的使节。使节通过在京期间的一系列交涉和斡旋，最终获得了明朝的谅解。通过此次的"书籍外交"，明朝和朝鲜都加强了对彼此的了解。明朝对朝鲜对日外交的情况有了进一步了解，朝鲜则深化了对明朝的"事大"观念。另外，朝鲜对日本的态度也从申叔舟时代的乐观转向了消极。黄修志认为这一事件可以说是朝鲜外交观念转变的一个契机。

钱云的《壬辰倭乱前后的朝鲜通信使录与东亚国际关系》，从黄慎的《日本往还日记》和庆暹的《海槎录》两部史料着手，探讨了中国在与周边国家交涉的场合，以及受到"朝贡制度"及"宗藩体制"影响的朝鲜在与日本交涉的场合，"中国的世界秩序"究竟发挥了怎样的影响？并试图揭示在周边国家之间的外交中，有没有不同的规则。钱云认为，战争中明朝对丰臣秀吉的册封是对"宗藩体制"的一种活用，即明朝想将日本纳入宗藩体制作为解决战争的一种手段，但是却以失败告终。战后，日朝间逐步修复关系，并最终实现了外交的稳定化。对此，明朝采取了默认的态度。也就是说，明朝在处理周边事务时，并未一味的强行贯彻"朝贡制度"，而是会根据现实情况采取有弹性的政策。此外，文中也强调了朝鲜在对日外交中对"中华礼仪"的强调，认为这是以中国为中心的秩序与文化对周边的影响。

当然，在会议上发表的论文，也有单纯从日朝交流的角度入手的，徐凡的《故国残梦：壬辰倭乱后的俘虏刷还与道德困境》便是一例。徐凡的文章以战争中的朝鲜俘虏为研究对象，分析了儒学者、一般人和女性三个群体面对归国问题的选择及其背后的原因。首先，徐凡通过姜沆的例子，指出具有强烈的华夷思想的朝鲜儒学者对本国文化持有强烈的优越感，而将日本视作夷，因此具有强烈的归国意愿。而一般人却因在日境遇的不同，相应的选择也会有所不同，特别是女性的抉择更为艰难。那些已经与日本人结合的朝鲜女性，被固守儒家思想的朝鲜使节视作失节之人而遭受了严酷的批判。通信使的俘虏刷还活动并未收到预期的效果。关于"归"抑或"不归"，被掳人根据其社会身份和在日境遇的不同，做出的选择也各不相同。

以上的论文，全部被收录在《东亚的文化比赛——朝鲜通信使文献的意义》一书中，于2019年出版。

此外，2018年发表的朱莉丽《朝鲜通信使与壬辰战争前的朝日交涉及信息传递——以〈金鹤峰海槎录〉的记载为中心》，亦是着眼于日朝关系的研究。本论从1590年通信使副使金诚一的记录《金鹤峰海槎录》着手，分析了以丰臣秀吉的大陆侵攻计划为背景的此次通信使对日交涉的情况及其对日本的认识。关于这一时期的日朝交涉，学界已有丰富的研究积累，本论针对以下两点，进一步挖掘史料，做了以下研究。首先，据中村荣孝的先行研究指出，此次通信使携带了两封国书回朝鲜。但中村氏的研究并未阐明秀吉之外的另一封国书的发出人是何者。本论利用《金鹤峰海槎录》中收录的金诚一给宗义智的书信，指出另一封文书的发出者是宗义智。在这封文书里所见的开放二浦即荠浦及盐浦的要求，其实包含了宗氏扩大对朝交流的愿望。另一点是关于金诚一误判了秀吉意图的原因。以往的研究多将其归因于党争。即隶属东人党的金诚一故意采取了与隶属于西人党的黄允吉不同的言论。但本论认为，金诚一认为秀吉不会发动战争是发自本心的判断。极其重视礼仪的金诚一，目睹了秀吉在接见通信使时的一系列无礼行为，认为秀吉并非是可以成事之人。也就是说，身为儒学者的金诚一用儒家的行为准则去衡量作为武人的秀吉，因此出现了误判。这可以说是当时朝鲜和日本之间文化冲突的一个例子。

三、"不在场的在场者"方法论的提出

前论列举了近年来中国通信使研究的几个方向。接下来进行方法论方面的介绍。葛兆光的"不在场的在场者"是中国的通信使研究代表性的方法论。即在通过通信使进行的日朝间的交聘礼仪、儒学交流、知识交换、文学竞争中，去探索近世日朝交流中中国文化的影响的方法。

2008年，葛兆光的《揽镜自鉴——朝鲜、日本文献中的近世中国史料及其他》刊载于《复旦学报》社会科学版。在这篇论文中，葛兆光教授首次讲到，《海行总载》里所记录的朝鲜人和日本人对中国的观察、想象和评价，可以作为中国史研究的资料。2014年，在《朝鲜通信使文献选编》的编集工作进行当中，葛兆光发表了《文化间的比赛：朝鲜赴日通信使文献的意义》一文，此文后来也成为《朝鲜通信使文献选编》的导言。在这篇文章中，葛兆光如此阐述了通信使研究对中国的意义。

《文化间的比赛：朝鲜赴日通信使文献的意义》分为三个部分。第一部分的题目是《暗潮与潜流：朝鲜赴日通信使时代的东亚国际秩序》，这一部分从三个方面介绍了朝鲜通信使。即通信使派遣的时代背景、通信使的使命和通信使汉文文献的概况。第二部分的题目是《政治上的自尊：名分与礼仪》。在这一部分中，葛兆光指出，虽然日本和韩国的通信使研究成果极为丰硕，但除了夫马进以外的研究者，几乎不曾注意到中国的视角。葛兆光将日本的通信使研究归纳为以下四个方面。第一，是对通信使文献（包括笔谈、唱和、书法和绘画作品）的整理。第二，是关于15—19世纪朝日外交关系和外交制度，以及朝鲜和日本间相互认识的研究。第三，对15—19世纪日本和朝鲜之间政治、思想、文化交流的研究。第四，对15—19世纪日朝贸易的研究。以上研究无一不欠缺中国的视角。那么，为什么中国的视角是必要的？2012年葛兆光教授访问韩国，就通信使资料的出版问题与韩国学者进行商议时，也曾被韩国

学者问道："通信使史料是朝日交聘的史料,与中国有何干系？"

对此,葛兆光教授做出了以下回应。以通信使为媒介的日朝交流,随处可见中国文化的影响。比如中国的儒家思想特别重视"名"、"实"关系,希望通过"名"来责"实",用严格而清晰的名分,来建立上下有序的等级,并以此形成社会上整齐有序的政治秩序。朝鲜王朝在接受儒学的基础上,将中国制定的礼仪作为与日本之间的交聘礼仪的基准,比如对外交文书署名和年号问题的重视便是一例。柳川调兴向幕府举出的宗氏的一项罪状,便是宗氏在对朝外交文书中将德川将军署名为"日本国王"。对此,朝鲜认为这一称号表明了朝鲜和日本是在以中国为中心的秩序下的平等国家的象征而予以赞成。德川幕府却认为,自己并未从中国那里接受过"国王"称号的册封,而采用了"日本国大君"的称谓。换句话说,日本向朝鲜表明了自己并非是中国皇帝的臣属。无疑,日朝之间围绕国书署名的论争,是以中国为中心的册封体制为背景的。这可以说是中国文化对朝鲜和日本产生影响的证据。当然,无论是年号的使用,还是交聘的礼仪,在日朝交流的诸多方面,都可以看到中国礼仪的影响。

第三部分的题目是《文化间的比赛：服饰、风俗、儒学与艺文》。朝鲜通信使访问日本时,对日本人的服饰,日本的风俗、儒学、艺文等做出了评论。他们以中国的衣冠制度、伦理道德和朱子学为标准加以衡量,得出了朝鲜在礼仪、学术、艺文等方面全面优于日本的结论。同样的,与朝鲜知识人交游的日本知识人,也在强调日本的学术优于朝鲜的地方。日朝之间围绕儒学和汉诗文的竞争,是以接受中国文化的影响为前提所出现的现象。《文化间的比赛》主要提出了以上论点。

概而言之,葛兆光认为中国的通信使研究,可以采取与日韩学术界不同的视角,即去发现日朝的交聘与交流中潜在的中国因素。虽然现实中明清中国在日朝交流的场合经常是缺席的,但是中国文化以及历史上存在的华夷秩序、册封体制等,却对近世的日朝交流产生了深刻的影响。因此,朝鲜通信使文献虽然主要记载了近世日朝交聘的情况,但同时也反映了明清中国在东亚的影响。从这一意义上说,中国可以称得上是"不在场的在场者"。

受这一方法论的影响，围绕日朝间的文化竞争的研究相继出现。比如王鑫磊的《批评与回应：通信使与朝、日"文化比赛"》（2014）、宋荟彧的《通信使文献所见东亚汉文化圈的差序格局——以〈东槎日录〉为例》（2014）、韩东的《十八世纪朝日文人的"文会"与"文战"——以笔谈唱和集资料为中心》（2017）。《批评与回应：通信使与朝、日"文化比赛"》在分析了通信使对日本人的外观，日本的风俗、文学和学术、饮食的批判的基础上，讨论了朝鲜知识人以"小中华"自居，对日本文化的蔑视心理。而日本对此的回应方式，便是通过对通信使豪华的接待来展示日本的国力。《通信使文献所见东亚汉文化圈的差序格局——以〈东槎日录〉为例》从更为广阔的层面分析了 1682 年通信使对日本社会的观察。观察分为三个方面。首先是通信使对日本的政治制度的认识。比如，天皇是日本象征性的统治者，实际的统治权掌握在德川将军手中；幕府通过将繁华城市作为"天领"，并征收租税的方式来获得经济上的收入；将军通过参勤交代制度掌控地方大名等。对于以上情况，金指南都有所了解，并记录在日记中。其次是通信使对于日本城市的印象。金指南在给予京都、大阪等繁华城市较高评价的同时，又将它们与中国的苏州、杭州相对比，得出了日本的城市较之苏杭有所不及的结论。最后讲到了通信使对日的佛教信仰的批判。独尊儒学的朝鲜知识人，对日本人拥有多种信仰这一现象，认为是其作为"夷"的一种恶习。另外，金指南从拜访自己的日本僧口中，听闻到一个叫土木子的明朝移民的事情，却对其真实性怀有疑问。因为在金指南看来，明朝的移民在明清鼎革的战乱中，没有去往继承了中华文化的朝鲜，却选择了蛮夷之国的日本是不可思议的。宋荟彧指出，这种怀疑的背后，是朝鲜知识人对日本文化的蔑视。总之，本文的结论是，汉文化圈的差序格局，是以中国为中心，周边国家按照对汉文化的接受程度而在东亚文化秩序中处于不同位置的一种格局。为了支持自己的观点，文中引用了葛兆光的"不在场的在场者"的概念。韩东的研究从"文会"和"文战"两个方面分析了朝日知识人之间的交流。"文会"对于双方的知识人而言，是一个提高自己名声的绝好机会，因此双方都高度重视，并在"文会"中争取好的表现。但与此同时，这种切磋也有"文战"的意思。关于"文战"的讨论则从"文化"和"学术"两个方面展开。从文化方面而言，与朝鲜高度强调自己与中国文化的共通性不同，日本则强调自身文化的特殊性。而在"学术"方面，则可以说是朝鲜的朱子学和日本的古学之间的对决。换言之，日本在与朝鲜进行文化比赛的过程中，对自身的文化抱有自信，并非一味追随中国文化。

四、对今后的通信使研究的一点思考

"不在场的在场者"虽然作为中国的通信使研究的重要方法被提出，但在日韩学者看来，可能多少有些"中国中心论"的意味。在韩国学者当中，也有着儒学自传入朝鲜半岛以来，已经过上千年的时间，已经融入到朝鲜半岛的文化中，故而应该称作韩国的儒学这样的主张。当然，中国文化在朝鲜半岛也好、日本也好、越南也好，都经历了本土化的过程。但是，朝鲜王朝确实受到了最初产生于中国的儒家学说的深刻影响，并且学习与之相关的伦理，尤其是明朝的礼仪和服饰制度。虽然朝鲜也从自身文化的角度对之做出了某些调整，但在与日本交流的过程中，朝鲜知识人还是会主动提及明朝对朝鲜的影响。也就是说，那个时代人们自身并不否认这种影响。作为历史研究者应该承认这种历史上曾经存在过的现象。

当然，通信使文献也可以作为研究中日关系的重要史料。比如通信使所记录的在日唐人、唐人村的情况，在中国的史料中很少见。基于倭寇事件、中日贸易、中国的国内战争等原因，有大量的中国人移居到日本，这也是当时活跃的中日交流的一个方面。这些人在当时的中日交流中发挥的作用，也时而反映在通信使的记录中。像这样通过通信使的笔端记录下来的中日交流相关的史料不在少数。对这些史料的分析，以及基于这些史料的对明清中国与外部世界关系的研究，可以作为此后通信使研究的一个方向加以推进。

特别要指出的是，中国大多数的通信使研究，是以丰富中国史研究的史料，在更广阔的视野里研究中国历史为目的的。因此，极有可能陷入对自身的立场过分重视的中国中心主义当中。为此，中国学术界必须与日韩学者保持积极的对话，相互尊重对方的立场和方法，避免自说自话，这也是今后中国的通信使研究必须展开的工作之一。

参考文献（按发表时间排序）

赵建民：《17—19 世纪初东亚地区的文化交流——朝鲜通信使访日与朝日两国对中国历史文化的关注》，《东北亚研究》2002 年第 6 期。

陈文寿：《丙子朝鲜通信使与近世日朝通交体制》，《韩国学论文集》（第十二辑），2004 年。

梁永宣：《藏于日本的朝日医家笔谈》（上），《医古文知识》2004 第 3 期。

梁永宣：《藏于日本的朝日医家笔谈》（下），《医古文知识》2005 第 2 期。

梁永宣：《日本〈桑韩笔语〉中的日朝医学交流背景与内容》，《医古文知识》2005 第 4 期。

全世玉：《浅谈朝鲜时代日朝间的医学交流》，《中华中医药学会第九届中医医史文献学术研讨会论文集萃》，2006 年。

夫马进、胡宝华：《朝鲜燕行使与朝鲜通信使》，《中国社会历史评论》（第二辑），2006 年。

夫马进、蔡亮：《1765 年洪大容的中国京师行与 1764 年朝鲜通信使》，《复旦学报（社会科学版）》2008 年第 4 期。

张伯伟：《汉文学史上的 1764 年》，《文学遗产》2008 年第 1 期。

葛兆光：《揽镜自鉴——关于朝鲜、日本文献中的近世中国史料及其他》，《复旦学报（社会科学版）》2008 年第 2 期。

李永春：《简论朝鲜通信使》，《当代韩国》2009 年第 1 期。

夫马进：《朝鲜燕行使与朝鲜通信使》，复旦大学出版社，2010 年。

梁永宣：《日朝医学交流史的生动记录——〈韩客治验〉》，《中华医史杂志》2011 年第 2 期。

徐毅：《朝鲜通信使在中日文化交流中的作用》，《南通大学学报（社会科学版）》2011 第 5 期。

刘嘉元：《17—19 世纪朝鲜通信使的汉字书写》，天津师范大学硕士论文，2012 年。

金禹彤：《朝鲜通信使眼中的日本丧祭礼俗——以〈海行总载〉中的记录为例》，《东疆学刊》2013 年第 1 期。

朴在玉、徐东日：《朝鲜通信使眼中的日本器物形象》，《东疆学刊》2013 年第 2 期。

金禹彤：《论朝鲜通信使眼中的日本衣冠服饰礼俗——以〈海行总载〉记录为例》，《东北师大学报（哲学社会科学版）》2013 年第 4 期。

梁美娜：《〈海行总载〉中的日本人形象研究——以朝鲜通信使眼中的日本人服饰为中心》，延边大学硕士论文，2013 年。

葛兆光：《文化间的比赛：朝鲜赴日通信使文献的意义》，《中华文史论丛》2014 第 2 期。

金禹彤、张雨雪：《论德川时代日本对朝鲜通信使的宾礼仪——以〈海行总载〉记录为中心》，《东疆学刊》2014 年第 4 期。

宋荟彧：《通信使文献所见东亚汉文化圈的差序格局——以〈东槎日录〉为例》，《当代韩国》2014 年第 3 期。

张佳：《朝鲜通信使礼仪交涉发微——以崇祯丙子、癸未使行为中心》，"从周边看中国国际学术研讨会（二）——以朝鲜通信使文献为中心"会议论文，2014 年 11 月，收入《东亚文化间的比赛——朝鲜赴日通信使文献的意义》，中华书局，2019 年。

王鑫磊：《批评与回应：通信使与朝日"文化比赛"》，"从周边看中国国际学术研讨会（二）——以朝鲜通信使文献为中心"会议论文，2014 年 11 月，收入《东亚文化间的比赛——朝鲜赴日通信使文献的意义》，中华书局，2019 年。

朱莉丽：《围绕"己亥东征"的朝日交涉及其背后的明朝因素》，"从周边看中国国际学术研讨会（二）——以朝鲜通信使文献为中心"会议论文,2014 年 11 月,收入《东亚文化间的比赛——朝鲜赴日通信使文献的意义》,中华书局,2019 年。

黄修志:《事大与交邻——丁酉再乱期间中朝围绕《海东诸国纪》展开的书籍外交》,"从周边看中国国际学术研讨会(二)——以朝鲜通信使文献为中心"会议论文,2014 年 11 月,收入《东亚文化间的比赛——朝鲜赴日通信使文献的意义》,中华书局,2019 年。

钱云:《壬辰倭乱前后的朝鲜通信使录与东亚国际关系》,"从周边看中国国际学术研讨会(二)——以朝鲜通信使文献为中心"会议论文,2014 年 11 月,收入《东亚文化间的比赛——朝鲜赴日通信使文献的意义》,中华书局,2019 年。

徐凡:《故国残梦——壬辰倭乱后的俘虏刷还与道德困境》,"从周边看中国国际学术研讨会(二)——以朝鲜通信使文献为中心"会议论文,2014 年 11 月,收入《东亚文化间的比赛——朝鲜赴日通信使文献的意义》,中华书局,2019 年。

刘永连、谢祥伟:《华夷秩序扩大化与朝鲜、日本之间相互认识的偏差——以庚寅朝鲜通信日本为例》,《世界历史》2015 年第 2 期。

温伟婧:《朝鲜通信使与雨森芳洲的研究——以〈缟纻风雅集〉笔谈唱和为中心》,浙江工商大学硕士论文,2015 年。

朴成日:《朝鲜通信使与日本文人的汉诗交流——以〈海行总载〉中的记载为例》,《白城师范学院学报》2015 年第 10 期。

李敏、梁永宣:《日本〈两东笔语〉所载笔谈医学史料研究——以药物、诊疗为核心》,《中医药文化》2015 年第 1 期。

李敏、梁永宣:《日本〈和韩医话〉所载笔谈医学史料之所见》,《中华中医药杂志》2016 年第 5 期。

熊琤:《林罗山与朝鲜通信使的笔谈研究——以〈韩客笔语〉为中心》,《日本研究》2016 年第 3 期。

熊琤:《从〈韩客笔语〉探究林罗山的自国意识和朝鲜观》,浙江工商大学硕士论文,2017 年。

李敏:《18 世纪日朝笔谈的医学史料研究》,北京中医药大学博士论文,

2017 年。

韩东：《十八世纪朝日文人的"文会"与"文战"——以笔谈唱和集资料
　　为中心》，《北京社会科学》2017 年第 6 期。

于泳、林范武：《江户"正德"年间朝鲜来聘仪礼修订策略解读》，《历史
　　教学问题》2017 年第 6 期。

朱莉丽：《通信使与壬辰战争前的朝日交涉及信息传递——以〈金鹤峰
　　海槎录〉的记载为中心》，《史林》2018 年第 5 期。

徐东日、金禹彤：《朝鲜通信使眼中的日本形象：以〈海行总载〉为中
　　心》，人民出版社，2018 年。

1590年朝鲜通信使与丰臣秀吉国书

王鑫磊

复旦大学文史研究院 副研究员

引言：从"假道入明"与"征明向导"说起

1592 至 1598 年间，以朝鲜半岛为战场，中、日、韩展开了一场三国大战，"壬辰倭乱"是中韩两国对于这一场战争的通常称呼，相较而言，"壬辰战争"则是更为国际学界所接受的一种表述。关于这场战争的研究，一直以来都是中日韩三国历史学界重要的研究母题。而近年来在中国学界，相关研究又掀起新一轮的高潮。究其原因，主要是因为新的文献资料尤其是域外所藏新资料的浮现，一方面为研究者提示了新的研究视角，另一方面也使得相关的研究课题有了进一步拓展和细化的可能。[①]

因受到这一最新学术潮流的启发，笔者也尝试进行一些利用韩国方面资料重新审视壬辰战争历史的研究，且有幸在研读史料的过程中获

[①] 山东大学陈尚胜教授领衔的学术团队，近年来在壬辰战争研究领域开展了令人钦佩的工作，通过系统性地收集整理域外相关文献资料、定期召开工作坊形式的国际学术会议等，搭建了中日韩乃至欧美学者共同参与的学术交流平台，催生了大量高质量的研究成果，推动了壬辰战争研究的新发展。

得了一些新的发现，在此稍作陈述，期得方家指正。此处所谓新发现，
具体是关于壬辰战争爆发前日本的丰臣秀吉写给朝鲜国王的一封国书。
这封国书是一份知名度颇高的历史文献，而围绕着这封国书，也形成了
一个为学界乃至大众都熟知和普遍接受的历史情节，即丰臣秀吉向朝鲜
国王提出"假道入明"的要求，朝鲜方面拒绝担当"征明向导"，最终导
致日本悍然出兵朝鲜。这也使得这封国书在某种程度上具有了战争导
火索的意味。

　　"假道入明"和"征明向导"均是颇为抓人眼球的用词，而或许也因
为它们和后来战争形势的发展，特别是和明朝参战的结果十分契合，所
以鲜少有研究者去关注它们的文献出处问题并对其提出质疑。但是，一
个颇令人意外的事实却是，稍作文献检索便可以发现，这两个词汇，均
没有出现在作为官方历史文献留存下来的"丰臣秀吉致朝鲜国王书"的
原文[1]之中。那么它们究竟是如何出现的呢？就此，笔者所能找到的一
个可能的文献来源线索是日本人赖山阳（1780—1832）所著《日本外
史》，该书中是这样记述该国书全文的：

> 　　秀吉既至自伐关东，见韩使者，乃命史作书以答之曰："日本
> 丰臣秀吉，谨答朝鲜国王足下：吾邦诸道久属分离，废乱纲纪，阻
> 隔帝命。秀吉为之愤激，被坚执锐，西讨东伐，以数年之间，而定
> 六十余国。秀吉鄙人也，然当其在胎，母梦日入怀。占者曰：'日光
> 所临，莫不透彻，壮岁必耀武八表。'是故战必胜，攻必取。今海内
> 既治，民富财足，帝京之盛，前古无比。夫人之居世，自古不满百
> 岁，安能郁郁久在此乎？吾欲假道贵国，超越山海，直入于明。使
> 四百州尽化我俗，以施王政于亿万斯年，是秀吉宿志也。凡海外诸
> 藩后至者，皆在所不释。贵国先修使币，帝甚嘉之。秀吉入明之日，
> 其率士卒会军营，以为我前导。"[2]

---

① 目前"丰臣秀吉致朝鲜国王书"原文有两个较为权威的版本，一是朝鲜方面的官
方文献《宣祖修正实录》中收录的全文版本，二是日本方面的文献《续善邻国宝
记》中收入的全文版本。这两个版本的内容基本一致，仅存在个别文字出入，总
体上可以互为印证。
② 赖山阳：《重订日本外史》，北京大学出版社，2015 年，第 347—348 页。

《日本外史》一书，是赖山阳撰著的通俗性的日本通史作品，用汉字写作，成书于1826年，书中有关秀吉致朝鲜国书的内容，虽是以全文转录的形式呈现，事实上却已经有了加工润色的痕迹，而其中与"假道入明"和"征明向导"两种表述密切相关的关键词"假道"和"前导"，恰恰就是这一番加工润色的产物。这一点，只需将《日本外史》所记国书与目前日本和韩国文献中同时都有留存的权威版本国书内容作一比对即可确知。[①]

已有研究者指出，赖山阳的《日本外史》在1862年传入中国，之后在中国有广泛的流传，一度成为中国学人了解日本历史的重要知识来源。[②]民国时期戴季陶所著《日本论》一书中，就曾直接转引过赖山阳《日本外史》中的这封国书的全文。[③]另一方面，韩国和日本官方文献中留存的更为原始和权威版本的国书原文，在中国的流传却极为有限，在很长一段时间内似乎都并不为国人所广泛知晓。[④]或许正是在这种情况下，赖山阳版国书便在中国人的普遍认知中烙刻下了"假道入明"和"征明向导"这两个有关壬辰倭乱历史的深刻印象。

当下，中国学界的研究者在获取权威版本国书原文这一点上，早已不存在任何障碍，但此前却未见有研究者关注到这一文本差异现象，并通过文本比对提出相关疑问。然而，赖山阳版国书与权威版国书的差异，于本文而言还只是一个引子，笔者在研读文献的过程中还发现，即便是就韩日两国同时留存的权威版本的国书而言，也还存在着一些问题，该国书产生的历史背景和事件过程的复杂性，还有很多值得去揭示和探讨的地方。

---

① 如果说《日本外史》中所记国书内容完全出自作者赖山阳的加工润色，似乎还有些武断，另外的一种可能是赖山阳确实原文抄录了在他之前的日本文献中记载的某一个版本的国书。由于笔者目前尚未看到有相关文献存在的证据，故此种可能性只能待考。但无论如何，这一版本的国书与韩日官方文献中权威版本的国书存在差异，尤其是存在"假道"和"前导"两处关键性差异，这一点确实无疑。

② 赵建民：《〈日本外史〉的编撰、翻刻及在中国的流传》，《复旦学报（社会科学版）》，1996年第1期，第91—97页。

③ 戴季陶：《日本论》，民智书局，1928年，第40页。

④ 做出此推论的原因，很大程度上是因为目前笔者未能找到中国方面文献中全文载录日韩权威版本国书原文的情况，如有方家指出相关情况的存在，笔者将不胜感激。

到这里就需要提出本文关切的一个核心问题：韩日文献中留存的权威版本国书的内容，与实际到达朝鲜国王手中的国书内容是否一致？这是一个此前研究者从未提出过的问题，但却被笔者所研读的文献强烈地提示出来。为了回答这个问题，我们需要再次回到国书本身以及国书产生的历史事件中去。

一、国书交涉过程的再探析

壬辰战争爆发前夕，1590 年三月至 1591 年三月间，朝鲜王朝应日本方面要求，向其派遣了由正使黄允吉、副使金诚一、书状官许筬所率领的通信使团。对于这次通信使活动，在朝鲜王朝看来，一是应日本所请遣使祝贺丰臣秀吉统一日本，二是为了探查日本国情；而在日本方面特别是丰臣秀吉个人看来，这次遣使活动是朝鲜向日本朝贡。这种双方对使行性质认识不对等的情况，在朝鲜使臣收到丰臣秀吉写给朝鲜国王书信的一刻，无可避免地暴露出来，从而引发了一场国书交涉事件。

为便于本文论述的展开，在此先将引发该次国书交涉事件的"丰臣秀吉致朝鲜国王书"，也即前文多次提及的权威版本国书全文抄录如下。因该文献两个主要版本存在个别文字差异，笔者在引文中进行了对勘标注，就存在差异的文字，属《宣祖修正实录》版的以［××］标记，属《续善邻国宝记》版的则以（××）标记，以供参照比对。

日本国关白（秀吉），奉书朝鲜国王阁下。雁书熏读，卷舒再三。［吾国］（抑本朝虽为）六十余州，比年诸国分离，乱国纲，废世礼，而不听朝政。故予不胜（堪）感激，三四年之间，伐叛臣，讨贼徒，及异域远岛悉归掌握。窃谅余事迹，鄙陋小臣也。虽然，余当托胎之时，慈母梦日轮入怀中。相士曰：日光（之）所及，无不照临。壮年必八表闻仁［声］（风）、四海蒙威名者，何其疑乎。［依］（有）此奇异，作敌心（者），自然摧灭，战［必］（则无不）胜、攻［必］（则无不）取。既天下大治，抚育百姓，［矜冈］（怜愍）孤［寡］（独），故民富财足，土贡万倍千古矣。本朝开辟以来，朝政盛事，洛阳壮［丽］（观），莫如此日也。（夫）人生［一］（于）世（也），［不满百

龄］（虽历长生，古来不满百年）焉，郁郁久居此乎？<u>不屑国家之</u>
<u>［远、山河之隔］</u>（隔山海之远），［欲］一超直入大明国，［欲］易吾
<u>朝风俗于四百余州，施帝都政化于亿万斯年者，在方寸中。</u><u>贵国先</u>
<u>驱（而）入朝，</u>依有远虑无近忧者乎？远［方］（邦）小岛在海中者，
后进［辈］（者）不可作容许也。<u>予入大明之日，将士卒［望］（临）</u>
<u>军营，则弥可修邻盟（也）。</u>［余愿］（予愿无他，）只［愿］显佳名于
三国而已。<u>方物如目录，领纳。</u>［且至于管领国政之辈，向日之辈
皆改其人易置官属，非前名号故也，当召分给。余在别书。］珍重保
啬。［不宣。天正十八年庚寅仲冬日秀吉奉复书。］①（此国书在后文
以"国书1"称之，笔者注）

　　从这篇国书的内容来看，它是以丰臣秀吉作为上国日本主政者的身
份向作为朝贡国朝鲜的国王宣谕的口吻写就的。首先，篇首称朝鲜国王
为"阁下"，篇末称朝鲜带去物品为"方物"，篇中又赫然有"贵国先驱入
朝"之语，这些用词均是将朝鲜使行视为前来朝贡的表述。其次，该国
书的前半篇为丰臣秀吉自述功绩的文字，意在表达朝鲜的入贡不仅是向
日本这一国家的臣服，更应是对丰臣秀吉个人的敬服。其三，在后半篇
中，丰臣秀吉直抒胸臆，向朝鲜国王表达自己"欲一超直入大明"（即征
服明朝）的心愿，并要求朝鲜作为朝贡国，与日本结盟，合兵攻入明朝。

　　面对这样一封国书，朝鲜使臣显然是断难接受的，他们当即向日本
方面提出改写国书的要求。在朝鲜王朝《宣祖修正实录》中，对该次国
书交涉过程描述如下：

　　　　诚一见书辞悖慢，尝称殿下，而称阁下，以所送礼币为方物领
　　纳。且一超直入大明国、贵国先驱等语，是欲取大明，而使我国为
　　先驱也。乃贻书玄苏，譬晓以大义，云："若不改此书，吾有死而已，
　　不可持去。"玄苏有书称谢，诿以撰书者失辞，但改书殿下、礼币等
　　字，其他慢胁之辞，托言此是入朝大明之意，而不肯改。诚一再三

移书请改，不从。黄允吉、许筬等以为："苏倭自释其意如此，不必相持久留。"诚一争不能得，遂还。①

由该段描述可知，朝鲜使臣收到国书，发现"书辞悖慢"，因而向日方提出改写国书的要求。日方同意改"阁下""方物"两处表述，但对"贵国先驱入朝"一句，托词不改。朝鲜使臣金诚一再三请求，日方仍"不从"。之后，朝鲜使臣内部发生意见分歧，正使黄允吉与书状官许筬认为应接受日方解释，不必相持不下，而金诚一则仍想争取但最终无果。于是，使臣带着将"阁下"改为"殿下"、"方物"改为"礼币"的国书，返回了朝鲜。《实录》记述的这一情节，便构成了后世对该次国书交涉事件的一种普遍认知。

然而，笔者在研读文献的过程中，又看到了关于此次国书交涉过程更丰富的记述。当事人金诚一所撰使行录（《金鹤峰海槎录》）中收录了四封书信，分别是"答玄苏"、"与黄上使"、"重答玄苏"及"拟答宣慰使平行长"。② 从这四封书信中，可以发现国书交涉过程更多的细节。

见国书后，朝鲜三使臣最初均认为：国书内容极为不妥，如果带着这样一封存有"朝鲜朝贡日本"之意的国书回国，将是外交使节最大的失职，是令国家蒙羞的行为。于是，他们立即向日方提出严正交涉，提出三项改写要求：一是"阁下"改为"殿下"，二是"方物"二字不可用，三是删去文中"贵国先驱入朝"相关辞句。之后，日本方面的景辙玄苏答复：同意更改"阁下"与"方物"两处，至于"贵国先驱入朝"一句，因所指为朝鲜向明朝朝贡，而非指朝鲜入贡日本之意，故不同意更改。此时，黄允吉与许筬为了息事宁人，想要接受玄苏的意见，而金诚一坚持不肯妥协。③

---

① 《宣祖修正实录》卷二五，"宣祖二十四年三月一日"条。

② 金诚一：《鹤峰先生文集》（卷五·书），韩国古典翻译院编：《韩国文集丛刊》第48册，韩国古典翻译院，2009年，第114—119页。

③ 事实上，黄允吉与许筬的做法也有一定的道理，"阁下"和"方物"两处，是无论如何都解释不过去的，而"贵国先驱入朝"则是可以用"两国对文意理解不同"的理由搪塞过去的。所以，只要日方改了前两处"硬伤"，使臣回国之后，通过解释的方式还是可以推脱掉失职、辱国的罪名的，最多就是被批评做得不够完美而已。可是，他们没想到的是，金诚一是一个"完美主义者"。

接下来发生的事，并没有在《宣祖修正实录》中被继续讲述，《实录》在这里做了一个截断，让读者觉得通信使一行无奈之下带回了国书1。但是，《实录》未表之事，从金诚一的记载中却能够大体还原出来。在此，笔者将试着把这个事件继续讲述下去。

金诚一完全无法接受玄苏的解释，但是黄允吉和许筬形成息事宁人的共识，使他成了少数派。尽管如此，金诚一仍然没有妥协，既不向玄苏妥协，也不向黄、许二人妥协。他先后给玄苏写了两封信（"答玄苏""重答玄苏"），驳斥其所谓解释荒唐无稽，并再次要求必须删去"贵国先驱入朝"等句。同时，他也给黄允吉写信（"与黄上使"），既申明大义，又苦口婆心，努力劝说其与许筬回心转意，重新站到他一边，共同争取国书的彻底改写。

金诚一的行为，使得朝鲜使臣与负责接待的日方人员之间陷入僵持不下的局面。但是据金诚一书信内容中的记载来看，最后朝鲜使臣的要求还是得到了日本方面的满足，日方最终将一封重新改写的国书交到朝鲜使臣手中。就此，金诚一认为，国书改写交涉的圆满解决，主要得益于日方宣慰使小西行长的斡旋，因而他准备写信对其表示感谢（"拟答宣慰使平行长"），信中有言：

> 某等白，书契一事，荷足下善图，<u>得以改撰</u>，岂但使臣之幸，实贵国之光也。[1]

在金诚一给小西行长的书信中，同时还透露出有关改写后国书内容的一个细节：

> 今书契内有曰：欲一超大明国。于时，贵国重交邻之义，党吾国，则弥可修邻盟也。[2]

金诚一书信中摘录的改写版国书文字中，有"贵国重交邻之义，党吾国"的表述，这些词句在国书1中是没有的。可见，如果金诚一所述属实，此时朝鲜使臣拿到了一封修改后的国书，而这一封国书，除了已经按照朝鲜使臣提出的三项要求删改外，还加入了新的内容。

---

[1] 金诚一：《鹤峰先生文集》，第118页。
[2] 金诚一：《鹤峰先生文集》，第118页。

　　金诚一给小西行长写信，除了表示感谢外，更主要的目的是想与他探讨关于国书中"欲一超直入大明"的问题。首先，他表达了自己的困惑：国书中所言"欲一超直入大明"、希望朝鲜与之为党之语，到底是关白真实意图的表达？还是文书写作者用夸张的言语试探朝鲜与日本交邻的诚意？^①其次，他明言：日本根本不应该存有朝鲜会与之为党的幻想，明朝是朝鲜的父母之国，而日本与朝鲜最多是手足关系，朝鲜是最讲大义的国家，不可能做出"子弟攻父兄"之有悖"人理"的举动。^②接着，他表示：如果带回这封存有对大明存不敬之辞的国书，对朝鲜使臣来说是不义之举，而日本写作国书，更是不应该出现这种"非法之言，害义之谈"，言下之意是希望日本方面将这部分文字也加以修改。^③最后，金诚一还建议行长：作为"谋国之良臣"，应该将自己这一番劝诫之言转达关白，如此才是"保邦安民、永全邻好"的做法。^④

　　然而，在金诚一即将送出这封信的时候，使臣一行人得知其内容，皆因害怕送信之后再生事端，百般阻挠，致使该信最终未能送出。对此，金诚一颇感郁闷，在归国途中将信投之大洋，并作一诗，中有"水底

---

① "今书契内有曰：欲一超大明国。于时，贵国重交邻之义，党吾国，则弥可修邻盟也。呜呼，此实关白殿下之意乎？抑行辞者偶为大言以试我国乎？"金诚一：《鹤峰先生文集》，第118页。

② "而况皇明乃我朝父母之国也。我殿下畏天之敬、事大之诚，始终不二。故北望神京，天威咫尺，玉帛之使，冠盖相望，此实天下之所共闻知也。贵国今虽绝和，数十年前曾有观周之使，岂不知我邦一家于天朝乎？呜呼，君臣之义，乃天之经地之义，所谓民彝也，人而无此，冠裳而禽犊，国而无此，中夏而胡羯也。天朝我朝，大义已定，犹天地之不可易位也，其敢有二心乎？如有二心，则是手足戕头目、子弟攻父兄，其于人理何如耶？若贵邦侵犯之计，则各有谋国之臣，固非使臣所敢知也，至于我国之义，则使臣之所明知也。"金诚一：《鹤峰先生文集》，第118—119页。

③ "今见书契之辞如此，而默默无言而归，则是岂使臣之义乎？……非法之言，害义之谈，何可形诸文墨，说与邻国乎？"金诚一：《鹤峰先生文集》，第118—119页。

④ "呜呼，足下谋国之良臣也，亦尝念及于此乎？使臣此言，非为我朝，实贲忠于贵国之义也。足下倘以之转闻于关白，则亦保邦安民、永全邻好之一道也。"金诚一：《鹤峰先生文集》，第119页。

鱼龙应识字"之句,寄托自己的无奈与遗憾之情。①

金诚一写给小西行长的书信,为我们提供了一条关于朝鲜使臣最后可能收到了一封改写过的国书的关键线索,而这封信却戏剧性的是一封"未送出的信"。在韩、日学界以及近年来的中国学界,有关金诚一的研究都不在少数,他的《海槎录》也反复被讨论壬辰战争前期韩日关系史的研究者所引用,而偏偏这一封"拟答宣慰使平行长"的书信,或许是因为其"未送出"的属性而成为研究者的盲点,以至于如此关键的一条线索,始终游离于研究者的视野之外。

以上即为金诚一笔下所见辛卯年通信使国书交涉事件的全部情况。很明显,它与《朝鲜王朝实录》所记情形,存在比较大的出入。出入之处在于:《实录》记载国书交涉中朝鲜使臣提出的要求只得到了部分满足,使臣带回的国书,只是改了"阁下""方物"两处文字的国书1。而据金诚一记载,国书交涉的结果是令使臣满意的,日方最后所给国书,不仅修改了使臣提出的三处,还加入了一些新的词句。

二、朝鲜使臣带回国内之国书及其内容的新发现

《朝鲜王朝实录》的记载和金诚一的记述,呈现出两种不同的状况,而究竟何者才是真实发生的历史?所谓孤证不立,既然已经发现了另一个事件走向的可能,笔者就顺着新线索的指向,试图去寻找相关证据链,而一些材料证据也确实浮现出来,以下试一一列举分析之。

材料一:

辛卯三月,允吉等还自日本。秀吉报书曰:

日本国关白奉书朝鲜国王殿下。雁书熏读,叙卷再三。从余之请,见差三使,幸甚。吾国六十余州,比年分离,乱国纲废世礼而不听朝政。故余不胜感激,三四年之间,伐叛臣讨逆徒,及异域远

---

① 郑述撰金诚一"行状"中有载:"赍书将遗,而一行皆以生事为惧,互相恐愒,百般沮抑,使不得传致。盖玄苏既以公言为是,颇有愧屈之意。而一行之事,制在上使,书状又与之合焉。故公终不得行其志,愤叹郁抑,乃以其书投于洋中。因作诗,有'水底鱼龙应识字'之句。"金诚一:《鹤峰先生文集》,第315—316页。

岛悉归掌握矣。夫人生一世，难保长生，古来不满百年，焉能郁郁久居此乎？不屑国家之远、山海之隔，欲一超大明国。方乎其时，贵国重邻之义，以党于吾国，则弥可修邻盟。（此国书在后文以国书 2 称之，笔者注）

初，秀吉出山东道，闻我国使至，使摄津守平行长营傧接，民部卿玄以营支供。第八日，秀吉始还国都，乃修答书曰：

日本国关白秀吉，奉书朝鲜国王阁下。雁书熏读，卷舒再三。本州岛虽为六十余州，比年诸国分离，乱国纲废世礼而不听朝政。余不堪感激，三四年之间，伐叛臣讨逆徒，及异域远国悉归掌握。窃谅余事迹，鄙陋小臣也。虽然，余当于托胎之时，慈母梦日轮入怀中。相士曰：日光所及，无不照临，壮年必八表闻仁风，四海蒙威名者。何其疑乎？依有此奇异，作敌心者自然摧灭，战则无不胜，攻则无不取。既然，天下大治，抚育百姓，矜愍孤寡，故民富财足，土贡万倍千古矣。本朝开辟以来，朝政盛事，洛阳壮丽，莫如此日也。夫人生于世也，虽历长生，古来不满百年，焉郁郁久居此乎？不屑国家之远、山河之隔，一超直入大明国，易吾朝风俗于四百余州，施帝朝亿万斯年者，在方寸中。贵国先归入朝，依有远虑无近忧者乎？远方小岛在海中者，后进辈者不可作容许也。余入大明之日，将士卒望军营，则弥可修邻盟。余愿无他，只愿佳名于三国而已矣。此书间有不通晓处，夷文本如此。

金诚一见其书曰：不可以此报国王。移书行长、义智、玄苏者再。遂改本稿。[1]

上述材料出自朝鲜人申钦（1566—1628）的文集《象村稿》中"壬辰倭寇构衅始末志"一文。申钦，字敬叔，号象村，是朝鲜宣祖至仁祖朝重臣，官至领议政。他是壬辰战争的亲历者，曾于 1594 年任书状官与尹根寿共同出使明朝。战后，他受宣祖之命参与编撰《大朝将官征倭事迹》。申钦晚年在整理《征倭事迹》稿本的基础上，致力于增补编撰壬辰

---

[1] 申钦：《象村稿》，韩国古典翻译院编：《韩国文集丛刊》第 72 册，韩国古典翻译院，2009 年，第 253—254 页。

史志，于 1622 年成稿。其所编撰壬辰史志，收录在文集《象村稿》中，后人称之为"征倭志"，"壬辰倭寇构衅始末志"便是其中之一。申钦所记壬辰史事，是作为事件亲历者的回忆性记述，具有一定的可靠性。

值得注意的是，该段材料中所述国书事件情况，与前文笔者基于金诚一书信内容勾勒的情况基本一致，即其结果是：辛卯年朝鲜通信使经与日方交涉，最终得到了一封改写的新国书。在这段材料中，申钦抄录了两封国书，一封为修改后国书（国书 2），另一封为修改前国书（国书 1），并且明确指出了两封国书间的关系，即国书 2 是经金诚一（而并没有提到另外两位使臣黄允吉与许筬）与日方再三争取而在国书 1 的基础上得以改写而来。不仅如此，这段材料最大的价值在于，申钦把改写后的新国书全文抄录了下来，而这篇全文是在金诚一笔下也没有留下过的。

从引文中国书 2 的内容来看，"阁下"已改为"殿下"，没有了"方物"一词，"贵国先驱入朝"相关辞句也不复存在。显然，从这封国书中已经丝毫看不到"朝鲜向日本朝贡"的意思。不仅如此，国书 2 甚至还在国书 1 的基础上删去了不少丰臣秀吉个人化的表达，比如其自述出生时异象，又比如"予入大明之日""余愿显嘉名于三国"等语句，这些删改，令国书少了一些私人性的感觉，更增添一种国与国对话的意味。

国书 2 最值得注意的地方，是其中有"欲一超大明国。方乎其时，贵国重邻之义，以党于吾国，则弥可修邻盟"一句，而这与金诚一在"拟答宣慰使平行长"中摘录之句"欲一超大明国，于时，贵国重交邻之义，党吾国，则弥可修邻盟也"几乎一样，两者恰可形成一种相互印证。

申钦《象村稿》中的这一段材料，之后还被他的孙子申炅（1613—1654）所征引，用在了其所创作的另外一部更为知名的有关壬辰倭乱的历史文献——《再造番邦志》中。[①] 申炅在《再造番邦志》一书中原文照

---

① 《再造番邦志》是申炅编撰的一部记录壬辰战争史事的文献，成书于 1649 年。申炅在书中自述："此志以《征倭志》（申钦所著，笔者注）为源，参入《惩毖录》、类说等书，且采诸集中片言只字有可者附之，务其的确，不敢妄附己意。"申炅：《再造番邦志》，韩国民族文化促进会编：《大东野乘》卷九，韩国民族文化促进会，1989 年，第 120 页。

录了祖父所记下的这两篇国书的全文，仅因为行文的需要将其先后顺序进行了对调。① 申钦的记录或可说是因其文集被阅读程度不高而不易被发现，但大量壬辰战争的先行研究者在阅读《再造番邦志》时，竟也未注意到出现"两封国书"的问题，这就不免有些令人惋叹。

如果申钦的这番记述值得采信，那么它就再次向我们提示了一个可能的情况：朝鲜使臣实际带回国内的，是一封不同于见诸官方史书记载的新的国书。不仅如此，现在这封新国书的内容也全文呈现在了我们眼前。对于这一情况，笔者仍试图找寻更多的证据，而新的材料又再次浮现出来。

材料二：

> 通信使黄允吉等自对马岛发向大坂（今称大阪），至秀吉所居，留数月。秀吉使僧倭兑长老、哲长老等修答启，出示允吉等。其书云：
>
> 日本国关白秀吉，奉复朝鲜国王阁下。雁书熏读，卷舒再三。吾国六十余州，近年乱国纲废世礼而不听朝政。故予不堪感激，三四年之间。伐叛臣讨贼徒，及异域远岛悉归掌握。盖自开辟以来，朝廷之盛，洛阳之壮，未有过于斯时者也。慈母梦日轮入怀中，相士曰：日光所及，无不照临。壮年必八表闻仁声、四海蒙威名者。何其疑乎？故与我为敌者，必先恐惧，战必胜、攻必取矣。贵国先驱而入朝，有远虑无近忧者乎。人生一世，不满百年，焉郁郁久居此乎。不屑国家之隔、山海之远，欲一超直入大明国，欲显佳名于三国。<u>方乎其时，贵国重邻交之义，以党吾国，则弥可修邻盟也。</u>方物如目录领纳。且至于管领国政之辈，向日之辈皆改其人，当召分给。余在别书。珍重保啬。不宣。天正日本僧号十八年庚寅仲冬日秀吉奉复。
>
> 书辞极其僭傲。副使金诚一大怒推纸曰：海内外相截，国华夷有分，侮慢之甚，何可至此。吾等一死而已，不忍持此生还。秀吉乃还其书，改阁作殿，易奉为拜。言忠信，行笃敬，虽蛮貊可行。

----

① 申炅：《再造番邦志》，第 105 页。

鹤峰前后所措，画出于正，至于壬辰之初，益可见其忠节。[①]

这一段材料，出自赵庆男所撰《乱中杂录》。赵庆男（1570—1641），字善述，号山西，朝鲜文臣，壬辰战争亲历者，其所著《乱中杂录》，以日记体形式记述 1582 年至 1610 年间史事，也是壬辰战争历史的重要参考文献之一。

在这段材料中，赵庆男也抄录了一篇国书，从这篇国书的内容看，其大体与国书 1 一致。但是，值得注意的是，与国书 1 不同，其中同时加入了"方乎其时，贵国重邻交之义，以党吾国，则弥可修邻盟也"这句出现在金诚一笔下的文字。对这一特殊现象，笔者推测：赵庆男首先应该是掌握了国书 1 的全文，而同时他也注意到了金诚一给小西行长书信中提到的这一句国书 1 没有的语句，进而认为修改后的国书中应该是加入了这句话的，因此在自己写作时，将两者合璧，写成这一版他认为更完整准确的国书。

然而，赵庆男记述的这段材料的价值似乎仅止于再次提示我们注意"方乎其时，贵国重邻交之义，以党吾国，则弥可修邻盟也"这句话与修改国书之间的关联性，对于是否存在申钦所记第二封国书，并没有直接的佐证意义。

材料三：

> 通信使黄允吉还日本。通信正使黄允吉，副使金诚一，书状官许箴，从事官车天辂。其还也，玄苏、平调信偕来。书启极悖慢。书启到日，上于夕讲令入侍诸臣见之。……判书尹斗寿首进曰：事当具奏天朝，仍陈我国通信本末可也。上颔之，与尹某意合。以为彼此利害不暇论，而以小事大，大义所在，岂可不为之奏闻乎？朝廷不得已具奏。《寄斋杂记·辛卯史草》
>
> 秀吉报书曰：日本国关白奉书朝鲜国王殿下。雁书熏读，叙卷再三。从余之请，见差三使，幸甚。吾国六十余州，比年分离，乱国纲废世礼而不听朝政。故余不胜感激，三四年之间，伐叛臣讨逆

---

① 赵庆男：《乱中杂录》，韩国民族文化促进会编：《大东野乘》卷六，韩国民族文化促进会，1989 年，第 106 页。

徒，及异域远岛悉归掌握矣。夫人生一世，谁保长生，古来不满百年，焉能郁郁久居此乎？不屑国家之远、山河之隔，欲一超大明国。方乎其时，贵国重邻之义，以党于吾国，则弥可修邻盟。①

这段材料出自《厚光世牒》卷三"龙蛇扈从录"。《厚光世牒》，编者不详，其所录内容为朝鲜时代文臣尹斗寿（1533—1601）的生平事迹，其中"龙蛇扈从录"一卷主要记述尹斗寿在壬辰战争期间的事迹。《厚光世牒》的编撰方式，是从各类文献中辑出尹斗寿事迹，而对于文献来源，一般都会进行标注。上述材料中即标注出参考了《寄斋杂记·辛卯史草》一书。故此，笔者又考出《寄斋史草》②相关原文，一并抄录如下：

> 允吉等之还也，日本书契有曰：自嘉靖年大明不许日本入贡，此大羞也。明年二月，直向大明，朝鲜亦助我飞入大明宫乎？辞不多，而悖慢极甚。允吉回到釜山，先启书契。书契到之之日，适夕讲也。上览毕，使入侍人等见之。判书尹斗寿亦在筵中，见讫首进曰：此等即当具奏天朝，因陈我国通信本末可也。上颔之。③

从上述两段材料中，我们了解到：朝鲜国王宣祖在收到黄允吉等传递回国的国书后，于当晚召集一批大臣前来，将国书交给他们传阅，并与之商讨是否要将国书一事上奏明朝。

《厚光世牒》的编者在记述这一事件时，将他所认为的当时君臣所见之国书全文，以附注的形式抄录于文中。而其所抄录的国书内容，与前文申钦所记国书 2 是一致的。笔者注意到，《厚光世牒》引用这封国书时，并没有注明文献出处，而按其编撰体例，如有明确出处，一般都会加以标注，之所以没有标注出处，是否表示这一国书内容是为当时知情人所熟知的，因而无须特别标注出处呢？如果是这样的话，是不是反过来就能够证明国书 2 的真实存在呢？

① 编者不详：《厚光世牒》卷三，http://db.itkc.or.kr/dir/item?itemId=GO#/dir/node?dataId=ITKC_GO_1446A_0040_010_0010，2020 年 7 月 12 日。
②《寄斋史草》，作者朴东亮，字子龙，号寄斋，该书以日记形式，记述壬辰史事。
③ 朴东亮：《寄斋史草》，韩国民族文化促进会编：《大东野乘》卷十三，韩国民族文化促进会，1989 年，第 31 页。

再来看前引《寄斋史草》中的那段材料,其中提到黄允吉等带回的"日本书契"中有这样一句话:"自嘉靖年大明不许日本入贡,此大羞也。明年二月,直向大明,朝鲜亦助我飞入大明宫乎?"这句话在前述两个版本的国书中,均未见到,为何会出现在这里?《寄斋史草》的编者朴东亮(1569—1635)也是壬辰战争的亲历者,战后获封二等扈圣功臣,被册封为锦溪君。笔者认为,以他的经历和身份,当不可能不知道秀吉国书的真正内容,但为何他笔下所记对国书内容印象最深的一句话,竟然会完全不见于我们已知的两版国书中呢?笔者推测:这或许是朴东亮本人在晚年回忆时产生错误联系而造成的,他可能是将相近时间段内日本给朝鲜的另外某一封国书中的文字①,联系到了这一封国书上来。

暂且排除掉朴东亮这段材料中的这一条干扰性信息,再次回到《寄斋史草》中的那段记述,笔者还注意到另外一个细节:朴东亮对"日本书契"有这样一个形容,称其"辞不多",而恰恰是这个细节,对我们的推测有一定帮助。一般而言,在时隔久远之后,要一个人回忆之前见过的一封书信中的具体文字,也许容易产生差错,但是如果只是要他回忆这封信是长还是短,字数多还是少,当不会出错。因而,朴东亮称日本国书"辞不多"这一点,就成为一个有用的信息。就前述两个版本的国书而言,何者担得起"辞不多"的评价?答案应该是很明显的。所以,或许我们可以把《寄斋史草》的这段材料,作为朝鲜君臣所见国书实为国书2的一个旁证。

材料四:

　　玄苏等归,付答书契曰:

　　使至,获审体中佳裕,深慰深慰。两国相与,信义交孚,鲸波万里,聘问以时。今又废礼重修,旧好益坚,实万世之福也。所遗鞍马、器玩、甲胄、兵具,名般甚伙,制造亦精,赠馈之诚,复出寻常,尤用感荷。但奉前后二书,辞旨张皇。欲超入上国,而望吾国

①　在黄允吉等回国之后,日本又派遣柳川调信和景辙玄苏来到朝鲜,他们当时应该也携带了国书,在那一封国书中,可能就有明朝"不许入贡""飞入大明宫"等语句。

之为党，不知此言奚为而至哉？自敝邦言之，则语犯上国，非可相
较于文字之间。而言之不雠，亦非交邻之义。敢此暴露，幸有以亮
之。惟我东国，即殷太师箕子受封之旧也。礼义之美，见称于中华
凡几代矣。逮我皇朝，混一区宇，威德远被薄海，内外悉主悉臣，
无敢违拒，贵国亦尝航海纳贡而达于京师。况敝邦世守藩封，执
壤是恭，侯度罔愆。故中朝之待我也，亦视同内服，赴告必先，患
难相救，有若家人父子之亲者。此贵国之所尝闻，亦天下之所共知
也。夫党者，偏陂反侧之谓。人臣有党者，天必殛之，况舍君父而
党邻国乎？呜呼！伐国之问，仁者所耻闻，况于君父之国乎？敝邦
之人，素秉礼义，知尊君父，大伦大经，赖以不坠。今固不以私交
之厚而易天赋之常也，岂不较然乎？窃料贵国今日之愤，不过耻夫
见摈之久，礼义无所效，关市不得通，并立于万国玉帛之列也。贵
国何不反求其故，自尽其道，而唯不臧之谋是依，可谓不思之甚也。
二浦开路之事，在先朝约誓已定，坚如金石。若以使价一时之少倦，
而轻改久立之成宪，则彼此俱失之矣，其可乎哉？不腆土宜，具在
别幅。天时正热，只冀若序万重。不宣。①

　　这段材料出自《宣祖修正实录》。在黄允吉等回国后不久，日本派
遣的使臣柳川调信和景辙玄苏来到朝鲜，朝鲜方面按例接待，并修回答
国书给付，此处所引即该国书全文。

　　在这篇国书中有一关键语句："但奉前后二书，辞旨张皇。欲超入
上国，而望吾国之为党，不知此言奚为而至哉？"这里"前后二书"，大
体可以有两种解读。其一，所谓"前后二书"所指的是本文前述国书 1
和国书 2，如果做此种解读，就能够在很大程度上佐证确实存在国书 2
这一点。其二，所谓"前后二书"，是指朝鲜先后收到的两封日本国书，
第一封是黄允吉等带回的国书，第二封是紧随黄允吉等人之后来到朝
鲜的调信与玄苏带来的国书，若如此解读，则"欲超入上国，而望吾国
之为党"的语句，也可能是出现在第二封国书中，那么此前分析过程中

① 《宣祖修正实录》卷二五，"宣祖二十四年五月一日"条。

基于这一句话而为国书 2 的存在提供的证据支撑，就可能全面消解。当然，这里仍然存在一个悖论，如果说"欲超入上国，而望吾国之为党"一句只是出现在调信与玄苏带来的国书中的话，金城一又是如何了解到并一早就在书信中记录下了这一语句呢？故第二种解读似乎也需再做斟酌。

不过，柳川调信和景辙玄苏来到朝鲜时确实携带了国书这一点当无疑。首先，需有日本来书，朝鲜才有可能给付答书；其次，由朝鲜答书中最后对"二浦开路之事"的答复，亦可见日方应该是以国书方式向朝鲜提出了开放港口的相关要求，故而朝鲜需在国书中正面答复。如若当下我们能够看到调信与玄苏携来国书的具体内容，此处种种疑问当能迎刃而解，无奈笔者遍寻未见，甚至连相关转述性材料亦未能提供直接的线索，因此该问题还是无法做出最终的解答。

通过对以上四段材料的分析，我们对国书事件及国书内容的探究，应该说已经在金城一书信这一条线索之上，有了相当程度的深化。整个国书事件的复杂程度，至少应该超出了《朝鲜王朝实录》所记。同时，就朝鲜实际收到的国书的内容这一点，我们也从周边史料中得到的新的发现。尽管仅仅依据这些材料仍不足以充分证明朝鲜实际收到了国书 2 这一情况，但至少对这一事件的复杂性和另外一种可能性，我们已经有了充分的了解。

三、关于国书被伪造的可能性推测

既然从文献资料中暂时无法找到更多的头绪，笔者试图切换一个思路，从事件之间关联性的角度去分析相关的问题。而笔者找到的一个事件关联性分析的切入点，就是日本方面负责接待朝鲜使臣的对马岛势力在处理国书交涉中的应对。

之前已经提到，辛卯通信使的派遣，存在着双方对使行性质认识不对等的情况，而造成这一情况的始作俑者就是对马岛。为了促成通信使的派遣，他们在与朝鲜方面沟通时，刻意隐瞒丰臣秀吉令朝鲜朝贡的意图，此后则一直努力掩盖这一真相。事实上，朝鲜使臣在使行途中已经感受到日本方面将他们的到来视作朝贡。只不过，在收到国书之前，他们一直没有把这一层窗户纸捅破而已。[①]

　　使臣与丰臣秀吉见面之后，没有立即拿到国书，他们被要求先行返程，到堺滨等待国书，而这极有可能是对马岛的刻意安排，为的就是将国书可能引发的问题置于自己的掌控之中。果不其然，第一封国书的措辞，引起朝鲜使臣的极大反感。如果此时朝鲜使臣的国书改写要求传到秀吉耳中，对马岛的努力将功亏一篑，后果不堪设想。好在此时使臣已经远离秀吉身边，对马岛也就有了将事件影响控制在最小范围内的可能。

　　对马岛此时的应对方式，首先就是封锁消息，这一点不难做到，因为在日本境内，朝鲜使臣唯一向外传递消息的渠道就是对马岛。其次，他们要做的，就是与朝鲜使臣尽力周旋，想办法息事宁人。之后，对马岛方面先派出景辙玄苏应对使臣，玄苏表现出他一贯的狭隘和斤斤计较的处事风格，只答应改两处字词，还妄图用糊弄的方式搞定朝鲜使臣，眼见正使和书状即将妥协，却因为碰到较真的金诚一，最终没有得逞。

　　于是，对马岛方面只能由主事的小西行长出面打圆场，显然他的处事格局要大得多，决断力也更强，而且大概只有他才敢于做出接下来的举动：在隐瞒丰臣秀吉的情况下，答应朝鲜使臣的全部要求，并炮制一封让朝鲜使臣满意的国书，交给其带回国内。

　　笔者在此做出了一个大胆的猜测——"对马岛伪造了辛卯通信使带回朝鲜的国书"，而这一猜测并非毫无依据。回到历史的语境中看，当时的对马岛处在一个十分特殊的定位中，因为经济利益的驱使（对马岛需要在朝日两国关系和谐的大环境中实现在朝日双边贸易中牟利的目

----

① 关于这一点，从金诚一所作《倭人礼单志》一文可见一斑："入海之后，受职倭人争致下程，使臣一皆受之而行回礼，所以答向国之诚也。七月中，行到堺滨之引接寺，有西海道某州某倭等送礼单，其书曰朝鲜国使臣来朝云云。余初失于照管，因修日记而觉之。……即令陈世云告上使书状曰：倭人以来朝为辞，辱莫大也，辱身且不堪，况辱国乎？辱国之食，断不可受，而始不致察，至于分馈下人，将若之何？上使曰：夷狄之言，何足较乎？书状曰：吾则初已觉之，而无知妄作也，且置之耳。余奋然曰：夷狄虽无知，使臣亦无知乎？古人于取与之际，一毫不放过，惟其义而已。吾辈为使臣而受辱国之食，则其义安在哉？……上使书状乃许之，即贸还而具道其由。"金诚一：《鹤峰先生文集》，第129页。

的），它需要同时向日本和朝鲜两方面负责，朝鲜人甚至直接称其"东事贵国（日本，笔者注），北顺我朝（朝鲜，笔者注）"[1]。顺利把朝鲜使臣带到日本，再平静地送走，是对日本负责。将朝鲜使臣安然送回国内，不让朝鲜产生向日本朝贡的感觉，是对朝鲜负责。而要同时实现这两个目标，隐瞒秀吉，伪造国书，或许就成为一个合理的选择。

此外，还有一个细节也不应该被遗漏。在国书 1 的篇末有这样一段文字："方物如目录，领纳。且至于管领国政之辈，向日之辈皆改其人，当召分给。"[2] 这是日本对收到朝鲜礼物的答复文字。这句话看似无关宏旨，但是细究之下，实际上指向了对马岛的失职行为。该次使行，朝鲜礼曹在制定礼单时，给此前与朝鲜往来交好的六位日本地方大名准备了礼物，而其中的京极氏、细川氏、大内氏、小贰氏的势力，在当时实际上都已不复存在（被丰臣秀吉消灭），对马岛显然是知道实情的，但是从朝鲜礼曹制定礼单直到使臣传送礼物，他们都没有发声。不难想象，当朝鲜使臣看到国书中的这句话的时候，内心必然会对对马岛的知情不报有所不满。

不仅如此，金诚一还敏锐地发现，对马岛知情不报的背后，可能还有其他的隐情。金诚一给小西行长、景辙玄苏及宗义智写信，把这个问题讲得非常透彻。他认为，在国书下达之前，对马岛不告知实情可以解释为不敢随意透露国家机密，但在国书下达以后，大名改换之事，显然已不具有机密性质。而此时，朝鲜使臣在堺滨仍收到号称是大内殿、小贰殿送来的书信，对马岛明知此二殿不复存在，却仍不向使臣言明，最后还是靠使臣自己分析发现冒名顶替的真相。对马岛此时的表现，已经

---

[1] 此处所言对马岛的特殊性，从金诚一"拟答对马岛主"一文中可见一斑："朝廷之于贵岛，亦何厚薄之有？有功则赏之以职而许其来朝，有罪则镌其职而不许相通，此已事之明验也。岛中如有愿复其旧者，足下何不令输忠效劳，而听朝廷之指挥乎？不然，则足下虽望使臣之转达，不可得也。……复有一言可以取譬者，足下试听之。介两国之间者，贵岛也。足下东事贵国，北顺我朝，畏天事大之敬至矣。倘有贼寇借足下之路，以犯两国，则足下其许之否？名为事大，而潜启贼路，则其反复不信甚矣。贵国且不可出借路之言，况足下而敢为此言乎？"金诚一：《鹤峰先生文集》，第 121 页。

[2]《宣祖修正实录》卷二五，"宣祖二十四年三月一日"条。

不能单纯用知情不报来解释，金诚一甚至认为：对马岛实际上是在配合冒名顶替者一起欺骗朝鲜，意图从中牟利。①

可见，国书 1 中这一句看似无关痛痒的话，竟然被金诚一敏锐捕捉到，并就此质问对马岛向朝鲜刻意隐瞒国内大名更替的真实意图。以对马岛的立场而言，此时大概也会觉得这封国书"言多必失"了吧。如果这封国书传到朝鲜国内，金诚一等人抓住这一句话做文章，则很有可能会进一步引起朝鲜对对马岛的不满。对马岛显然不愿意看到这样的情况发生，那么，这是否也构成了对马岛决定改写（伪造）国书的另一条理由呢？

再者，对马岛长期周旋于朝鲜与日本之间，为了行事便利，经常会对双方间传递的国书内容进行改写（伪造），这一情况在此后发生的一个著名事件——"柳川一件"中被揭露出来。而笔者也不禁由此联想，

---

① 金诚一"与上、副官，对马岛主"一文中："今兹使臣之来也，我殿下念交邻之义，推恩数于诸殿。有若京极、细川等六殿处，皆有礼物矣。及到贵国，则右等诸殿无一人存者。关白殿下以信义为重，不以我国之不知为可侮，乃能处置得宜，留礼物以俟代职者，而具载曲折于国书中，俾使臣得免委命于草莽。其处事明白，实非常情之所可冀及也。呜呼！关白殿下之盛意既如此，使臣何敢不尽言于此日，以贻疑阻之端乎？三足下其亮之。……（大内、小弐）二殿之亡，亦如京极、细川等殿，万万无疑也。然于使臣之赠礼物也，三足下不为之直言者，何哉？噫！三足下之心，岂庸众人之所能测哉？彼京极诸殿之亡，三足下非不知之也，一国命令，制在关白，未禀关白之前，三足下何敢以国内事情透漏于他邦乎？惟其若是故，当初礼曹之作书契，使臣之传礼物也，三足下终不敢吐实，此固理势之所必至也，岂三足下有意于欺邻国而如此哉？此使臣所以恕足下之不言，而益多其临事慎密者也。今则关白殿下昭示大信，已将诸殿存亡，洞然别白而言之矣。惟兹二殿之存亡，三足下更何所难而不言之乎？前之不言者，以无关白之命也。今之可言者，以有关白之令也。前后语默虽殊，皆合于时宜，亦何害义之有？呜呼！使臣既明知二殿之亡矣，虽亲见二殿之面，犹不能无疑，况过境之际，所谓二殿者未曾驰一介之使以候境上。虽或使人于堺滨，二殿之书，乃一笔所写也，二殿总统方面，岂无写手，而借书于堺滨乎？此又必无之事也。足下于是而不言，则始为害义失信，而不免欺邻国之为矣。如何，如何！且我朝通好于贵国者，岂有新旧之异。夫废兴存亡，有国有家者之常。今者毛利殿、小早川既有二殿之土，如欲代二殿而继好，则从实输款，以听我朝之命可也，何必黯黯自欺，以假败亡者之名号乎？念惟三足下皆以关白殿下之心为心者也，必不以使臣之言为非。使臣亦奉命于我朝，以通信为职，何敢闷默受伪书，以诳我殿下乎？此事理之至明且著者也，三足下其垂察焉。"金诚一：《鹤峰先生文集》，第 121—123 页。

辛卯通信使带回的国书，是否也不过是诸多对马岛改写（伪造）的国书其中之一呢？

还有一个问题值得我们思考，据笔者目前所掌握的情况，在日本方面的文献中，从来就只留有国书1这一个国书版本，而有关国书交涉过程的记载，一律只记到玄苏答复为止。朝鲜方面文献中出现的国书交涉后续以及存在第二封修改国书的情节，日本方面完全没有记载。这个现象，如果用对马岛单方面改写（伪造）国书去解释的话，其实就完全说得通了。因为只要对马岛不说，第二封国书的事情，在日本而言就相当于从没有发生过，而没发生的事自然就不会留下痕迹。在当时的信息传递条件下，朝鲜方面的信息很难绕过对马岛传到日本，对马岛诸多改写（伪造）国书的行为，最后是因为日本内部人的告发而败露，也反证了这一点。而更有意思的是，再之后朝鲜的官方记录中竟然也不知何故抹去了国书2的痕迹而强调国书1，那么日本方面自然也就更加无从知晓这封国书曾被改写（伪造）之事了。

不仅如此，如果我们试着站在对马岛的角度上来看改写（伪造）国书这件事，如下这种想法可能比较符合对马岛的心理：既然已经决定要改写（伪造）国书，比起只改寥寥几字，而留下今后自己与朝鲜间再起龃龉的隐患，倒不如改得更彻底一些，把可能引起朝鲜对对马岛不满的内容尽数删去，关于朝贡的意思当然必须全部删除，关于朝鲜给大名礼物改送的内容也要一并删去，少说少错，务求简短为好。而倘若当时对马岛果真如此考虑的话，最后改写出来的国书，就大概率会更接近于前文所见国书2的样子了。

如果对马岛伪造了国书2这个事实成立的话，笔者要提出的第二个事件关联性分析的切入点也就可以接续上了，那就是关于朝鲜君臣在看到国书之后的反应。我们假设，不同的国书被传递回国，引起的朝鲜君臣的反应情况，应该有所不同，那么，我们是否可以从他们的实际反应，试着去反推朝鲜使臣到底传递了哪一封国书呢？

我们已经知道，当国书被交到朝鲜国王手中之后，他在第一时间就召集大臣进行商议。目前所见各类文献记录中，对于此时朝鲜君臣商议情形的记载，基本上都是一致的，那就是他们集中于讨论是否应将日本出兵明朝的意图上奏给明朝方面。而仅就这一个情形而论，似乎不论带回的是国书 1 还是国书 2，都足以导向这个结果，因为在这两封国书中，都能明显看出日本有出兵明朝的意图。

或许我们可以再稍稍转换一下思路，有时候并非只有发生的事情才说明问题，没有发生的事情，往往也代表着某种意涵。笔者认为，在当时朝鲜君臣应对国书的过程中，有一个事情没有发生，恰恰更能说明问题。那就是：几乎没有任何材料显示，朝鲜君臣在收到国书之后，曾就日本认为"朝鲜向日本朝贡"这一问题进行讨论，这一点显得有些反常。

国书 1 与国书 2 内容上最本质的差别在于，国书 1 中仍然留有"贵国先驱入朝"这一会令人联想到"朝鲜向日本朝贡"的表述，而在国书 2 中则已经丝毫看不出这一点。如果朝鲜君臣看到的是国书 1，对于日本竟在国书中妄称朝鲜向其朝贡这样一件事情，他们怎么可能不以为然，等闲视之？而使臣带回如此国书的失职行为，为何未见任何受到追究的迹象（须知在朝日通信外交过程中，因日本国书措辞不当获罪的外交使臣可不在少数），这显然有些不太不合理。

反之，倘若朝鲜君臣看到的是国书 2，这些没有发生的事情才可能合理化。因为国书 2 中根本没有"朝鲜向日本朝贡"的意思存在，自然刺激不到朝鲜君臣的神经，而就算使臣汇报国书交涉经过，依然会提及此前的国书 1 中有朝贡的表述，朝鲜君臣的反应也不至于太激烈了，因为这已经是一个在外交过程中被解决的问题，更不论他们当下有更重要的问题必须面对——是否要向明朝汇报情况。

基于以上分析，笔者认为，如果从朝鲜君臣收到日本国书之后的反应来看，辛卯通信使臣带回的国书为国书 2 的可能性显然更高些。当然，这样一种反推式分析得出的观点，说服力恐怕还是有限。笔者必须承认，以上这种猜测的方式，即使看来有诸多合理之处，但实在不符合历史研究的专业精神，笔者今后还是要回到大胆假设、小心求证的正途上来，如有可能还是要尝试寻找更多的文献资料证据，来对这一问题展开进一步的探究。

四、余论：历史编撰的目的性与真实历史的复杂性

本文前述文字中，笔者呈现了一个从发现线索到展开求证，从提出证据到自我质疑证据的有效性，从提出假设到自省假设的非专业性的过程，最终还是无法做出确定的结论。但是，就笔者个人而论，事实上对此国书的问题已经有了倾向性的态度，即更愿意采信金城一、申钦等人的记述，并充分质疑《朝鲜王朝实录》记载的客观性和真实性。因此，在本文的最后，相较于对国书问题做出某种结论，笔者更想做的，是与数百年前的《朝鲜王朝实录》编撰者们展开一番隔空对话。

首先还是从笔者发现的朝鲜王朝《宣祖修正实录》中对辛卯通信使国书交涉事件记载有失偏颇之处说起。让我们再来重新看一下《实录》中记载国书交涉经过的这段文字：

> 诚一见书辞悖慢，尝称殿下，而称阁下，以所送礼币为方物领纳。且一超直入大明国、贵国先驱等语，是欲取大明，而使我国为先驱也。乃贻书玄苏，譬晓以大义，云："若不改此书，吾有死而已，不可持去。"玄苏有书称谢，诿以撰书者失辞，但改书殿下、礼币等字，其他慢胁之辞，托言此是入朝大明之意，而不肯改。诚一再三移书请改，不从。黄允吉、许筬等以为："苏倭自释其意如此，不必相持久留。"诚一争不能得，遂还。①

细读这一段文字，可以发现其中存在不少的问题。

首先，这段文字中称，金诚一认为"一超直入大明国、贵国先驱等语，是欲取大明，而使我国为先驱"，笔者遍寻金诚一前后书信，未见此表述。况且，就我们所知，金诚一与玄苏苦争之处，便是"贵国先驱入朝"指朝鲜向日本朝贡，他又怎会将"先驱"与"欲取大明"相联系呢？日本欲以朝鲜为"征明先驱"这种表述，应该是出于别处，与金诚一毫无关联。《实录》的此种表述，完全是张冠李戴。

其次，这段文字中又称，金诚一致玄苏信中有"若不改此书，吾有死而已，不可持去"一句，此句笔者在金城一书信中同样遍寻未见。类

---

① 《宣祖修正实录》卷二五，"宣祖二十四年三月一日"条。

似的表达，倒是出现在赵庆男的《乱中杂录》中①，此话也许是金诚一在其他场合所说而被有心者记录下来，也可能只是旁人一种文学性的发挥。至少，它没有如《实录》所言出现在金诚一给玄苏的信中。此又为《实录》不严谨之处。

再者，这段文字中有所谓以"礼币"一词改代"方物"的表述，而"礼币"一词，也未知何故出现于此，在金诚一书信中并无。至于其又称黄允吉、许筬等对金诚一说："苏倭自释其意如此，不必相持久留"，看似引用原话，实际亦不见于金诚一的记载中。《实录》编撰者的自我发挥可见一斑。

总的来说，由《实录》中的这段文字可见，编撰者以金诚一为主角写作该内容，试图描述其在国书交涉过程中的行事表现，然而其写作过程中事实上并没有准确地参考当事人留下的第一手材料（即金诚一《海槎录》），充其量只是在一些二手史料上打转，拼凑完成。因此当我们以金诚一书信为据去分析这段文字，就很容易发现其错漏百出。此一段《实录》的编撰者的专业水平实在令人不敢恭维。须知，为我们留下所谓"丰臣秀吉致朝鲜国王书"权威版本的，正是这同一位（批）编撰者。

其实，抛开的编撰者专业水平问题，换个角度去看，或许也不难理解《实录》中出现这些有问题的表述的深层原因。《实录》是一种后来编撰的历史，在《实录》编撰之时，不管是国书事件也好，还是金诚一的人物形象也好，都已经被其后的历史进程附加上很多原本没有的因素。在《实录》编撰工作开展当时的历史情境之下，我们很难苛求《实录》的编撰者完全做到剥离这些附加因素，准确复原历史的真实状态。

回到国书的问题上来，将国书内容编入《实录》之时，已经是经历过战争之后的时代，因此就一般人的认知和情感上来说，大概都会倾向于认为国书 1 的内容更符合战争历史书写的需要。国书 1 至少有这样几个符合需要的点：（1）丰臣秀吉自述身世和功绩的部分能够充分显示

---

① 赵庆男《乱中杂录》载："书辞极其僭傲，副使金诚一大怒，推纸曰：海内外相截，国华夷有分，侮慢之甚，何可至此。吾等一死而已，不忍持此生还。"《乱中杂录》，第 106 页。

这一战争罪魁的自我膨胀；（2）将朝鲜表述为日本的朝贡国，是可忍孰不可忍！足以激发朝鲜的同仇敌忾之情；（3）声言征服大明朝，取代其万国来朝的地位，尽显丰臣秀吉的无端狂妄。而此三点内容所能起到的效果，如以另一简短版本的国书2代之入《实录》，显然是无法达到的。如果当时《实录》编著者更看重的是史书文字的现实影响和效果，即使有两版国书同时摆在面前供其取舍，大概率的结果仍然也是取详而舍略。

笔者同时还注意到《实录》记述国书的方式颇耐人寻味。它并不是以某日朝鲜收到日本国书，内容为何，然后全文抄录的方式呈现出来的，而是采用了以金城一为主人公的叙事模式，讲述朝鲜使臣在日本收到国书，内容为何，然后全文抄录，且抄录的还是日本方面最早给出的未做修改的版本。笔者不免揣测，这样的写作手法，或许也是《实录》编撰者的精心设计，因为如此写法，实际上仍是符合历史事实的，因为当时朝鲜使臣确实收到了那样一封国书。如此，《实录》编撰者既达到了用长篇国书配合战争历史书写需求的目的，又规避了歪曲史实的问责。

然而，在笔者看来，《实录》编撰者的这个如意算盘还是打错了，因为他们没有意识到，故意不书或漏书一部分历史事实，本身就已经是历史记录者最大的失职。因为想凸显国书1而隐去了国书2存在的事实，就是他们不可推卸的过失。当然，也有另外一种可能，《实录》的编撰者已经清楚知道国书2是对马岛伪造的这一事实，因而不将其载入官方记录也算有充分的理由。但即便如此，或许《实录》编撰者能自问心安无愧，其对后世产生的实际影响，却仍是人为掩盖了部分历史真相。

幸好保留历史真相的权力并不只掌控在一批人手中，历史记录者的多样性使得历史真相能够有多重途径幸存下来。所以理论上来说，后世的历史研究者是可以通过一定的努力，重新揭示出前人有意无意间掩盖的历史真相的。而这个问题的复杂之处在于，某些途径留存的历史真相，可能还需要经历一个"自证清白"的过程，特别是当其与所谓的权威记录存在差异时，这个"自证清白"的过程可能会显得异常艰辛。本文所涉及的国书问题，正是这样一个鲜活的案例。

　　作为历史研究者，当面对不同类型文献资料展现出的多样性的历史事实时，首先当然是以小心求证为最优选择，而当求证过程受阻，无法得出确切结论之时，不妨将其先视作一种可能的真相暂存，而不是轻易放弃。须知历史的复杂程度永远超出我们的想象，在当下保留任何一种可能的真相，留待后人征取臧否，或许就是为将来更接近复杂真实的历史预留了一扇窗户。

壬辰战争后朝鲜对遣使日本的论争与决策：以新发现的《银台日记》为中心

丁晨楠

山东大学历史学院 副研究员

1598 年下半年，随着丰臣秀吉的死亡，将明朝、朝鲜、日本尽数卷入的壬辰战争很快宣告结束。由于战争带来的创伤与仇恨情绪，朝鲜与日本间的国交并没有随着战争的结束而在短时间内得以恢复。围绕重建国交这一悬案，朝鲜与日本之间展开了数年的政治角力与谈判，直到 1607 年初，朝鲜才派出名为"回答兼刷还使"的使行团赴日，正式宣告两国重建国交。

日韩学界对此次回答兼刷还使的派遣背景、名称确定、使臣在日本的活动及影响等问题颇有关注，已取得了丰硕的研究成果。[①] 但大部

---

① 代表研究有：三宅英利：《近世日朝関係史の研究》，日本文献出版，1986 年；仲尾宏：《朝鲜通信使》，岩波书店，2007 年；梁兴淑：《17 世纪前半回答兼刷還使의 派遣과 経済的 意味》，《港都釜山》第 21 期，2005 年；闵德基：《前近代東아시아世界의韓·日관계》，景仁文化社，2007 年；李薰：《壬亂以後'回答兼刷還使'로본對日本外交戰略》，《韩日关系史研究》（釜山）第 49 期，2014，等。

分的研究主要参考的是《朝鲜宣祖实录》、文人文集、使臣留下的使行记录、《外蕃通书》、《朝鲜通交大纪》等业已为学界广为所知的史料，在新史料的发掘上尚有可以补充之处。本文将利用此前罕为人知的《银台日记》，即《承政院日记》，并参照《朝鲜宣祖实录》里的记录，来探讨1606年朝鲜君臣针对朝日两国国交重建与派遣使臣赴日而展开的争论。

一、《银台日记》的性质与内容

韩国国立古宫博物馆现藏有裱纸题为"银台日记·利"的一卷手抄本书册，几乎未被学界所知。该书大小为30.5×20.5cm，计122张纸，书中记载的年代为丙午年三月初一日至同年七月十一日。根据该博物馆官网上的解题所示，该书应为四册书中的第三册，书中所谓的"丙午年"应为1606年，即明神宗万历三十四年，朝鲜宣祖三十九年，日本庆长十一年，作者是宣祖时期的文臣李德悦（1534—1599）。①然而，将该书与《朝鲜宣祖实录》对比可知，把丙午年断定为1606年没有问题，但作者绝无可能是李德悦——死于1599年的李德悦不可能记录1606年的事情。李德悦从1594年至1597年在承政院担任承旨，曾著有一卷55张纸的《李承旨银台日记》，记录了他在承政院任职期间所见所闻的公务事项，并在书后抄录了一些大臣的奏疏或文章。②将该书与《银台日记》对比，可知二者并不是同书。

所谓"银台"，即朝鲜承政院的别称。换句话说，《银台日记》也就是《承政院日记》。承政院是朝鲜时代负责"出纳王命"的正三品中央机构，有都承旨、左承旨、右承旨、左副承旨、右副承旨、同副承旨各一员，最高负责人是都承旨。另有正七品注书二员，宣祖时增设事变假注书，专门负责备边司与鞫狱文书。注书按日记录承政院处理的业务，以及国王的入侍筵话，每月的记录完成后在下一个月的二十日之前整理提

---

① https：//www.gogung.go.kr/joseonRecordsHeritageView.do?pageIndex=1&bbsSeq=6088&bizDiv=1，引用日期：2020年3月2日。
②《李承旨银台日记》被收入《鹅洲杂录》第27册，见京都大学河合文库藏本。

交。① 这样的记录便是《承政院日记》。由于朝鲜时代的国政运转是以国王为中心，所以《承政院日记》的内容可以涵盖朝鲜国政运营的几乎所有的方面。1606 年三月至七月担任承政院承旨的有都承旨尹昉、左承旨金时献、右承旨宋骏、左副承旨崔濂、右副承旨黄是、同副承旨柳涧，以及注书徐景雨、任章，假注书郭天豪。考虑到该年四月二十八尹昉被任命为汉城府尹，由崔天健接任都承旨一职②，那么《银台日记》极有可能是除尹昉、崔天健之外的某位承政院人员所编写。

朝鲜王朝编纂《承政院日记》的目的在于"该括事实、凭信掌考、以誊录之体、兼史策之用"。③ 朝鲜中宗也曾坦陈："大抵有考事，则必考《承政院日记》。"④ 也就是说《承政院日记》记录在时政上有相当高的可信度，可以作为考察先例的依据，同时《承政院日记》也是后世编纂《实录》重要参考资料。⑤ 但与编纂目的在于"录其时政得失、人物美恶"的《实录》不同，《承政院日记》仅仅是记录"出纳之事"，所以《实录》在原则上是禁止"随事则考"，而《承政院日记》在当时就可以阅览。⑥ 这同时也说明比起加入了编者主观评价的《实录》，《承政院日记》较少受编者的个人政治立场的影响。且注书们在记录时政时并不会考虑对事件内容的长短，而是会尽量完整记录事件，但《实录》在编纂时，其史草经过了史官筛选，所以《承政院日记》里的记录有相当部分未见于《实录》。⑦

另外，《承政院日记》也是编纂《备边司誊录》的重要参考资料。按

---

① 全海宗：《承政院攷：〈銀台條例〉와〈六典条例〉를通하여본그任務와職制》，《震檀学報》（首尔）第 25 期，1964 年，第 182—221 页。

②《朝鲜宣祖实录》卷一九八，宣祖三十九年四月二十八日，《朝鲜王朝实录》，韩国国史编纂委员会，1955—1963 年，第 25 册第 189 页。

③《承政院日记》第二〇七四册，纯祖十六年八月二十四日，首尔大学奎章阁研究院藏本，第 72 页。

④《朝鲜中宗实录》卷三八，中宗十五年三月二十一日，第 15 册第 636 页。

⑤《朝鲜文宗实录》卷一二，文宗二年二月二十二日，第 6 册第 468 页。

⑥《朝鲜中宗实录》卷九四，中宗三十六年正月十九日，第 18 册第 439 页。

⑦《承政院日记》与《实录》的差别详见金钟洙：《〈承政院日记〉编纂體制와 他文獻과의比較檢討》，《人文学論叢》（首尔）第 3 期，2003 年。

理来说，《备边司誊录》必须记载备边司堂上与国王针对政事的讨论，但备边司郎厅又无法入侍这样的场合，只得参考承政院注书们记录的《承政院日记》。因此，《备边司誊录》的内容中，除了节目、别单、事目等外，记录该司堂上与国王对话的记录均是摘抄自《承政院日记》。[①]

尽管《承政院日记》具有极高的史料价值，但由于战乱和火灾，朝鲜前期的《承政院日记》现已荡然无存。现存的《承政院日记》是从朝鲜仁祖元年（1623）三月开始的记录，而《备边司誊录》最早的记录亦仅仅不过是朝鲜光海君八年（1616）十一月。本文将讨论的《银台日记》在记录的时代上均早于二者，从这一点来说，《银台日记》的史料价值不容小觑。

从格式上来说，《银台日记》与现存的《承政院日记》基本一致。行文首先列举的是日期与天气情况，但《银台日记》并未像《承政院日记》一样标记明朝年号，仅用干支纪年。其次二者皆著录承旨与注书名单，但《承政院日记》接下来会记录国王所在与当日的活动，而《银台日记》中未见该项。最后是备边司等机构与朝臣的启文，以及国王的批答等文书内容，该项占据了《银台日记》与《承政院日记》的绝大部分页面。

《银台日记》中所记录的四个多月的承政院业务中，占据最多页面的是对明朝敕使的接待事务，其次就是朝鲜君臣对遣使日本的讨论，再次还包括如何处理明朝逃亡士兵、永昌大君的出生庆典等其他行政问题。由此可见，尽管壬辰战争已经结束了数年，但对明、对日交涉问题仍然占据朝鲜政务的较大部分，汇集了朝鲜君臣关注的视线。

二、朝鲜君臣的遣使论争

从壬辰战争结束到1606年三月之前，对马岛藩主宗义智就曾多次派遣家人橘智正率领使团前去朝鲜商谈议和之事。明朝经略万世德虽然不反对朝鲜和日本的议和交涉，但朝鲜为避免以后引发明朝对朝鲜私

[①] 郑万祚：《承政院日记의 作成과 史料的 价值》，《韩国学论丛》（首尔）第24期，2002年，第30页。

通日本的猜忌，多次上奏明朝请求派遣委官来参与交涉，却遭到万世德的拒绝。① 尽管明朝、朝鲜、日本三方都明知朝日两国重建国交的重要性，但在三方的政治试探与角力中，议和进程始终进展缓慢。到了1603年，情况逐渐开始发生变化。该年九月，在橘智正一行多次交涉之下，朝鲜勉强同意与日人在釜山进行开市贸易。② 1603年底，万世德去世，蹇达接替万世德的职任。同时，德川家康也在1603年就任征夷大将军，正式宣告德川幕府的成立。到了1604年五月，钦差巡抚辽东御史赵渼送咨文于朝鲜，称"讲信修睦，事属与国，消盟弭变，事属未然，尤非天朝之所可指挥者也"③，正式书面宣布明朝不会干涉朝日之间的议和交涉，朝鲜需自行解决与日议和问题。这样一来，朝鲜的政治顾忌大为减少，得以以更积极的姿态与德川家康的代理人——宗义智进行接触。

实际上，尽管心有不甘，但朝鲜君臣内心深处还是很清楚与日本重建国交是战后的必然选择，所以在接待橘智正一行的礼节上，不得不多加留意。1606年三月初六日，宣祖传下教旨，备边司对此教旨亦有回启，《银台日记》对此记载如下：

> 传曰：前闻橘倭之来，本道颇薄待云云。既不能绝之，则不可薄待。刷还之使，令夷人怀恨［缺］望，此非智也。今次勿如是，此意行会于本道，事言于备边司。备边司回启曰：此事臣等亦以为虑。前日朴大根之下去，修葺馆舍，别为款待之意，已为行会于本道。今承下教，圣虑所及，极为允当。更以此意，行文于本道监司，使之申饬举行宜当。允。④

以上的内容未见于《朝鲜宣祖实录》。宣祖在教旨中明确提及庆尚道对橘智正一行接待不周，在"既不能绝之"的情况下，薄待橘智正一行并非是明智的选择，所以宣祖下令知会庆尚道，并告知备边司。备边

---

① 王煜焜：《万历援朝与十六世纪末的东亚世界》，上海大学出版社，2019年，第138—193页。
②《朝鲜宣祖实录》卷一六六，宣祖三十六年九月初三日，第24册第534页。
③《朝鲜宣祖实录》卷一七四，宣祖三十七年五月二十一日，第24册第611页。
④《银台日记》，三月初六日条。

司赞同宣祖的意见，并称在宣祖下令之前，本司就已经让负责与日交涉的司译院正朴大根前去庆尚道时将"别为款待之意"转达该道。尽管后世的《实录》编者批评当时宣祖君臣允许对马使者往来朝鲜，称"橘智正乘单舸而越海，压边境而胁和，国家之羞辱极矣"[①]，但这也证明宣祖与备边司在处理对马岛使节往来问题上，遵循的是理性与实用的原则，而非情绪化的轻蔑与仇视。厚待对马使节，有利于为进一步推动国交重建而展现朝鲜方面的诚意。

备边司原本就是朝鲜为应对本国"北虏南倭"的事态，在16世纪前期成立的新机构。以壬辰战争为契机，该机构的职能得到强化，形成了以原、现任大臣监领，该曹堂上与宰臣协议商讨国家重要政策与事案的"备边司体制"。[②]当时涉外事案几乎都经过备边司商讨，或由备边司转发相关部门处理。宣祖在给庆尚道下令时，将该事案知会备边司，恰是这种体制在运作中的呈现。

三月初九日，备边司就派遣使者赴日向宣祖呈上如下的启文：

> 备边司启曰：前日以虽不可称以通信而送之，托以某辞，差人往来。一以示相好之意，一以探彼中之情，事已为启下矣。差送之人，臣等反覆思之，未易得之。今闻前县令李自澄、甘浦万户许售有计虑，伶俐，以此人等差送为当。自澄方在全罗道，许售方在任所，并令给马上送事，令兵曹速为举行，何如？允。[③]

以上的内容亦未见于《朝鲜宣祖实录》。从上文可知，朝鲜内部认为以"通信"之名派人赴日并不合适，所以改换了使行名号。在壬辰战争之前的朝鲜赴日使行，往往以"通信"为名，其使臣被称为"通信使"或"通信官"。早在1603年，知中枢府事兼经筵特进官宋言慎就曾强调："我国与日本为雠，讲和通信，揆之情义，决不可为也。"[④]也就是说，

---

①《朝鲜宣祖实录》卷一七三，宣祖三十七年四月二十九日，第24册第606页。

② 李在喆：《備邊司의政治的位相과機能》，《史学研究》（首尔）第91期，2008年，第229页。

③《银台日记》，三月初九日条。

④《朝鲜宣祖实录》卷一六六，宣祖三十六年九月初三日，第24册第534页。

"通信"一词暗含着极强的对日和议的信号，在战后反日情绪高涨的情况下，以"通信"为名遣使赴日，极有可能刺激朝野内外的反日情绪。从备边司的回启来看，朝鲜内部就不以"通信"之名而差人赴日，已有一定的共识。而遣使的目的在于示好与侦探日本情况，所以备边司建议令伶俐有谋的李自澄与许售赴日。

到了四月初一日，备边司再就遣人赴日之事上启文给宣祖。

> 备边司启曰：前日差人送于日本事，待朴大根详闻智正所言飞报后处置之意，启下矣。今见水使状启，朴大根与智正问答之辞如此。且闻许售之言，朴大根与橘倭问答后来言于水使处，以为今日之事，皆对马岛专主之。今因渠之恐胁，遽为差人于日本，则渠辈必益肆恐胁之计。此时姑□迁延，似为得宜。智正之来，再三存问全继信，如此人者，偕橘倭入送景直处。曰：远地之事，不可以书札言语为之，兹以送人，欲知家康与秀赖谁为主国，然后有所处置。如是措辞为当云云。臣等据此参详，今此要和之事，似是马岛中间所为，而非家康本意。若因其恐胁，遽为差人入于渠之国，事靡定之前，则日后种种难处之患，有不可胜言者。或以为与渠辈往复迁就已数年矣，今又退托，则目前之祸，难保其必无。差人送于日本，亦无所妨。此乃重事，而论议有异同，令廷臣各陈所怀，参众论而从长处之，似为宜当。敢启。允。[①]

以上的内容亦为《朝鲜宣祖实录》所不载。备边司提到，庆尚水使报告了朴大根在橘智正的对话内容。此外，许售也转述了朴大根给庆尚水使的建议，即现在日本的议和之事主要是对马岛主导，不能因对马岛的威胁就立刻遣使赴日本本岛，稍微拖延一段时间，对朝鲜更为有利。而且橘智正再三询问全继信的消息，所以遣与日人相熟的全继信赴对马岛柳川景直处，探听清楚日本现在究竟是德川家康还是丰臣秀赖掌国后，再做出决定也未晚。备边司接受了朴大根的建议，认为先派人赴日亦无所妨。但事关重大，朝廷内部看法不一，所以备边司建议宣祖令廷

---

① 《银台日记》，四月初一日条。

臣献议。

宣祖接受了备边司的建议。四月初五日，二品以上官员的建议得以汇集。《银台日记》与《朝鲜宣祖实录》均对此有所记载，但详略略有差异。[①] 参与收议的官员中，属于南人党的有完平府院君李元翼、吏曹判书李德馨、延原府院君李光庭、延陵府院君李好闵、户曹判书韩浚谦、兵曹判书许筬、户曹判书韩浚谦、兵曹判书许筬、全罗兵使赵儆；属于北人党的有领议政柳永庆、左议政奇自献、清平府院君韩应寅、唐兴府院君洪进、平川府院君申礚、判中枢府事尹洞、知中枢府事郑昌衍、药房提调许顼、知中枢府事成泳、体察使韩孝纯、大司宪朴承宗；属于西人党的有鳌城府院君李恒福、右议政沈喜寿、海平府院君尹根寿、行同知中枢府事金晬、延兴府院君金悌男、京畿监司李廷龟、庆尚监司李时彦、左边捕盗大将高彦伯；另外还有党色不详的行同知中枢府事尹承吉、礼曹判书黄琎、刑曹判书朴弘老、右参赞姜绅、行副司直朴名贤。

除李元翼等数位大臣的建议之外，《银台日记》所载内容均见于《朝鲜宣祖实录》，可见《银台日记》的可信度之高。提出建议的二品以上官员，其党色也涵盖了西人、北人、南人诸党，可以说是较为广泛地汇集了各党派的意见。二品以上收议的惯例，从 15 世纪初的朝鲜太宗时代就已出现。[②] 在备边司草创之时的 16 世纪中期，朝鲜明宗也曾就对马岛主所遣平调光的赏赐、岁赐米、岁遣船等问题，令二品以上、礼曹、副提学等官员，各在家密议以启。[③] 壬辰战争之后，备边司的权力不断扩大，涉外事案主要由备边司讨论并报国王后作出决议亦成为常态。但备边司的讨论并没有完全取代二品以上收议的惯例，该惯例作为朝鲜朝廷收集重臣意见的重要方式，一直延续到朝鲜末期。备边司建议宣祖令廷臣献议，实际上也证明该司很清楚遣使赴日之事极为重要，朝

---

① 《银台日记》，四月初五日条；《朝鲜宣祖实录》卷一九八，宣祖三十九年四月初五日，第 25 册第 175 页。

② 《朝鲜太宗实录》卷二七，太宗十四年五月初二日，第 2 册第 15 页。

③ 《朝鲜明宗实录》卷一九，明宗十年十月三十日，第 20 册第 301 页。

廷内部不一定能达成共识，本司做出的遣人赴日决议很可能引发争议，所以也需要二品以上收议的惯例来获取朝廷的共识。

按《新补受教辑录》所载，17世纪前半期的备边司堂上官中，由议政府三议政担任都提调；吏、户、礼、兵、刑五曹判书，训练都监、御营厅的大将，开城与江华的留守，弘文馆大提学担任例兼提调，也称例兼堂上；承担备边司日常业务的四人担任有司提调，也称有司堂上；二品以上经国王批准任命的启差堂上数人；有时也有从通政大夫中选出，经国王批准的副提调一人。[①]收到建议的三十一人中，除三议政柳永庆、奇自献、沈喜寿，五曹判书李德馨、黄琎、朴弘老、韩浚谦、许筬等人外，其他重臣均不是备边司堂上。虽然《新补受教辑录》是18世纪初辑录的前代制度规定，有可能与17世纪前半期的实际情况存在一定偏差，但有资格参与二品收议官员的人数远多于备边司堂上人数的情况应无疑义。

参与二品收议官员中的数人是以"府院君"的身份提出建议，所谓"府院君"，即朝鲜国王颁赐给外戚、宗室或是功臣的正一品爵号。除延兴府院君金悌男是宣祖继妃仁穆王后之父，以戚臣身份获爵之外，其余的府院君均是因功获得爵位。如李元翼、尹根寿等人，在壬辰战争期间就已经多次处理对明、对日交涉事件，拥有丰富的涉外经验。向这样的府院君征询意见，也是希望能依赖他们的涉外经验。此外，献议的官员中还有如高彦伯等数位曾活跃在壬辰战争中的武官，以及庆尚监司等对日交涉前线地方的官员，这些也是跟日军打过交道或与接下来对日交涉将有牵涉的官员。可见该次二品以上官员献议，在品级之外也非常重视官员本人是否有涉外经验或是与对日和议事件相关。

从汇集的意见来看，大臣们均不反对先派人赴对马岛打探情况，然后再做出决议的计划。但正如韩孝纯所说："但欲送人至于日本，则诚非有国书，不可行矣。"在当时朝鲜大臣眼中，派人赴对马岛与派人赴日本本岛是性质完全不同的两件事。朝鲜一直将对马岛看作是本国的羁

---

① 《新补受教辑录》，首尔大学校奎章阁，1997年，第30页。

縻之地，以示好的名义派人赴对马岛，不存在礼仪名分上的负担。正如许筬、朴承宗在证明遣人赴对马岛的合理性时，都曾说这是为了生灵的帝王待夷狄之道。但遣使赴日本本岛则是等于公开承认与日本和好，这在不确定德川家康是否已经彻底掌握日本大权，且无书契的情况下，朝鲜方面亦难相信橘智正等人的一面之词。所以尹根寿、黄琏等人才会一再强调必须弄清楚和议之事是不是出自德川家康的本意，而且在礼仪上，必须要有家康的书契先到达朝鲜后才可遣使日本本岛。这就涉及到朝鲜与日本之间的外交体面问题。尤其是在朝鲜君臣眼中，日本并不是与朝鲜对等的国家，而是远不如朝鲜的"夷狄之国"，所以先致国书的性质则非常严重，谁先送给对方书契的话，一是可能被舆论认为是率先服软，二是可能被对方宣传为乞和乞降。正如宣祖所担心的一样："贼之意，正欲要我先遣使致书，谓我为"遣使乞和"，或指称"乞降纳款"等语，夸张后世耳。"[1]同理，日本方面的担心也是如此，所以会一再拖延致书给朝鲜朝廷。

　　一直以来，朝鲜都自认为本国在明朝中心的东亚秩序中的位置高于日本，是明朝最忠顺的朝贡国。正如宣祖所称："中国父母也，我国与日本，同是外国也，如子也。以言其父母之于子，则我国孝子也，日本贼子也。"[2]在朝鲜君臣看来，他们在战后国内高涨的反日声浪中，与日本对重建国交达成初步意向，也表达出足够多的诚意，这已经是朝鲜方面做出的巨大让步。如果日本方面不能在礼仪上满足朝鲜的要求，会让朝鲜陷入政治难堪。这就是朝鲜方面对遣使一事纠结难决的重要原因之一。

三、朝鲜的遣使决策

　　由于女真势力的崛起，明朝与朝鲜的北方防卫压力日益加剧。战后

---

[1]《银台日记》，五月十三日条；又见于《朝鲜宣祖实录》卷一九九，宣祖三十九年五月十三日，第 25 册第 193 页。但《银台日记》将宣祖的话语记为"备忘记"，而《宣祖实录》中称宣祖是传下教旨。

[2]《朝鲜宣祖实录》卷三七，宣祖二十六年四月初四日，第 21 册第 681 页。

百废待兴的社会现实，也不允许朝鲜与日本继续交恶。为避免出现南北两方受敌的困境，与日本尽快重建国交，才是最现实的选择。基于这样的考虑，以备边司大臣为首的朝鲜决策层开始采取一些变通之策，以期尽快结束国交重建进程拖延不决的局面。

四月十六日，左副承旨崔濂将备边司对收议的答复上报给宣祖。备边司认为，若不以通信为名派遣人的话，即使往来日本，也不是不行。但没有书契的话，对马岛的橘智正一行必然不愿同行。但就算朝鲜准备书契的话，也不知道该送于何处。所以先派宣传官赴釜山，与朴大根一起向橘智正打听清楚之后再做打算为妥。①橘智正一行抵达釜山时，带来了致书礼曹的书契，其内容是"称以家康之意，求送使通信"。该书契应该是以对马岛岛主的名义致礼曹的书信。在既有对马岛先来书契，且二品以上官员几乎均同意派人先赴对马岛探听动向的政治氛围下，备边司在致书日本一事上有所让步。宣祖同意先派人全继信、朴大根等人偕橘智正等人赴日探听情况，并移咨镇江，将该举动报告给明朝。②

五月十二日，备边司将朴大根与橘智正的问答情况报告给宣祖。按橘智正的说法，朝鲜的书契上书以日本国王即可。针对朴大根提出的日本国王是谁的提问，橘智正以德川家康作答。备边司就此认为德川家康掌握日本大权，似无疑义。但不可立刻以德川家康为国王而致书，还是按之前二品以上收议的决议差官入送对马岛，一方面示好，一方面探察情况，并以礼曹判书的名义送书于日本国执政大臣。③

五月十四日，宣祖再次下令针对备边司的启辞令二品以上献议。④收议的内容见于同月十七日的《朝鲜宣祖实录》。同时宣祖降备忘记给承政院，让承政院把详议善处礼曹致日本的文书的意思转达给备边司，

①《朝鲜宣祖实录》卷一九八，宣祖三十九年四月十六日，第 25 册第 182 页。
②《朝鲜宣祖修正实录》卷四〇，宣祖三十九年五月初一日，第 25 册第 698 页。
③《银台日记》，五月十二日条；又见于《朝鲜宣祖实录》卷一九九，宣祖三十九年五月十二日，第 25 册第 193 页。
④《银台日记》，五月十四日条。

并细致说明若是要在文书中向日本索要挖掘朝鲜王陵的"犯陵之贼"，该如何措辞。① 所谓"备忘记"，是朝鲜国王担心以口头传达自己的旨意时，可能有错误或遗漏的地方，而特意以书面形式制成而传达的文书。② 宣祖特意降下备忘记，其实也证明宣祖本人担心该事会出现纰漏，而强势介入该事的具体运作。

五月十八日，备边司针对前日的献议与宣祖的备忘记做出了答复。大意是礼曹文书亦是国书的一种，所以列举丰臣秀吉的罪责，与索要"犯陵之贼"之事均是大义所关，当然要"发于接言之初"。但是这次派人去对马岛并不是专为议和，只是为侦探情况，所以这些事项留待后日，似乎更为妥当。宣祖接受了备边司这样的建议。同时备边司也制成了送日本书契的草稿，草稿如下：

> 自经壬辰之变，我国绝意于东方久矣。五六年以来，马岛之倭，往来相通，我国被掳人口，连续刷还，致诚颇勤，有足可嘉。第未知此事，出于马岛之所为耶？抑因贵国之指挥而然耶？若出于贵国之意，则何无一字之相及耶？海路隔远，莫知其详，兹遣差官，某某入送贵国，欲得其意指而来。③

五月二十二日的《银台日记》中记录的正式送日本书契的内容如下：

> 兀突惟起居神相，瞻溯瞻溯。因马岛人续得贵邦消息，良以为慰。弊邦与贵国隔海而处，久修邻睦。不幸壬辰以后，遂为相绝之地。盖义理事，势不得不然者。属兹五六年间，马岛之人，连岁来往。我国人口之被掳者，多数刷还，其致诚款极矣。第未知此事，出于马岛之所为耶？抑出于贵国之指挥耶？果出于贵国之本意，则何无一字文书之可凭也？海路隔远，莫闻其详，专差官某，谨候动

---

① 《朝鲜宣祖实录》卷一九九，宣祖三十九年五月十七日，第 25 册第 195 页。

② 李根浩：《朝鮮時代國王의備忘記研究》，《古文書研究》（首尔）第 44 期，2014 年，第 7—10 页。

③ 《银台日记》，五月十八日条；亦见于《朝鲜宣祖实录》卷一九九，宣祖三十九年五月十八日，第 25 册第 199 页。

定。付此事意,以竢来报。统希谅察,不宣。右礼曹。①

以上书契的内容未见于《朝鲜宣祖实录》。与备边司的草稿对比可知,该书契的正式文本基本是原样照搬了草稿中的内容,其重点放在和议究竟是对马岛的意思还是出自德川家康之意。但正式文本中没有提及发信方是否是备边司原来建议的礼曹判书,只是含糊的以"礼曹"二字带过。

早在1600年五月,备边司针对该以礼曹何人名义回答日本送来的书契就已经做出过建议。按照壬辰战争前的事例,"诸殿倭修答,则判书;小二殿,则参判;诸州太守,则参议;诸酋受图署者,则正、佐郎回答"。所以备边司建议对宗义智、寺泽正成、小西行长等人的书信以参议答之,柳川调信的话,以正、佐郎的名义回答。②所谓"诸殿倭",应指包括日本"国王殿"、"大内殿"、"京极殿"在内的九殿;"小二殿"即"少贰殿",是九州北部地方的豪族,小二殿在朝鲜建国初起就与朝鲜多有往来。以礼曹判书名义致书日本国执政大臣,实际上延续了朝鲜前期的礼仪惯例。

在这段时间内,就派遣何人赴对马岛的问题,朝鲜内部不断出现反复。五月初九日,领议政柳永庆与右议政沈喜寿向宣祖报告许筀已经从釜山到达汉阳。③但最开始计划的李自澄的人选却发生了变化。根据前文所述,全继信与日人有过多次交涉的经验,且与橘智正等人相熟。同月二十一日,备边司以"前虞候全继信,颇有计虑,亦尝往来马岛,今已招致于京"为由,建议将全、许二人派往对马岛。该建议得到宣祖的批

①《银台日记》,五月二十二日条。该书契未见于日本史料,但《善邻通书》中记录了以礼曹参议成以文在该年五月致书对马岛主的一份书信,提到朝鲜将派遣差官送书给日本执政。成以文的书信如下:"朝鲜国礼曹参议成以文奉复日本国对马州太守平公足下。人来护业,书问良慰良慰。被掳男妇,今又出送,深嘉贵国向国之诚,始终不息也。兹用差官持一书前赴贵国执政,以竢来报。统惟照察,不宣。万历三十四年五月日。"《善邻通书》卷一七,韩国国史编纂委员会藏本。感谢名古屋大学程永超博士惠示该条史料。

②《朝鲜宣祖实录》卷一二五,宣祖三十三年五月十二日,第24册第69页。

③《朝鲜宣祖实录》卷一九九,宣祖三十九年五月初九日,第25册第192页。

准，同时宣祖还补充强调："译官亦须极择。"① 二十三日，备边司又称许售"门系卑微"，建议以其他出身较高的识字武士替代。② 二十五日，备边司建议以"能文有计虑"的前武兼宣传官郑澐代替许售，获得宣祖的批准。③ 到了二十六日，备边司在亲见郑澐之后，又推翻了前日的建议，认为郑澐"无履历，其举止未免生疏，恐未恰当"，提议让明敏有胆气的三水郡守赵暄替换郑澐，宣祖允许了这一建议。④ 不过赵暄本人并不乐意前去对马岛。六月初十日，赵暄上疏以请以日本差官改授他人，且自请降职为军官。虽然赵暄本人没有说明请辞的原因，但可以从史官对和议的批判与对其请辞的高度评价中推测，⑤ 赵本人很可能持反对与日和议的立场所以才请辞。最终朝鲜朝廷决定派遣全继信与孙文彧赴对马岛。差官人选的反反复复，一则可见朝鲜君臣对此次派遣人选的重视；二也反映了朝鲜内部面临没有合适人才可选的窘境；三也暗示了朝鲜内部存在强大的反对和议的情绪。

六月十二日，孙文彧与朴大根在釜山与橘智正进行了问答。橘智正不满朝鲜仅仅派遣差官致书日本执政。因为这会让德川家康方面认为朝鲜又是在故意拖延，都是对马岛办事不利，从而归罪到宗毅智等人。朴大根则告知橘智正，如果想与朝鲜迅速议和，那么就该劝说德川家康致书朝鲜，并送犯陵之贼。但橘智正认为这两件事都极为难办，尤其是德川家康致书一事。孙文彧则以1590年通信使前往日本举例，那时先由日本先遣国王殿使到朝鲜，并携带书契，所以朝鲜才派出使节赴日。橘智正虽然表示孙文彧等人所说有理，但因为柳川调信的死亡，事机发

---

① 《朝鲜宣祖实录》卷一九九，宣祖三十九年五月二十一日，第 25 册第 200 页。
② 《银台日记》，五月二十三日条；又见于《朝鲜宣祖实录》卷一九九，宣祖三十九年五月二十三日，第 25 册第 200 页。
③ 《银台日记》，五月二十五日条；又见于《朝鲜宣祖实录》卷一九九，宣祖三十九年五月二十五日，第 25 册第 201 页。
④ 《银台日记》，五月二十六日条；又见于《朝鲜宣祖实录》卷一九九，宣祖三十九年五月二十六日，第 25 册第 201 页。
⑤ 《朝鲜宣祖实录》卷二〇〇，宣祖三十九年六月初十日，第 25 册第 207 页。

生了变化，派遣差官的话反而会引发德川家康方面的不满。①但差官全继信等一行人仍于八月中旬抵达对马岛。

七月初四日，备边司针对万一日本方面送来德川家康的书契的话，朝鲜该如何应对的问题建议宣祖广收廷议，但宣祖认为没有必要收议。根据宣祖的判断，日本不会送来德川家康之书与犯陵之贼，设或送来的话，也是伪造的。其理由是日本希望的是朝鲜能先服软，所以绝无可能会先致书。当然，如果日本真的致书送贼的话，宣祖表示朝鲜也"当为通信"。②

与宣祖的预料相反，八月下旬，领议政柳永庆向宣祖报告了德川家康的书契已到于对马岛，很快就会送往朝鲜的事情，并告知宣祖犯陵贼是平调允父子。宣祖虽然认为德川家康的书契不可信，朝鲜也无法判断犯陵贼的真伪，但也表示对送来的"犯陵之贼"只能接受。柳永庆从而建议让全继信等人在对马岛查看书契草稿，若有不满意之处，提前让日人修改。③全继信等人就此向日人索要书契草稿，并对草稿提出修改意见。④同年十一月，橘智正携德川家康的书契和犯陵贼赴朝。虽然朝鲜对二者的真伪均存疑虑，但仍在基于尽快重建两国国交的考虑上接受了书契和"犯陵之贼"。⑤这也暗示，比起真假问题，更重要的是日本送来文书与人的这一政治表态。有了这样的政治表态，朝鲜君臣才能给国内普遍反日的民众一个合适的交代。第二年正月，朝鲜派出了以吕祐吉为首的回答兼刷还使赴日本本岛，正式宣告两国国交重建。

---

① 《银台日记》，六月二十五日条；类似的内容见于《朝鲜宣祖实录》卷二〇〇，宣祖三十九年六月二十六日，第 25 册第 221 页。但《银台日记》中明确说孙文彧等人与橘智正的对话来自于庆尚监司的报告，而《宣祖实录》中未有提及。

② 《银台日记》，七月初四日条；又见于《朝鲜宣祖实录》卷二〇一，宣祖三十九年七月初四日，第 25 册第 229 页。

③ 《朝鲜宣祖实录》卷二〇二，宣祖三十九年八月二十三日，第 25 册第 253 页。

④ 《朝鲜宣祖实录》卷二〇三，宣祖三十九年九月十三日，第 25 册第 263 页。

⑤ 关于德川家康书契真伪问题，最新的研究详参阅德基：《도쿠가와 이에야스의 1606년 조선에 보낸 '國書'에 對한 偽造說檢討》，《韩日关系史研究》（釜山）第 52 期，2015 年，第 91—128 页。

四、结语

1606 年正是壬辰战争后，朝鲜与日本试图重建国交的收尾之年。经过数年的磋商，两国对尽快重建国交的必要性其实已达成共识，最后的磋商实际上是围绕以怎样的方式来满足双方外交体面的需求而展开。《银台日记》正好可以为揭示在磋商的末尾阶段，朝鲜方面的纠结情况而提供新的一些史料。

在朝鲜君臣的论争里，因壬辰战争而权力不断扩大的备边司占据了举足轻重的地位，国王宣祖也以下达"备忘记"等手段，强势介入对日交涉的细节步骤。需要注意的是，尽管该时期的备边司处在对外交涉的话语权不断扩大的阶段，但在面临重建对日国交的重大问题上，由数位重臣参与的备边司仍然不敢擅自做出决议。多次建议宣祖令二品以上收议，便是其仍然需要更多重量级大臣为其背书的明证。也就是说，在讨论对外政策时，备边司的重要性虽已逐渐凌驾于之前时期的议政府、礼曹、承文院之上，但仍不足以代表高位朝臣们的最广泛意见。

同时，通过朝臣们对日本国书未到，先遣使赴日行为的普遍反对，以及在派遣赴对马岛差官人选问题上的艰难选出过程可知，朝鲜内部关于对日和议仍有相当大的抵触情绪，重建国交不过是无可奈何的现实选择。《银台日记》作为罕见的宣祖时代的《承政院日记》，生动展示了这一时期朝鲜朝廷的讨论细节与决策过程，在补足《朝鲜宣祖实录》方面，其价值弥足珍贵。

宽永十二年的译官使

池内敏
日本名古屋大学人文学研究科教授

引言

一直以来，对马藩政史料中的"朝鲜信使记录"隐约被认为是积累信使仪礼实施的先例，为下一次信使招聘做准备而编纂的。实际上此类的记录也不少。其中《宽永十三年朝鲜信使记录》目前已知藏于日本东京国立博物馆和日本东京大学史料编纂所。东博本由卷一"辩诬"、卷二"曲马"、卷三"御归州"、卷四"御参觐"……（以下省略卷五至十四标题）等构成；东大本由卷一"仇诉"、卷二"术马"、卷三"书翰·朝鲜国王之贺使"的三卷构成。从构成上可知，对马藩认为柳川一件、马上才、宽永十三年信使来聘三者是互相关联的。其中，马上才更被认为是对马藩主宗义成与其家臣柳川调兴对立时，处于劣势的宗义成因为促成了马上才一行而给幕府留下了好印象；抑或是能否成功邀请马上才是幕府为了试探义成的外交才能而策划的。[①]

[①] 荒野泰典：《近世日本と东アジア》，东京大学出版会，1988 年；田代和生：《书き替えられた国书》，中公新书，1983 年。

　　译官使（韩国研究者称为问慰行）是以倭学译官为正使、从朝鲜派往日本的 60—100 名的外交使节团。整个江户时代共派出近 60 次，除一次例外，其余都是派往对马府中的。而这例外的一次便是宽永十二年（1635）的译官使，与马上才一行一起被派往江户。[①] 然而着先鞭研究译官使（问慰行）的韩国研究者洪性德并未把宽永十二年的马上才一行算在问慰行之中。由于此次的派遣名目并非"问慰"，因此洪氏的划分也不能算错。另外，韩国研究者李尚奎和尹裕淑均把马上才一行算作问慰行之一，那是因为他们留意到了马上才一行所具有的译官使的一面。[②]

　　本文拟结合柳川一件后日朝复交的历史评价，探讨宽永十二年译官使的历史意义并提示几个问题。

一　宽永十二年译官使的实现过程

　　幕府告知宗义成邀请马上才赴日是在宽永十一年（1634）9 月[③]。日期不明（泉澄一记作 9 月 7 日[④]）。当日，加贺守堀田正盛在江户城内向宗义成转达了家光的意向："希望看到朝鲜人的骑马杂技（朝鲜人曲马上览被成度）。"义成就马上命令有田杢兵卫开始与朝鲜进行交涉[⑤]（参考附表【宽永十二年马上才略年表】）。

　　这里我比较感兴趣的是家光下令邀请马上才赴日的时期及动机。

　　马上才（即朝鲜人的骑马杂技）是一种文娱表演。至少在江户时代日本的马上才表演中，此时是初次邀请。之后朝鲜通使来日时，均以此为前例，每次都在江户城内上演马上才。也就是说，当时的幕府将军德川家光从未观看过马上才，因为想观看才命令义成邀请的。前三次朝鲜

---

① 拙著《绝海的硕学：近世日朝外交史研究》，名古屋大学出版会，2017 年。
② 李尚奎：《仁祖代前半问慰行研究》，《韩日关系史研究》35，2010 年；尹裕淑：《朝鲜后期 问慰行에 관한再考－1635 年 使行 및 幕府의 财政援助를 中心으로－》，《韩日关系史研究》50，2015 年。
③ 本文日期俱为农历。
④ 泉澄一：《对马藩の研究》，关西大学出版部，2002 年。
⑤ 对马藩宗家史料《裁判有田杢兵卫觉书》，《分类纪事大纲》34，日本国立国会图书馆藏。

信使来日时马上才并未随行，因此将军身边的人也不可能悄悄告诉他马上才的存在。到底是谁把马上才这种技艺的存在告诉了将军或幕阁呢？一般来说可以认为是精通朝鲜事情的人在其中起了作用。下面来看马上才赴日4年前的这条史料。

［史料一］

　　已经详细拜读了附上的信。关于前几日您说的ⓐ朝鲜相关事务（笔者注：对马之事，不是幕府的事情），对马派以酊庵僧人（即规伯玄方）出使朝鲜后，近年来中断的上京（即去汉城）一事也获得朝鲜允许，玄方一行顺利到达汉城，并详细打探了那里的情势。上述内容我已知晓。

　　很高兴听说现在朝鲜与北狄（笔者注：后金）停战，双方关系趋于缓和。

　　朝鲜多年以来一直听从日本国的意向，ⓑ以前曾应您（即对马岛主）的要求派遣才艺之人到日本，现在朝鲜也有擅长文学和男乐的人，因此ⓒ朝鲜提出，若您（即对马岛主宗义成）提出请求，可以派遣他们到日本。上述来信中所写之事已知晓，也已经将此内容转达给了将军（即德川家光）。

　　此外，您与规伯玄方同行来江户时，希望可以直接见面交谈。恐惶谨言。

　　八月廿九日　　　　　　　　　酒井赞岐守 忠胜（印）

宗对马守殿下　御报（回信）①

----

①《柳川一件公事记录》下第11项。另外，史料原文（翻刻）如下：

　　别纸之御状具遂拜见候、先日も如仰下候ⓐ朝鲜江御内用御座候而以酊庵被差渡候处二、近年中绝仕候上京之仪朝鲜ゟ被致合点、无异仪上京被申、彼地之样子委被承届之由、奉得其意候、

　　今程北狄致和睦、弥静谧之由珍重存候、

　　一日本国江朝鲜被得御意候も几久仪候之间、ⓑ昔も随御前望、才艺之者相渡申候间、今程文学など仕候者、又男乐之上手等も有之仪二候间、ⓒ贵殿御内意次第差渡し可申之旨申来候由、御纸面之趣何も奉得其意、具达上闻候、

　　犹以酊庵御同道二而御参勤之节、以面上旁可得御意候、恐惶谨言、

　　八月廿九日　　　　　　　　　　酒井赞岐守 忠胜御判

宗对马守殿　御报

上述史料是，宗义成向老中报告宽永六年（1629）上京使事宜后，老中酒井忠胜的回信（ⓐ）。其内容是告知老中，朝鲜表示以前曾有依照日本中央政府（"御前"）的请求向日本派遣"才艺之者"之例（现在也有精通文学以及男乐之人）（ⓑ）。朝鲜方面提议可以根据宗义成意向派他们到日本（ⓒ）。也就是说，朝鲜的"才艺之人"有可能根据宗义成的意向（能力）派遣到将军处。

约两年后，宽永八年2月，宗义成和柳川调兴的第二次争执表面化，两者均向老中土井利胜控诉对方。两者的诉讼开始被幕阁受理是在宽永十年5月。虽说已被受理，但却被告知具体的审理和裁决要等到翌年将军上洛结束后。宽永十一年7月，宗义成随同家光上洛时收到的领知朱印状中未包括尚在争议中的对马藩肥前田代领中的一千石。此次争议中关于支配权的部分，宗义成认可了调兴的主张。

从对马藩主随从将军上洛结束回到江户的同年10月开始，幕阁开始着手对两者的争执进行审理，因此家光要求宗义成邀请马上才赴日也是这个时期发生的事情（参照【宽永十二年马上才略年表】）。也就是说，虽然宗义成与柳川调兴争执的审理已开始了（宽永十年5月），但在进入正式审理（宽永十一年10月）前的阶段时此提案就已经出现了。宗义成马上开始为马上才赴日进行奔波。另外，在审理正式进行中时，为了促成马上才赴日，宗义成写亲笔信给有田杢兵卫（10月28日信件）。从义成的一系列行动可知，义成认为马上才赴日定会使得诉讼朝着有利于自身的方向发展。

然而，离开汉城的马上才一行动身赴日，并于在宽永十二年正月25日到达大坂（今称大阪）后，在大坂短暂停留。一行离开大坂再次启程至江户是在3月17日，对马藩江户藩邸派使者迎接马上才一行是在3月23日。马上才在大坂短暂停留后再次启程奔赴江户，很明显是在等待柳川一件的裁决结果。

马上才的江户行曾被宗义成认为是推动案件的有利行动。而阻止马上才江户行的恐怕很大程度上是宽永十一年年末的突发状况。此时，日朝间的国书伪造问题突然成为了核心议题。幕府官吏来到对马，将大量有关人员带至江户（于宽永十二年正月 7 日从对马府中出发），于是，在江户的审理正式开始。根据审理的结果，也许不需要马上才了，因此马上才一行才在大坂做短暂停留。

若此假设成立的话，就可以说直到出现突发状况前，审理是向着对宗义成有利的方向发展的。[①] 那么，家光就是在审理有利于宗义成的情况下提出邀请马上才赴日的。也就是说，有必要重新评价宽永十二年马上才。其原因是，第一，可以认为马上才的赴日是宗义成主导的；第二，可以理解为马上才赴日是将军家光默许的。

二　马上才一行是译官使

有田杢兵卫接到宗义成邀请马上才赴日的命令并离开江户是在宽永十一年（1634）9 月 24 日；有田杢兵卫等待相关外交文书的起草完成、到达釜山是在 12 月 1 日。从 12 月 1 日开始，有田杢兵卫就开始与朝鲜方面（东莱府）进行交涉（参照后附【宽永十二年马上才略年表】）。倭学译官洪喜男离开釜山去汉城是在 12 月 4 日；由 21 名朝鲜人组成的马上才一行 12 月 21 日从汉城出发。而有田得知马上才出发的消息是在 23 日。因此，朝鲜朝廷应该大约是在 12 月 6 日到 20 日之间讨论此事并决定派出马上才的。翻看《朝鲜王朝实录》和《承政院日记》，我们也在 12 月 8 日、10 日、14 日、15 日、16 日中找到了相关的记录。朝鲜王朝在短短两周内就做出遣使决定并确定了遣使名单，马上才一行随后从汉城出发。虽然朝鲜朝廷也讨论了与马上才同行的倭学译官人选以及朝鲜被掳人的刷还是否要作为附加任务等事宜，总体来说是非常迅速的决定。

但是，此次马上才赴日时携带的外交文书的收信人并非是德川将军，而是对马岛主。在此意义上说，此次马上才是朝鲜礼曹和对马藩之

---

① 笔者之前认为"朝鲜国书的伪造问题就是此议论的推移中被提出的"，"在对马藩领国的柳川调兴家臣松尾七右卫门看出了随着主从制争论的展开，事情发展会越对调兴不利，因此将争论的焦点转移到了日朝通交问题上"。参见拙稿《"柳川一件"考》，《历史の理论と教育》152，2019 年。

间进行交涉的外交行为，可以看作是译官使。

[史料二]

　　○韩必远以礼曹言启日：以本曹草记，ⓓ今此译官之行，岛主及调兴·玄方处具书契送礼事。传日：岛主处则既有回答文书及礼单，虽不别为磨炼可也事，传教矣。ⓔ岛主处今番回答文书礼单则乃是书契进上物件。修答之事非系于委送译差马才之事也。而且文书礼单藤倭持去。洪喜男之行不可无书契礼单。仍考曹誊录，ⓕ则壬申年对马岛主差人告其关白之讣告兼呈进上礼物。回答赐物外，自此差送译官崔义吉、韩祥等于马岛慰问时，与差倭同行，而别具书契赐物以送。今亦依此磨炼，何如。传日，依启。①

朝鲜朝廷将此次的马上才定位为"译官之行"（ⓓ）。给岛主（对马藩主）的回信等并非是随行译官或者马上才一行带去的，而是另外交给了"藤倭"（有田杢兵卫）。但随行的倭学译官洪喜男也并非空手赴日（ⓔ）。朝鲜效仿了壬申年（1632、宽永九年）倭学译官崔义吉·韩祥赴日时的先例，将外交书信和进献物品委托给了同行的对马藩官员（差倭/裁判使）（ⓕ）。

宽永十二年3月晦日到达江户的马上才一行，直接来到对马藩江户藩邸，觐见藩主宗义成，接受款待。觐见时，两判事（两名倭学译官）在屋内，两名骑马者（马上才）在屋外，中官在走廊，下官在门前空地上进行了叩拜。4月2日，马上才一行去老中土井利胜府邸感谢老中赏赐三百袋米。20日仅两判事和两名骑手在江户城谒见了将军。将军现身在大广间后，两判事在拭缘，两名骑手在切缘分别进行了四度半的叩拜。两判事向将军进献了三斤人参，两张虎皮。另外，还准备了五张豹皮、两卷金襕作为进献物品，但是在商议后并未献上。随后两名骑手在将军面前表演了马艺，在之后的几日内，应诸位大名的要求，他们又前往各大名宅邸表演。一行于5月7日离开江户，踏上归途。

但是，对马藩却在起草回信一事上遇到了困难。② 对马藩最起码需

──────────

①《承政院日记》仁祖十二年（1634，宽永十一年）12月16日条。
② 拙著《大君外交と"武威"》，名古屋大学出版会，2006年。

要在马上才一行到达朝鲜之时写好回信并交给他们，但回信的起草却一直进展缓慢。这很大程度上可以归因于以酊庵第二代规伯玄方因柳川一件被流放导致对马藩内没有能起草此外交文书的人。虽然金地院玄良被提名为候补，但金地院本人拒绝了这一提案，因而回信的起草受阻。

最终完成的回信见［史料三］。5 月 17、18 日的两天内，老中、金地院、林道春、林永喜等在江户城内一直讨论回信事宜。[①] 讨论的结果是由金地院、林道春、林永喜三人共同起草。

［史料三］

　　　　日本国对马州太守拾遗平　义成　奉复

　　　朝鲜国礼曹参议金公　　足下

　　　　　译价两差

　　　　情书恦到就审

　　　　兴居胜履幸甚徂冬所望之骑士早被送遣杲入

　　　　东武

　　台览骑芸欣慰不少于是

　　　　赐腆惠以见

　　　　许归乡非窨

　　　贵国之辉华乃陋岛亦所庆也且书中来示刷还人口今将相议于

　　　执政而公事业务之际停以迁延思之矣

　　　本邦有道无为总悉于回使口布何用赘说乎兹再令护来往始终

　　　　而已佳贶土宜若干入手感谢何尽仍菲薄别录附以表报忱统希

　　　亮在若序珍保不宣

　　　　　乙亥五月　　　日　　　　　　　　　　　义成 [②]

从［史料三］开始，在柳川一件后不久，日本一直在反复摸索对朝外交文书的起草事宜。在［史料三］后起草的是宽永 12 年 10 月（文书上记载的日期是"龙集乙亥十月"）宗义成致朝鲜礼曹大人的书契。这

---

① 拙著《大君外交と"武威"》，名古屋大学出版会，2006 年。
② 对马岛宗家史料《朝鲜往复书》，韩国国史编纂委员会，二九〇三。

封书契是对马藩首先准备和文草案，再由刚刚开始实施的以酊庵轮班制的初代僧人（实际上是以酊庵僧三代）玉峰光璘起草真文（即汉文）草案（此书信中是“大君”号的首次登场）。此后到对马府中轮值的以酊庵的任务之一就是起草外交文书的真文草案。

整个江户时代以酊庵轮番僧未参与过国书的起草。以酊庵轮番僧参与起草的仅仅为上述朝鲜与对马藩之间的外交文书。因此，认为以酊庵制度的导入解决了柳川一件中暴露出的国书伪造问题，这样的主张是不成立的。

结语

宽永十二年的马上才一行是译官使，也是来到江户的唯一一次译官使，总人数少至 21 人，非常特殊。正因为它的小规模，其随行人员的构成和其他的译官使相比也存在显著不同，即无一名上官随行。除两名倭学译官（上上官）和两名马上才外，只有中官和下官。其归国之际，对马藩交给他们的外交文书是对马藩主致礼曹参议的回信。因此，马上才去江户时携带的大概也是礼曹参议致对马藩主的外交文书。译官使赴日时交换的外交文书一般是对马藩主和礼曹参议之间的。宽永十二年的马上才展现了江户时代译官使初期尝试摸索的情形。

这一点从幕阁对外交文书格式的讨论中便可窥见一斑。

前文中提到过，起草［史料三］的是金地院、林道春、林永喜三人。其实，在［史料三］完成前，一开始对马藩主命令许藏主起草真文草案。但此草案被评价为“由于将和文草案改为汉文之人的能力不足，起草的汉文草案与和文草案想要表达的意思相去甚远（真文ニ相認候人認様十分ニ無之候故、主意迄も違候様ニ罷成たるニ而可有之と存候）”。另外关于格式，也有人提出“（朝鲜的）礼曹与你（对马藩主宗义成）地位对等（礼曹と御自分対礼ニ而可然候）”。大概是基于上述意见，［史料三］中“日本国对马州太守拾遗平义成”与“朝鲜国礼曹参议金公”的高度相同。因为“礼曹是朝鲜王朝的掌权者，你（对马藩主宗义成）被朝鲜任命为负责对日通交及转奏，所以朝鲜礼曹（在外交文书上）即使位置

稍微低一点也没关系（礼曹者朝鲜之執権二而、御自分ハ朝鲜ゟ通用被相賴候我国之伝奏役二候ヘハ、彼礼曹ハ少シハ引キさがり候程二可有之事当然二候）"。

幕阁们如此关注回信的格式也是因为他们认为"此次外交文书的书写方式会成为今后的标准吧（此度之書翰者後日迄之格式二罷成事二候故）"，因此幕阁多次进行慎重的讨论。我认为需要在这一层面重新讨论柳川一件是如何影响了日朝外交革新的。

（翻译：程永超）

附表　宽永十二年马上才略年表

	宽永十年（1633）	
	5月	宗义成接受老中讯问（5日）。被告知翌年家光上洛后再进行审理。
宽永十一年（1634）	宽永十一年（1634）	
	7月	宗义成跟随家光上洛。
9月7日? 家光命令宗义成邀请马上才赴日。		
24日 有田杢兵卫离开江户。	10月	宗义成在土井利胜邸宅接受讯问。
	28日	宗成义给有田写亲笔信要求加紧马上才的派出。
	11月1日	老中讯问宗义成玄方出使朝鲜一事。宗义成反驳。
11月3日 有田杢兵卫到达对马府中。	3日	柳川调兴告发朝鲜礼曹的回信是伪书。
10日 御书简到来。	5日	老中讨论是否应该讯问玄方、松尾七右卫门等人。
12月1日 有田杢兵卫乘船到达釜山。 2日 东莱府向汉城报告。 4日 洪喜男离开釜山去汉城。 16日 有田收到宗义成10月28日的亲笔信。 21日 马上才一行从汉城出发。	12月19日	幕府检使到达对马府中。

宽永十二年（1635）	宽永十二年（1635）
正月 8 日　马上才一行乘船离开釜山。	正月 7 日　玄方、七右卫门等乘船离开对马府中。
11 日　马上才一行到达对马府中。	
25 日　马上才一行到达大坂。等待柳川一件的判决结果。	2 月 12 日　玄方、七右卫门等到达江户。
	3 月 11 日　家光亲自审判。
3 月 17 日　马上才一行离开大坂?	
23 日　江户藩邸派人迎接。	
晦日　马上才一行到达江户。	
4 月 20 日　马上才一行谒见将军。表演马戏。	
5 月 7 日　马上才一行离开江户。	

译官使的职权扩大与接待仪式

李晛镇

日本京都大学文学研究科博士生

序言

江户时代，在朝鲜派往日本的外交使节中，既有面向幕府将军的通信使，也有以中介日朝关系的对马藩宗家为外交对象的译官使。译官使，是指由负责对日传译的日语翻译官担任的正使、副使两个使节职位，主要是在对马藩主结束江户参勤活动、返回领国之时，以慰问藩主之辛劳为名义派遣，因此该职责在朝鲜也被称作"问慰行"。除此之外，译官使还一直兼任着与将军家、宗家的庆贺或吊唁等关系到日朝外交诸多交涉活动的各种外交事务。

时至今日，围绕译官使的研究已经积累了相当多的成果。其中，首先对译官使派遣情况加以整体把握的研究，便是洪性德对"问慰行"起源、人员构成、派遣步骤、任务等内容的探究。①不过，洪氏的研究止步于对朝鲜史料的分析，通过日本方面史料对其研究加以补充成为后世研

① 洪性德：《朝鮮後期の「問慰行」について》(韩语)，《韓國學報》，1990 年第 59 号。

究的课题之一。其次，大场生与的研究灵活利用对马藩史料，揭示出藩内接待译官使的步骤，并对译官使与对马藩之间多次且广泛的具体事务交涉进行分析，对洪氏研究成果做出了进一步的发展。①

此后，近年来池内敏和石田彻的研究，在积极利用韩国国史编纂委员会所藏之"对马岛宗家文书"这一大场氏并未触及的史料时，也对译官使有所提及。②作为探析"以酊庵轮番制"真实情况的系列研究的一环，池内氏明确了以酊庵僧人在接待译官使活动中的存在具有特殊意义，这一结论意义重大。石田氏则对译官使行程与主要仪式的名称变化、对马藩内的动员制度、指令，以及被动员之人得到的报酬、奖赏等问题进行了考察。此外，关于译官使一行中具体事例内容的考察也成果众多。③可以说，正是依靠这些研究成果，才让译官使终于能够作为推动研究进步的素材，进入了至今为止焦点都局限在通信使的日朝关系史研究视野之中。

特别值得强调的是，针对一直以来视将译官使为面向对马藩主"私人性"使节之论调，大场和池内两氏的研究，把译官使派遣目的中涉及将军家庆贺或吊唁事务的比重逐渐增加、"通信使与译官使相互补充"这一事实纳入研究视野，揭示出译官使所具有的日朝关系"公务性"外交使节性格。④

不过，先行研究中虽然指出了译官使执掌对将军家外交之相关事务的倾向，却并未对该倾向产生的主要原因做出充分的说明，比如大场氏

---

① 大场生与：《近世日朝関係における訳官使》，庆应义塾大学修士论文，1994 年。
② 池内敏：《訳官使考》，氏著：《絶海の碩学：近世日朝外交史研究》，名古屋大学出版会，2017 年，初出 2016 年。石田彻：《対馬藩における訳官使接遇と諸様相》，《歴史の理論と教育》，2019 年第 152 号。
③ 代表性研究包括田代和生：《渡海訳官使の密貿易：対馬藩「潜商議論」の背景》（《朝鮮學報》，1994 年第 150 号），李尚圭：《仁祖代前半の問慰行研究》（韩语，《韓日関係史研究》，2010 年第 35 号），尹裕淑：《朝鮮後期の問慰行に関する再考：一六三五年の使行及び幕府による財政援助を中心に》（韩语，《韓日関係史研究》，2015 年第 50 号），池内敏：《十八世紀対馬における日朝交流：享保十九年訳官使の事例》（氏著：《絶海の碩学：近世日朝外交史研究》）等。
④ 池内敏：《訳官使考》第 162、177 页。

也只做出了"宗氏出于在幕府面前彰显自身地位等目的,赋予了(译官使)干涉德川氏事务的必要性"[1]等表征性的描述。不仅如此,关于最初以将军家的吊唁或庆贺事务为目的的译官使派遣事例,同样有对其全过程进行更加细致的分析之必要。

因此,本文将分别以对将军家的吊唁和庆贺为目的之最初的派遣事例,作为译官使职权扩大的里程碑事件加以把握,尝试辨明其背景及全过程。在此基础上,本文将以考察译官使职权扩大所具有之政治意义为研究目标。鉴于译官使因将军家之庆贺或吊唁两事渡海访日最早出现于18世纪早期,本文将以这一时期的事例为主要对象进行分析。

另一方面,对由朝鲜渡海而来的译官使,对马藩主要通过五项步骤进行接待工作。其中包括"万松院宴席"一项,即译官使参拜藩主宗家的家寺万松院,并对寺中请来分祀的东照宫,以及历代藩主坟茔、牌位行拜礼。也就是说,该项虽名为"宴席",实则具有外交仪式性格的活动。特别是其中对祭祀江户幕府初代将军德川家康的东照宫之拜礼,无疑会让人联想起堪称日朝间国际使节的朝鲜通信使参拜日光之事。[2]

更重要的在于,执行死去将军吊唁仪式的场所同样是万松院宴席这一点。由此可见,译官使开始进行将军家吊唁活动的背景,无疑与万松院宴席的成立有着毋庸置疑的关联性。池内氏的研究,虽也关注到了与万松院宴席开创相关的内容,但通过至今未被利用过的史料,我们还能进一步发掘与执行于万松院的译官使仪式相关的新情况。本文的第二个研究目标,便是以明确上述内容为基础,辨析其与译官使职权扩大之间的关联性,在此之上考察译官使接待仪式所具有的性格。

此外,本文另一项尝试探讨的内容是,在上述译官使职权扩大和仪式成立当中,实际执行邀请和接待使节活动的对马藩方面所持之立场,

① 大场生与:《近世日朝関係における訳官使》第36页。
② 关于通信使参拜日光的问题,参见三宅英利:《近世日朝関係史の研究》(文献出版,1986年),山口华代:《近世日本の外交儀礼と東照宮信仰:対馬藩の東照宮勧請を中心に》(松原孝俊编:《グローバル時代の朝鮮通信使研究:海峡あれど国境なし》,花书院,2010年)等研究。

及其立场怎样反映等问题。为了弄清这些问题，有必要首先辨明对马藩是如何看待译官使所承担之职权这一问题。由此出发，我们才能够更加深刻地理解译官使渡海活动的历史意义，并有可能基于新的立场，重新考察研究史中指出的译官使职权扩大和接待仪式职能等问题。因此，本文的第三个研究目标在于，探析有关译官使的各种事项，把握实际负责日朝关系中日方工作的对马藩立场，在此基础上重新考察研究史中所见之译官使的"公务性"外交使节性格。

综上所述，本文希望通过三方面的考察，廓清在至今为止的先行研究中尚未得到重视的译官使之崭新形象。

一、译官使渡海的表与里

（一）译官使的成立与派遣目的

【表】译官使一览

	抵达对马藩府中的日期	派遣目的			
		藩主归省	与宗家相关	与将军家相关	其他
1	1630年（宽永7）庚午正月2日	○			
2	1631年（宽永8）辛未10月				说明不提供公木
3	1632年（宽永9）壬申8月20日	○		吊唁秀忠	
4	1635年（宽永12）乙亥正月11日				为家光上演马上才（同月13日至江户）
5	1636年（宽永13）丙子2月18日	○			庆贺柳川一件结束
6	1640年（宽永17）庚辰4月6日	○	〈义真诞生〉		
7	1646年（正保3）丙戌12月16日	○	〈吊唁藩主母亲〉		
8	1651年（庆安4）辛卯3月18日	○			吊唁朝鲜国王的回礼
9	1652年（承应元）壬辰12月28日	○		吊唁家光	
10	1654年（承应3）甲午12月晦日	○			议定通信使日程
11	1656年（明历2）丙申5月28日	○			

	抵达对马藩府中的日期	派遣目的			
		藩主归省	与宗家相关	与将军家相关	其他
12	1659 年（万治 2）己亥 5 月 5 日	○	吊唁义成 义真继任		感谢出口硫磺
13	1660 年（万治 3）庚子 11 月朔日	○			慰问岛中火灾
14	1663 年（宽文 3）癸卯 2 月 29 日	○			
15	1664 年（宽文 4）甲辰 11 月 22 日	○	义真嫡子诞生		
16	1667 年（宽文 7）丁未正月 6 日	○			
17	1672 年（宽文 12）壬子 10 月 9 日	○			
18	1675 年（延宝 3）乙卯 10 月 27 日	○			
19	1678 年（延宝 6）戊午 11 月 18 日	○	祝贺义伦行御目见礼		
20	1681 年（延宝 9）辛酉正月 10 日	○		吊唁家纲	
21	1681 年（天和元）辛酉 10 月 2 日	○			议定通信使日程
22	1684 年（天和 4）甲子正月 18 日			吊唁纲吉嫡子	感谢通信使先导
23	1689 年（元禄 2）己巳 11 月 13 日	○			
24	1693 年（元禄 6）癸酉 12 月 3 日	○	义真隐居 义伦继任		
25	1696 年（元禄 9）丙子 10 月 7 日		吊唁义伦 义方继任 义真再次执掌通交		
-	1703 年（元禄 16）癸未，船破	○	吊唁义真		
26	1704 年（宝永元）甲申 11 月 22 日		同上（再次渡海）		
27	1706 年（宝永 3）丙戌 12 月 24 日	○		家宣立储	
28	1708 年（宝永 5）戊子 12 月 25 日	○	彦千代承嫡		
29	1710 年（宝永 7）庚寅正月 19 日	○		吊唁纲吉	议定通信使日程
30	1713 年（正德 3）癸巳 8 月朔日	○		吊唁家宣	
31	1716 年（享保元）丙申 12 月 27 日	○		吊唁家继	
32	1718 年（享保 3）戊戌 8 月 20 日	○	岩丸承嫡		议定通信使日程
33	1721 年（享保 6）辛丑 3 月 18 日		吊唁义方 方诚继任		
34	1726 年（享保 11）丙午 5 月 12 日	○	义如承嫡	家重立储	
35	1734 年（享保 19）甲寅正月 18 日		方熙隐居 义如继任		
36	1738 年（元文 3）戊戌 9 月 5 日	○		吉宗嫡孙诞生	

续表

	抵达对马藩府中的日期	派遣目的			
		藩主归省	与宗家相关	与将军家相关	其他
37	1747 年（延享 4）丁卯 3 月 26 日	○		吉宗隐居	
38	1753 年（宝历 3）癸酉正月 6 日	○		吊唁吉宗	
39	1754 年（宝历 4）甲戌 7 月 14 日		吊唁义如 义蕃继任		
40	1762 年（宝历 12）壬午正月 9 日	○		吊唁家重	
-	1766 年（明和 3）丙戌，船破		义蕃隐居 义畅继任	家治嫡子诞生	
41	1768 年（明和 5）戊子 5 月 3 日		同上（再次渡海）		
42	1780 年（安永 9）庚子 11 月 27 日		吊唁义畅 义功继任	吊唁储君家基	
43	1783 年（天明 3）癸卯 7 月 9 日			家齐立储	
44	1787 年（天明 7）丁未 12 月 25 日			吊唁家治	
45	1796 年（宽政 8）丙辰 8 月 29 日	○		吊唁家齐嫡子 家庆立储	
46	1809 年（文化 6）己巳 7 月 5 日	○			议定通信使日程 （易地聘礼）
47	1818 年（文政元）戊寅 4 月 26 日	○	吊唁义功 义质继任	吊唁家齐嫡孙	
48	1822 年（文政 5）壬午 8 月 25 日	○	义质嫡子 诞生		
49	1829 年（文政 12）4 月 28 日	○		家齐嫡孙诞生	
50	1838 年（天保 9）戊戌 8 月 14 日	○		家齐隐居	
51	1841 年（天保 12）辛丑 5 月 9 日	○	吊唁义质 义章继任		
52	1843 年（天保 14）癸卯 8 月 6 日	○	吊唁义章 义和继任	吊唁家齐	
53	1855 年（安政 2）乙卯 5 月 4 日	○		吊唁家庆	
54	1858 年（安政 5）戊午 6 月 16 日		胜千代承嫡		
55	1860 年（万延元）庚申 8 月 29 日			吊唁家定 家茂继任将军	
-	1866 年（庆应 2）丙寅、未实施			吊唁家茂	

※ 参照前及洪氏、大场氏、池内氏等论文，根据《信使訳官度数记》（国编 6501）补充。

※ 派遣目的中标注〈 〉号，是未得到朝鲜朝廷承认，但在对马藩内实施的译官使庆贺、吊唁活动。

※ 表中日期俱为农历。

首先,让我们对译官使进行整体认识。上【表】是整理近世译官使派遣的具体细节和出使目的得出的。[①]译官使渡海访日,首先需要由对马藩通过使者做出派遣要求,朝鲜方面则需经朝廷审议通过后加以承诺方可施行。正如其名称"问慰行"所反映出的那样,译官使派遣的意图,原本就是对藩主返回领国的慰问。如【表】中所见,其最初的施行之例为宽永七年(1630)的出使,不过在此之前的历史中,也存在李氏朝鲜前期过名为"敬差官"的翻译官被派遣至对马之例。[②]

另一方面,在"文禄·庆长之役"(万历朝鲜战争)中遭到前所未有之浩劫的朝鲜,虽然在日方撤军之后,从对马渡海而来的使者处收到了日方希望讲和的意向,但是依旧一度忧心于日方再次侵略。因此,朝鲜为了打探日本国内形势,确认正在谋求两国复交的日本政府之本意,多次派遣翻译官前往对马。然而,这一时期的翻译官派遣,并不包含慰问藩主返回领国之意图,因此可以说与之后的译官使之间存在着一定的性格差异。

此后,两国复交告一段落,以打探日本局势为目的的翻译官派遣自然不再施行。不过,从宽永六年规伯玄方受遣访朝前后[③],对马内部宗、柳川之间的内讧传至朝鲜起,局面再次发生变化。当时,对不得不专心应付北方事务的朝鲜而言,实际负责对日外交的(宗、柳川)二者反目,乃是不容忽视的重大事件。因此,朝方立即以慰问藩主返回领国为名,

① 关于译官使派遣次数,学界存在不同观点,本文在排除使行中途挫折的事例之后,参考对马藩政史料所见之藩方面的认识,同意池内敏:《訳官使考》文中所主张之前后共计 55 次的说法。

② 以下,关于译官使成立过程,参见洪性德:《朝鮮後期の「問慰行」について》论文第 120—128 页,大场生与:《近世日朝関係における訳官使》论文第 16—19 页的研究。

③ 恢复邦交以后,朝鲜一度拒绝日本使者上京,不过对宽永六年渡海的外交僧规伯玄方,则破例许其上京。玄方在出使过程中,一方面牵制与藩主决裂的柳川氏势力,另一方面更向朝鲜方面提出支付到当时为止尚未缴纳的公木。次年,渡海而来的译官使,在探查岛内形势的同时,也继续进行了前述之延长的交涉谈判。关于上述"上京使"玄方的渡海之旅,参见田代和生:《寛永六年(仁祖七年、一六二九)対馬使節の朝鮮国『御上京之時毎日記』とその背景》(一)—(三)(《朝鮮學報》,1980—81 年第 96、98、101 号)。

派遣译官使访日以确认对马内部形势。译官使的渡海历史由此开启。紧接着,在"柳川一件"判决下达的宽永十二年①,以为将军上演马上之才为名,作为特例,译官使被派遣至江户。②朝鲜方面的意图,无疑是为了打探日本局势。

就像这样,译官使表面上以慰问藩主归省为由,同时为打探日本局势渡海访日,而且他们的任务还不止于此。译官使作为通信使渡海的先导,奉命负责与日方交涉出使条件,以及协商倭馆相关之条约、法律等任务。③此外,正如明历二年(1656)派出的译官使还从朝鲜朝廷方面得到指示求购硫磺那样,译官使除慰问之外,还肩负着多样的外交使命。④

通过上述内容可知,以回应对马藩的邀请这一形式成行的译官使派遣活动,对于朝鲜而言有着外交方面的实用价值。在通信使方面,他们被派遣至江户以把握日本国内情况,而且其中三使皆由朝鲜高官授命就任;然而他们作为亲善使节的性格极强,基本上仅限于将军换代时才做派遣。相比之下,更加频繁地出入对马的译官使,不仅从一开始就肩负打探局势的任务,而且时常承担处理具体外交事务的职责。朝鲜正是通过这些译官使的派遣,才实现了对日关系的弹性应对。

其次,让我们探究译官使的派遣目的中表现出的时代性变迁。正如先行研究指出的那样,通过【表】的内容可以发现两点特征。第一,将军家庆贺或吊唁等事项是逐步被添加进译官使派遣目的当中的。第二,译官使派遣本身的频度是在逐年下降的,其中作为早期派遣主要目的的

① 关于"柳川一件",参见田代和生:《書き替えられた国書:徳川・朝鮮外交の舞台裏》(中央公論社,1983年),荒野泰典:《大君外交体制の確立》(氏著:《近世日本と東アジア》,东京大学出版会,1988年,初出1981年),池内敏:《「柳川一件」考》(《歴史の理論と教育》,2019年第152号)。

② 关于宽永十二年译官使问题,参见尹裕淑:《朝鮮後期の問慰行に関する再考:一六三五年の使行及び幕府による財政援助を中心に》、李尚圭:《仁祖代前半の問慰行研究》论文内容。

③ 例如,宝永五年,为要求处罚在倭馆中与朝鲜女性私通的日本人并协定与此相关的规则,译官使携礼曹书契渡海进行交涉,称"交奸一件"(大场生与:《近世日朝関係における訳官使》第43—73页)。

④ 关于译官使追加任务的问题,参见洪性德:《朝鮮後期の「問慰行」について》第138—155页。

藩主归省慰问,也逐渐沦为副属性次要目的。

【表】中可见,由译官使进行将军吊唁的初例,是项目三的"秀忠吊唁"。宽永九年,朝鲜在收到对马藩传来的藩主归省和大御所秀忠逝世消息之后,作为回应便派遣了译官使。此后,对马藩方面也曾将此番秀忠吊唁之事,作为译官使进行将军吊唁的初例提出。[①]不过,查阅当时由译官使携带之书契就会发现,该文书内容虽以吊唁秀忠为主,但不过是对"贵岛"之"摧痛之情"加以"慰问"[②],也就是说以慰问对马藩主为主。因此,我们必须注意到,该例与在书契中写明修"吊慰之礼"等文言之后的译官使派遣活动之间有着本质上的差异。另外,自从承应元年(1652)的"家光吊唁"起,译官使进行的将军吊唁不再止于递交书契,还要配合进行相关仪式活动。

另一方面,在宝永三年(1706)以前,译官使在事关将军家的事务方面只会进行吊唁活动,从这一年起则首次开始因为将军家的庆贺事务渡海访日。由于五代将军纲吉唯一的嫡子德松夭折,纲吉于宝永元年指定甥男纲丰(家宣)为继承人。为庆贺将军家确立继承人(立储),朝方派译官使访日。此次"家宣立储",也成为译官使职权扩大的里程碑式事件。

更重要的是,在本文考察范围之外,在近世中后期,派遣译官使的主要目的转向将军家相关事务的倾向变得愈发强烈。特别是到了18世纪下半叶,甚至出现了只负责将军家事务的译官使。当时,对马藩深陷难以摆脱的财政困境之中,为尽可能削减留居江户期间的花费,甚至会经常出现以藩主年幼为名不进行参勤交代的时期。这样一来,就产生了朝方时常无法以藩主归省为目的的派遣译官使的情形。不仅如此,为了摆脱上述财政困难,对马藩被迫频繁地向幕府寻求财政援助,而其求援的

---

① 松浦允任:《朝鲜通交大纪》卷七,《光云院公》宽永九年,田中健夫、田代和生校订:《朝鲜通交大纪》,名著出版,1978年,第241页。

②《同文汇考》二,附编卷之五《告讣》一,《礼曹参议问慰岛主书》,崇祯五年壬申(1632)八月。

名义之一，便是接待译官使。① 如此状况下，近世中后期译官使的渡海目的，从优先藩主宗家的相关事务，转向优先将军家相关事务，也就不难想象了。

（二）对译官使的接待仪式

本节主要讨论对马藩的译官使接待仪式。正如大场、池内两氏的研究所明确的那样②，面对派遣而来的译官使，对马藩一般会进行以下五项仪式活动。

①抵达对马的译官使首次登城、谒见藩主并进呈书契的"茶礼"；

②在宗家的家庙万松院内，译官使向寺中的东照宫（权现堂）和历代藩主坟茔、牌位行拜礼后出席宴会的"万松院宴席"；

③在藩主的居城中，（译官使）向藩主行拜礼，其后舞踊及能剧表演开始，双方在观看表演期间就外交问题进行商议的"中宴席"；

④在以酊庵中，（译官使）与以酊庵僧人会面，向写有"朝鲜国王殿下万万岁"之寿牌行拜礼后出席宴会的"以酊庵宴席"；

⑤在藩主居城中举行作为译官使送别宴的"出宴席"。

让我们利用近世初期的史料，对这些仪式的起源加以考察。"柳川一件"以藩主方面的胜利而落下帷幕后，将军家光便向对马藩下达了邀请通信使来访的指示。在这一外交活动的准备过程中，对马藩与幕府老中之间存在着频繁的联络。双方联络最为频繁的宽永十三年，老中曾询问对马藩其接待抵达对马的通信使一行的具体步骤。对此，对马藩方面在递交的备忘录中，列举了以下内容：

一、始招信使来我宅，以自古以来之茶礼与之相唱。此日，自朝鲜

---

① 大场生与：《近世日朝関係における訳官使》第121—126页。关于幕府援助对马藩，参见荒野泰典：《人君外交体制の確立》第234—235页【表5】。关于18世纪下半叶对马藩财政困难和与幕府关系等问题，参见鹤田启：《十八世紀後半の幕府・対馬藩関係：近世日朝関係への一視角》，《朝鮮史研究会論文集》，1986年第23辑。

② 关于译官使接待仪式问题，参见大场生与：《近世日朝関係における訳官使》、池内敏：《訳官使考》论文内容。

国持书简遣参于我方之使者，亦传口上之意于我方闻之。依之，我亦以日本御静谧等意告于彼闻。按旧例，上、中、下诸官依次对面，酬以飨宴。（中略）

一、逗留期间，上、中、下官终日共行飨宴，我方尽心加以款待，彼方亦由随从共弹琵琶、琴等，自古以来此为中宴席之相唱。

一、出船之时，为饯别，于我宅又再行飨宴。[①]

文中，对马藩以同年来访的译官使为例，对藩内接待通信使的程序步骤加以说明。由此看来，对马藩实际上是将原本用于接待通信使的仪式即"茶礼"[②]，也同样施行于"自朝鲜国遣至我方持奉书简之使者"即译官使的接待之中。另外，上述报告中还指出，藩主在接待时口头上回应译官使的内容，也并非与对马藩或者宗家有关，而是代表日本全体传达的"日本天下静谧"等问候用语。不仅如此，备忘录中在"茶礼"之后，更列举了接下来的"中宴席"和作为"饯别"礼的"飨应"（出宴席）等内容。这些内容也和"茶礼"一样，原本都是接待通信使的内容，却变成了也适用于译官使的内容。不过，仅凭上述史料记载，我们似乎也实难确定，三项仪式就是以对通信使仪式为基础并始于宽永十三年的。

事实上，本来"柳川一件"超越单纯的"御家骚动"范畴，成为事关外交问题的重大事件的理由，就是因为到当时为止对马藩内任意为之的篡改国书行为暴露给了幕府，以至于虽属形式之举，该案最终还是由将军亲裁进行的判决。因此，此后对马藩主宗义成还是向幕府方面提交了写明"专心于朝鲜，悉知于日本之御事，绝不于御旨之后暗行他举"[③]等内容的备忘录，起誓今后必将清晰透明地执掌日朝外交活动。上述备忘录，是在对马藩正努力证明自己在日朝外交活动中的清白之时所提交的。因此，其中所包含之对马藩的意图，乃是希望明示朝鲜派遣"至我

---

① 《寬永丙子信使記録》四，寬永十三年八月二日，《対馬宗家文書第Ⅰ期　朝鮮通信使記録》，ゆまに書房マイクロフィルム本。

② 庆长十二年（1607）渡海之所谓"回答兼刷还使"，在抵达对马府中之日，将书契和礼币转交给对马方面后，与"岛主、玄苏、景直"会谈并"行茶再巡"。庆暹：《海槎録》，丁未年（1607）三月初三日丙寅。

③ 《寬永丙子信使記録》二，寬永十二年八月四日。

方持奉书简之使者"并非单纯的与宗家进行"私人性"交往活动,而是缘于受幕府委任的日朝外交相关之"公务性"事务,三项仪式则正是其用以确认其公务性格的重要根据。

值得注意的是,正如先行研究所推测的那样[1],通过译官使由朝鲜发给藩主的书契会送交幕府阅览,这一行为在"以酊庵轮番制"经"柳川一件"而形成之后方可确认。朝鲜方面对于"柳川一件"之结果通告的回复书契,于宽永十三年由译官使持奉而来,以酊庵僧人则将其原封未启地上交给了老中[2],并自此开始皆依照该先例执行。

其次,据池内氏研究可知,上述三项仪式与万松院宴席、以酊庵宴席之间,在形成过程方面完全不同。[3]宽永十三年派出的译官使曾访问以酊庵,并向庵中住持馈赠礼物。[4]待至"以酊庵轮番制"刚一开始,译官使再次访问以酊庵,并受到了以酊庵僧人的招待,以酊庵宴席也由此确立了大致样态,此后则进一步附加了作为仪式活动的各种要素。第二章会详细提到,万松院宴席从形成时期到成立过程来看,也与三项仪式之间存在着巨大的性格差异。

在万松院宴席中,译官使在与藩主和以酊庵僧人会合后行"东照宫拜礼",之后向藩主宗家先祖行"灵屋拜礼"和"牌位拜礼"。另外,如果译官使因将军家或宗家的吊唁而来,则还要在佛前行拜礼。这些仪式结束后,对马方在万松院本堂中设摆宴席。特别是"东照宫拜礼",乃是译官使参拜万松院寺中之东照宫,并向东照大权现和历代将军牌位行礼的活动,从中无疑能够看出超越与宗家之关系的、具有针对所谓"公仪"仪式的性格特征。

与之形成对照的,则是在以酊庵举行的、译官使向朝鲜国王寿牌行拜礼的以酊庵宴席。(在译官使渡海活动中)并无日方向朝方表达礼仪

---

① 参见大场生与:《近世日朝関係における訳官使》第109—110页,池内敏:《訳官使考》第163—164页。

②《寛永丙子信使記録》三,宽永十三年二月二十八日。

③ 池内敏:《訳官使考》第169页。

④《寛永丙子信使記録》三,宽永十三年二月二十五日。

的仪式内容,而通过译官使分别向将军家先祖的牌位和朝鲜国王的寿牌行拜礼的方式,可以说作为日朝两国间外交仪式的两大宴席由此取得了形式上的平衡。

在这两项仪式中,以酊庵僧人肩负着重要的职权。"被期待其能够代表公仪而活跃行事"的以酊庵僧人"在对马府中这一场所,作为来自对马藩"外"的公权性存在,参与对马藩主办的公务活动,乃是为对马藩面向朝鲜国的外交行为附加权威的存在"(着重点为引用者添加),上述池内氏之主张有必要关注。[①]如上所述,万松院宴席与以酊庵宴席,表现出对马藩所代行之日朝两国间外交仪式之形态,从中能够看到译官使像是被附加了作为日朝外交中"公务性"使节的性格。

(三)译官使渡海活动的表面目的与内在实务交涉活动

本章的第一节,已经就译官使派遣目的的时代性变迁进行了探讨。据此揭示出的两个特征中,关于第一项即译官使获得了掌握将军家庆贺或吊唁活动职权,将在第二、三章中加以详细阐述。本节将围绕译官使派遣目的中,慰问藩主归省沦为次要目的之倾向加以考察。

据【表】可知,专门以慰问藩主归省为目的的译官使渡海活动,下限是元禄二年(1689)。相关情况,我们从宝永五年为迎接译官使进行准备时发出的书信所记载的下述内容中,能够发现一些端倪:

> 以前,有我方下达御用之事,故天龙院(宗义直)大人之时,每逢大人归州皆有御祝事,大抵于归州次年召译官来访。然则,近年已无如此前之御用,故不再每逢(藩主)归州时皆召译官来访。(后略)[②]

由此可知,至三代藩主宗义真为止,因"御用"事务,即为了对马藩直接面临的处理外交悬案等事务进行交涉,故而以祝贺藩主归省为名邀请译官使来访,其频率大致每隔一年实施一次渡海来访。义真主政期,

---

① 池内敏:《訳官使考》第 174、177 页。
②《分類紀事大綱》第一辑卷八《訳官渡海》四,"宝永五年七月廿九日樋口久米右衛門へ申遣ス"。《分類紀事大綱》第一辑原本藏于日本国立国会图书馆,本文参照的是韩国国史编纂委员会藏微缩胶卷版。

特别是 17 世纪 60 至 70 年代期间，正是（日方）与朝鲜之间就倭馆搬迁问题进行交涉的关键时期，【表】中亦可看出，这一时期出现了大量仅以藩主归省为目的的渡海例证。然而该史料指出，近年来随着"御用"事务的逐渐消失，每逢藩主归省时便迎接译官使来访的必要性也就此不复存在。该史料出现的宝永五年前后，正值对马藩财政状况恶化。因此，继续像此前一样每逢藩主归省便邀请译官使来访，并进行接待活动本身出现了困难，这也被认为是进入 18 世纪以后译官使的渡海频率降低的原因之一。

再加上，前述之对马藩长期尽力推动的倭馆搬迁协商，以延宝六年（1678）草梁倭馆建成为标志告一段落。如果对相关事实加以辨析的话，不难从前述史料中解读出以下意思，即作为外交第一悬案的倭馆搬迁问题既然得到解决，那么此后如无重要事务也就是"御用"，就没有必要每逢藩主归省便邀请译官使来访了。同样，在朝鲜方面，也因为随着外交关系的日趋安定，日本再行侵略的可能性也愈发降低，探查日本局势的现实意义逐渐消失，所以与此前相比，对待译官使派遣问题的态度也变得消极。我们认为，受到上述理由影响，自元禄二年以后，慰问藩主归省也就逐渐沦为了译官使派遣的附加名义。

对马藩一般通过在倭馆进行的交涉，来解决与朝鲜之间关于外交或贸易方面的各种问题。然而，遇到仅凭倭馆交涉难以解决问题的情况时，对马藩就会以"每逢（藩主）御归州时所行之御贺礼"为名，要求朝鲜方面派遣译官使，并与前来对马的译官使进行直接谈判，或者委托其作为中介向朝鲜朝廷进言。由此，对马藩得以逐一解决包括通信使派遣的细节事项、倭馆搬迁、处理走私贸易等，日朝外交中各种各样悬而未决之事。由此观之，可以说邀请译官使来访背后对马藩的真实意图，与通过译官使打探日本局势、处理外交事件的朝方政策方针之间，存在一定的对应性。

对马藩方面与译官使之间进行的协商，主要是在五项接待仪式中，没有以酊庵僧人出席之中宴席的席间休息期间，通过"时而就外交问题加以讨论"①来实现的。出宴席时,间或有家老向译官使"传达事项(被仰渡)",都是以酊庵僧人离席期间进行的。②只有在被假定为所谓"公仪"之耳目的以酊庵僧人被排除在外的情况下,对马藩的首脑层才会与译官使就外交实际事务进行讨论。

不仅如此,还存在出使过程中未能解决的案件,通过负责接送译官使的"裁判"同行前往朝鲜以延长交涉活动的方式来解决的事例。③特别值得注意的是,在与译官使进行交涉的案例当中,有时不仅包括日本(幕府)与朝鲜之间的外交问题这一层面,就连对马藩掌握的对朝贸易相关事务④,抑或是对朝鲜朝廷保密、仅与译官使进行讨论的事项⑤,也都屡见不鲜。由此,对马藩独自并且在私下秘密推动的事项,也是在与译官使的交涉当中加以协商解决的。

综上所述,对马藩向朝鲜方面要求派遣译官使的真实目的,与其说是【表】中所记载之表面上的名目,不如说是各种各样的"御用"更为妥当。此外我们还认为,如同装饰性一般的日朝两国间的外交仪式万松院宴席和以酊庵宴席,实际上肩负作为掩盖译官使渡海活动之本质的表象外衣重要任务。

---

① 大场生与:《近世日朝関係における訳官使》第 29 页。
② 池内敏:《訳官使考》第 160 页。
③ 倭馆中裁判的活动,可通过《裁判記録》(日本国立国会图书馆藏)进行把握。但是,裁判与译官使之间的交涉事宜即"御用"的详细内容,有在《裁判記録》中被省略、另记于"御用记录"的情况。因此,可参见拙文《一七〇四年の問慰行に対する対馬藩の権現堂供物支給要請》(《韓日関係史研究》2018 年第 61 号)中引用之《裁判佐治宇右衛門江相渡候御内用覚書并書状贈答》(韩国国史编纂委员会藏,整理番号 3658 号)等史料。
④ 例如,宝永元年中宴席之际,对马藩家老众与译官使之间,曾就"权现堂备物"的供给、人身"备货"问题、儿名送使、未收之公作米的代行供给、倭馆内纠纷处理、严格遵守水牛角交付期限等问题进行讨论。另外,在译官使回国之际,曾通过同行的裁判就儿名图书问题进行再次交涉,并提出延长公作米的供给年限(参见上引拙文)。
⑤ 与此相关的一个事例是,在宝永元年、同六年与译官使之间的交涉中,围绕对马藩向小通事(末端译官)提供援助等问题产生的"通事拜领银一件"(大场生与:《近世日朝関係における訳官使》第 88—96 页)。

二、万松院宴席的形成过程

（一）万松院宴席的"始动"

接下来，我们将重点关注将军家庆贺或吊唁被纳入译官使派遣目的一事，并将之与万松院宴席的形成、变迁过程相结合加以考察。本章首先以吊唁为主，下章将以庆贺为主分别进行事例考察。

在分析万松院宴席之前，首先要对举行该仪式的场所万松院加以说明。[①] 根据19世纪成书的对马藩著《津岛纪事》记载，元和元年（1615）岛主宗义智去世后，藩中为追悼其而建立松音寺，并于同八年因义智法号改名万松院。[②] 此后，正保四年（1647）万松院搬迁至藩主居城附近的金石山山麓，规模亦得以扩大。可以说，万松院由此方得以呈现出与藩主宗家之家寺身份相符合的规模。

此外，正保二年，对马藩于万松院附近建小堂，把从将军家光那里获得的东照大权现画像安置于其中，称为"御影堂"。同四年，因为御影堂所在之处面积狭小，道路艰险，于是藩中决定在前一年刚完成搬迁的万松院境内将其重建。私下"劝请"建立的对马东照宫，在对马藩和朝鲜方面的史料中被称作"权现堂"。然而，权现堂于元禄十四年（1701）因万松院火灾而烧毁。此后，万松院于享保十一年（1726）重建，然而权现堂却因烧毁后随即展开的讨论而没有马上重建，直到宽政六年（1794）才终于再建完成。

接下来，让我们进入关于万松院宴席的讨论。池内氏根据宝历四年（1754）成书于对马藩的《译官定例》[③]，推定万松院宴席的起点为承应元年译官使来日之时。池内氏参照的史料中，记载了以下内容。

一、万松院宴席始动之事。承应元壬辰年（1652），大行吊唁大猷院

---

① 关于万松院与权现堂（对马东照宫），参见山口华代：《近世日本の外交儀礼と東照宫信仰：对馬藩の東照宫勧請を中心に》。

② 平山东山：《津岛纪事》卷之二，寺院《鍾碧山万松院》，铃木棠三编：《津岛纪事》上，东京堂出版，1972年，第291—292页。

③ 《訳官定例》，韩国国史编纂委员会藏，整理编号1547号。

（德川家光）大人之译官一节，译官遵彼国朝廷之命渡海，来之
则告吊唁东武之仪者，于对州请御旨，至万松院行拜礼。于是
向权现堂与公仪之御宝殿行四度半之拜礼，礼毕而向御先祖亦
行拜礼。上述之事见于壬辰年之记录。此前，于译官一节虽有
议论，万松院拜礼之仪却不见载。故知该事自此肇始，以后译
官拜礼由是连续行之也，为考证记述之。

一、译官登于御灵屋之仪。至承应三年（1654）译官一节止，不见
御灵屋拜礼之事也。明历二甲年（1656）之译官，记录无之，故
不得知御宝塔拜礼之次第也。万治二亥年（1659），因光云院
（宗义成）大人吊礼而急遣译官渡海一节，自是起始见御宝塔拜
礼之命，以后则登御灵屋、行拜礼之仪由是连续行之也，是又
为考证记述之。①

由此观之，以吊唁将军家光为目的、于承应元年渡海而来的译官使
参拜万松院，并先后向"权现堂"和"公仪御宝殿"、然后向宗家"御先
祖大人"（之牌位）行拜礼，才正式拉开了万松院宴席的序幕。另外，对
历代藩主之"御灵屋"行拜礼的仪式内容，则是从二代藩主宗义成的死
后吊丧实施之万治二年（1659）开始的。不过，从整理藩中每日记或书
信等各种记录、于享保六年编纂成书的《分类纪事大纲》（第一辑）卷五
至卷九"译官渡海"的记载来看②，在比承应元年更早的正保三年和庆安
四年（1651），就已经出现了在万松院举行译官使仪式的案例了。③

根据池内氏的研究可知，韩国国史编纂委员会藏《译官渡数并人数
船数记录》中所收集的记录中，在18世纪初这一时间点上，至正保三
年为止的译官使记录完全空白，剩余部分仅庆安四年以及之后的内容而

---

① 池内敏：《訳官使考》第169—170页。

②《分類紀事大綱》第一辑卷五一九"訳官渡海"壹一五。关于《分類紀事大綱》，参
　见田代和生：《宗家文書〈分類紀事大綱〉について》，氏著：《日朝交易と対馬
　藩》，創文社2007年。

③ 石田氏也注意到了《訳官渡海》壹庆安四年三月二十五日条中"朝鲜人萬松院江
　参ル"等记载，提及万松院宴席的开端可能较池内氏的主张早一年的问题（石田
　彻：《対馬藩における訳官使接遇と諸様相》第16页注10）。

已。[1]宝历四年成书的《译官定例》，利用历代译官记录对万松院宴席的"始动"进行了"考证"，然而其中却没有参照其他史料加以分析的痕迹。因此，我们有理由认为，17世纪上半叶译官渡海的相关情况，并没有反映在《译官定例》当中。

不仅如此，正保三年以前的译官使相关记录，也没有留存于藩的日记类史料当中。但是，韩国国史编纂委员会还保存有宽永十二年及同十七年的译官使相关记录[2]，内容虽简略但足以把握当时的基本情况。宽永十二年，译官使渡海之时正值审理"柳川一件"的紧要关头，因此藩主尚滞留于江户，译官使也以向将军呈献"马上才"表演为由，在抵达对马的第二天便启程前往江户。因此，根据如此匆忙的行程和藩主不在领国的现状判断，此番译官使进行万松院仪式的可能性微乎其微。另外，从包括宽永十三年通信使渡海来访相关记录在内、全面记载当时对马藩各方面情况的《宽永丙子信使记录》中，我们也找不到万松院举行过译官使仪式的记载。在宽永十七年的译官使活动中，情况也与之相同。

因此，就目前已确认的材料来看，最早的译官使参拜万松院事例，恐怕就是正保三年了。下一节，我们将对该事例从背景到施行的全过程加以探究。

（二）正保三年译官使吊唁藩主亡母：比"始动"更早的译官使参拜万松院

正保二年，藩主义成之母威德院去世。次年，对马藩向朝鲜方面通报藩主归省的同时，提出了吊唁威德院的要求。但是，朝鲜朝廷最终决定，将吊唁之事去除，仅以"还岛慰问"为由进行出使活动。至此为止

---

① 参见池内敏：《訳官使考》第455—456页注11。

② 《寬永十二乙亥年訳官洪同知崔判事并馬芸張司果金司果上下合廿一人江户参上日々記拔書》（整理番号1484、1485），《義真様彦満様為御慶従朝鮮洪知事金判事渡海二付御馳走之覚》（1640年，整理番号3591）。前者在石田彻：《対馬藩における訳官使接遇と諸様相》第3页也有提及。另外，宽永十二年的情况在《分類紀事大綱》第一辑卷三四"裁判有田杢兵衛覚書"中也有相关记录。

的正保三年译官使活动的相关认识，在洪氏研究中均已提到。① 然而事实上，渡海至对马的译官使违背朝鲜朝廷的决定，进行了万松院参拜以及吊唁威德院的活动。因此，显然有必要重新探究此番出使活动的具体情况。

下述史料内容，是朝鲜朝廷中围绕对马藩提出的吊唁要求进行的讨论：

> 对马岛主平义成（宗义成），遭母丧后，自江户将出来岛中。奉行等以私书请慰问之使，不许（Ⓐ）。奉行等书有曰：岛主遭丧之后，久在江户，未得受由，当于九月内还岛。从前，岛主自江户经年还岛，则朝廷遣译致慰，况今遭母丧乎。朝廷别遣译官慰其久在江户，吊其母丧。则岛主以此传达大君，大君必以为朝廷厚待岛主，必生光于江户（Ⓑ）。而岛主之感激为如何哉云云。上（朝鲜国王仁祖）问于备局（备边局），备局回启曰（中略）至于今接待之费，罔有纪极。流芳、万松之弊，皆出于一番慰问之致也（Ⓒ）。且关白（将军）、岛主之丧，亦无吊祭之礼。慰赙之事，今不必遵用谬例，又贻后弊（Ⓓ）。而曾于丙子乱前，岛主久在江户。还来之后，委遣洪喜男慰问云。今亦依此，差遣解事译官，以慰其往来之劳。岛主遭丧一事，则切勿言及为当。答曰：岛主既不久在江户，则与乱前规例似异。勿遣可也（Ⓔ）。②

由此观之，虽然对马藩"奉行等"向朝方递交"私书"，以慰劳藩主归省为由要求后者派遣译官使，并对藩主"母丧"加以吊唁，但是朝鲜朝廷则对如何拒绝这一要求展开讨论（Ⓐ）。其理由在于，讨论中提出的此前作为向对马藩实施"慰问之致"之契机的"流芳、万松之弊"（Ⓒ）。中略部分解释了"流芳、万松之弊"的含义，即过去朝方对有功于恢复国交的对马藩重臣柳川氏贿以"致赙"，以及之后以"香火之资"为名向柳川氏特许派遣流芳院送使，和以相同名义新设向宗义智派遣的

---

① 洪性德：《朝鮮後期の「問慰行」について》第 139—140 页。
② 《仁祖実録》卷 47，仁祖二十四年（1649）九月甲子（二十一日）。译者按，该史料本为汉文，作者于文中翻译为日语，现依《实录》改回原文。

万松院送使等所付出的"接待之费"。也就是说,朝鲜方面是为了避免对威德院的吊唁会沦为(对马方)再次新设送使的口实[①],以至于招来相应的经济负担。

正如洪氏指出的那样,备边司关于对马藩的要求,提议此次以慰劳藩主归省为名派遣译官使,但回避由译官使进行吊唁的要求。朝鲜国王仁祖更是言道,与丙子胡乱前不同,近来对马岛主已经不再长期滞留江户,因此理应废除慰劳藩主归省的译官使(Ⓔ)。宽永十三年起参勤交代成为定例一事,也进入了朝方的视野。此后,朝方虽同意派遣译官使以慰问藩主归省,却坚定了遵循"旧例"、拒绝对马藩"致吊"要求的外交方针。[②]

值得一提的是,在备边司接受仁祖咨问的回启中,提到至当时为止从未向"关白、岛主之丧"行"吊祭之礼",因此不必遵用"谬例"又贻后弊(Ⓓ)。也就是说,我们可以确知,当时朝方虽曾向柳川氏表达过"慰问之致",却未对将军或藩主之丧进行过吊唁的基本立场。如前所述,以吊唁将军丧事为主要目的派遣译官使,始于吊唁家光的承应元年;至此,我们得以再次确认,吊唁秀忠与朝鲜方面的正式外交行为的性质并不相同。

另一方面,据史料可知,对马藩"奉行等"递交的"私书"中也提到,倘若译官使吊唁藩主母亲之事传至将军耳中,将军必将感激于朝方对藩主施予之厚待(Ⓑ)。由此可以确认,对马藩的意图正如大场氏所指出的那样,是"通过将自己与朝鲜间私下结成的关系报知幕府,来巩固自身的政治地位"[③]。实际上,有史料表明,对马藩曾就威德院吊唁之

---

① 中世以来,对马向朝鲜派遣岁遣船(送使),以获得与之相伴的贸易收益。然而根据己酉条约的规定,岁遣船较以前减少至二十艘。此后,对马藩为增加贸易收益等筹划增设送使船,向朝鲜方面提出发放承认与日本人通交的铜印"图书",即推动所谓规外送使的"受图书船"之增设。关于对马藩筹办送使船的增设计划,参见田代和生:《渡海船増加工作とその種類》,氏著:《近世日朝通交貿易史の研究》,创文社,1981 年。

②《備辺司謄録》,丙戌(1646)十二月初七日。

③ 大场生与:《近世日朝関係における訳官使》第 137 页。

事与幕府方面进行过商议。下述史料，是自朝鲜而来的译官使抵达对马府中后，义成为报告这一事实递交给老中的书状：

　　一、鄙人（宗义成）无恙得暇下国，以在国为祝事，自朝鲜国遣译官两人差渡，当月十四日船着于对州内之鳄浦，同十六日鄙人有候于府中以致使来。朝鲜国亦不变如常，告曰诸事安静。此前，鄙人母丧为吊礼，虽有彼差渡使者之风闻，然则先以去年之仪尚需时日故，后更有世子彦满（宗义真）此番于（江户城）御表向致御目见礼，为可喜可贺之时故，以至书简中不载吊礼之仪也。并告曰，可向鄙母之牌位烧香。鄙人亦因其时有引风而患疾，先行大略得恢复之故，四、五日中与使者得面谈，并收取书简，抄之呈于大人之前以为过目。

　　　　右为正保三年（1646）十二月十九日遣于江户御老中处。[①]

　　可见，为"祝贺"藩主归省而渡海的译官使，于十二月十四日抵达对马北端的鳄浦，并于同月十六日到达府中之事被报告给了幕府。报告的内容还包括：藩主因身体不适未能即刻与使者"面谈"，如今已基本痊愈，故将于近期与使者"面谈"，之后会将收到书契的抄本呈交老中过目。

　　值得注意的是，义成还对老中表示，以前朝鲜方面已经表达出了派遣使者以吊唁威德院丧事之意，不过由于新年，加之嫡子彦满（义真）进行了觐见将军的"御目见"礼这一可喜可贺之事，故而没有在书契中书写"吊礼"内容。正如我们通过前述史料已经确认的那样，虽然吊唁威德院一事其实是对马藩向朝鲜提出的要求，但在提交给幕府的报告中，对马藩还是将之描述为朝鲜方面首先表示出了派遣使者以吊丧的意向。然而，在译官使渡海之前，朝鲜朝廷就已经决定了不实施吊唁威德院丧事的方针，在倭馆与对马藩使节会面的译官使也依照该方针，表示"吊丧之事，未有先例，今不应开创。书契末端添入此事尤为不妥。听此要求亦为不可，此乃依庙堂之吩咐，行措施以防塞"，并通过"草案"

---

① 《訳官渡海》壹。

将此事报告给了朝廷。[①]据此我们可以推断，由于要得到明言威德院吊丧之事的书契本就是不可能的，因此义成主动制造了朝鲜方面书契中不包含该内容的理由，以此向幕府进行解释。

另外，根据史料可知，朝鲜方面虽然没有发出包含吊唁内容的书契，但是的确表达出了通过渡海而来的译官使向"母位牌所"行烧香之礼的内容。实际上，阅读以下史料便可知，渡海至对马的译官使，的确在十二月二十七日向威德院的牌位进行了拜礼：

> 一、八之时（午后二时前后），判事众（译官使）自岸〔雁〕木之下步行而上，于岸木铺稻卷二通至寺之中门，自中门始之庭，小路有缘〔圆〕座。至于佛前之小屏风障子间落座。正中挂金之草帘而上卷，前序重置。判事众来烧香，于其座立而退出，每两人行一回二度半之拜。逢洪长老（钧天永洪）、西山寺、万松院（住持）入席，奉以点心、茶、煮饼、吸物等，酒巡五回而还。御香奠有白布二匹、花席一枚、芙蓉香、笔墨，万松院赠土产。（后略）
>
> 右为正保三年（1646）十二月二十七日之日帐。[②]

史料中并未明确记载译官使是在何处进行威德院吊唁活动的。不过，威德院的墓地位置明确，牌位也已知被安放于万松院内，拜礼后译官使向万松院主持进呈赠物之事也得确认。另外，根据对马藩撰修《表书札方每日记》记载，拜礼前一天即二十六日，藩主拜访万松院，并对"御座之样子"做出指示。[③]因此，我们能够推测，史料上所说的仪式举行场所，无疑正是万松院。根据史料记载，参拜万松院的译官使在烧香、行拜礼后，与以酊庵僧（钧天永洪）为首参加仪式的僧侣众人共行茶礼，并献上香奠。不过，从仪式内容来看，后世万松院宴席中的"东照宫拜礼"和对藩主坟茔即"御灵屋"之拜礼，并未出现在此次仪式中。

此后，1651年译官使也曾参拜万松院，并向义智和威德院牌位烧

---

① 《边例集要》卷之 18《渡海》丙戌年（1646）十一月。

② 《訳官渡海》壹。

③ 《表书札方每日记》，对马博物馆藏，正保三年（1646）十二月二十六日。

香、行拜礼，不过这次在向牌位行礼之前还向权现堂行了拜礼。[①] 如前所述，万松院境内建起权现堂，是正保四年之事。可以说，译官使在万松院的仪式活动也随之进行了改编。另外，据《津岛纪事》记载，万松院由于所在地狭窄、立足困难而搬迁、扩张。由此推断，恐怕对马藩做出计划整顿万松院之决定的理由，正是由于译官使于前一年参拜并举行拜礼，而且此后也将继续进行仪式，故而深感不便才做出的吧。值得一提的是，"御灵屋拜礼"应被视为依照《译官定例》相关内容确立，自举行吊唁义成丧事的万治二年正式开始的仪式内容。

另外，值得注意的是，围绕威德院吊唁之事，译官使在出国前忠实地执行着上级下达的指示；而一旦渡海抵达对马，处于朝鲜朝廷耳目所不能及之状态后，便转变立场，依照对马藩的要求进行了拜礼。与对马藩为日朝关系提供中介相似，译官使也肩负着往返于朝鲜和对马藩之间、代理双方交涉工作的职权。其中，出于方便解决各种交涉之实际事务考虑，译官使一般会采取与对马藩保持和谐的立场。正是受益于对译官使如此立场的巧妙利用，对马藩才促成了动员其向藩主祖先行拜礼等仪式的成立。事实上，从庆安四年渡海而来的金谨行将自己单独准备的"狮狮之香炉一个"献于威德院牌位之前[②]等行为中，我们不难窥探到译官使积极参加万松院仪式的模样。

概而言之，这一时期在万松院进行的仪式，由于是译官使在并未得到朝鲜朝廷认可的前提下进行的活动，因此可以说本质上乃是使臣个人的私密性拜礼。从结果上看，对马藩没能成功地从朝鲜朝廷那里得到表达吊唁威德院丧事之意的书契。但是，对马方面通过将译官使的拜礼粉饰为得到朝鲜朝廷同意的表明诚意之举，从而向幕府报告了异国而来之使节向藩主亡母进行吊唁的内容。

（三）承应元年译官使的家光吊唁

正如前述《译官定例》中所见，译官使吊唁去世将军的行为始于承

---

①《訳官渡海》壹，《慶安四年之日帳》。
② 同上。

应元年，这也堪称译官使职权扩大的里程碑式重要事件。因此，本节将以分析该年译官使派遣全部经过、万松院宴席具体面貌的池内氏研究[①]为基础，进一步推动考察的深入，重新思考承应元年译官使的历史性意义。

庆安四年家光去世，对马藩在次年告知朝鲜方面将军的讣报与藩主归省的消息，要求其派遣译官使。于是，朝鲜朝廷方面围绕派遣吊丧使者的问题展开议论。以下史料，就是其中的内容之一。

> 启曰：关白之丧，只送译官吊慰于岛中，揆诸情礼殊甚歉然。宜送吊使。故将于首译之行，先报于岛主之意，措辞言及于橘差事，启禀定夺，分付于东莱府矣。府使尹文举，不为状启牒报于本司曰：令译官言于橘差。则差倭答曰：致吊一事，不必委遣使臣于江户，姑以译官赍持致吊书契，入送岛中致吊于岛主，则岛主当以其意，报知大君。仍及自朝鲜欲为入送使臣之意，然后亦自岛中委差来请使臣。今姑急急下送吊慰译官使之趱，今月念间入往岛中云云。（后略）[②]

此处，朝鲜方面以仅仅派译官使前往对马吊唁家光的丧事"甚为歉然"为由，向对马藩使者（胜田五郎左卫门）提出派遣"首译"作为"吊使"前往江户。可以想见，朝鲜方面描述的"吊使"，恐怕与宽永十二年为向家光呈献马上才表演而前往江户的译官使一行拥有相同的礼仪格式。朝鲜方面如此积极地提出向江户派遣使节的理由，无疑正是为了探查新将军即位后的日本国内形势。

然而，对于朝鲜方面的意见，胜田表示首先应该让译官使携带书契向藩主传达吊唁之意。也就是说，计划由藩主携带书契前往江户报告，将军在听取报告后如若做出"由朝鲜派来使臣"等指示的话，再从对马藩提出派遣使者的要求。故而，胜田要求一旦决定派遣吊唁译官，就需要准备好使节于"今月念间"（十一月二十日前后）能够抵达对马。较

---

① 池内敏：《訳官使考》第 169—170 页。

② 《備辺司謄録》，壬辰（1625）十一月十八日。译者按，该史料本为汉文，作者于文中翻译为日语，现依作者提供之原史料改回原文。

这一要求提出稍晚，译官洪喜男再次与胜田会谈，结果是胜田以"以使臣迭到，有弊为虑。请以译官致吊，出于自中定夺云"为由，决定朝鲜方面按照对马藩的要求派遣译官使，并在追加请求的情况下，由译官使兼行前往江户吊唁之务即可。①从胜田的发言中我们不难读出，对马藩是基于之后还会有庆贺将军即位的通信使，故而只要派遣译官使执行吊唁家光即可这一自身判断，进行上述交涉活动的。

译官使派遣的消息传至对马藩的承应元年十二月八日，藩主义成指示即将前往鳄浦迎接译官使的家臣，首先要确认译官使的渡海目的和书契内容，如果是为了家光"吊礼"，则让其"于万松院而烧香"。②此后，再译官使抵达府中之后的次年正月六日，义成以"东武之御吊礼"延期为由，命令译官使首先"于对马而御烧香"，吊唁书契也要做成以对马藩主为接收者的"礼曹参议发出之书翰"。③依照上述种种指示，译官使于正月十七日参拜万松院，在权现堂烧香、行拜礼之后，向义智、威德院的牌位也行了拜礼。④

不过，众所周知，此后译官使并未前往江户。但是，对马藩并非没有将译官使渡海之事向幕府进行报告。与1646年的事例相似，义成通过下述呈与老中的书状，报告了译官使渡海的事情：

一、将军御代交替之御目见礼，鄙人（宗义成）无恙成之，得暇下国，现在国也。于是朝鲜国以为大庆，遣译官两人为使差渡。本月二十一日，着船于对州内之鳄浦。待风和日丽之日，鄙人候于府中待其参抵，遂于右之译官者对颜，样子虽可申于上，实无异于此前之渡海，已申案内于诸大人也。

右为承应元年（1652）十二月二十三日遣于御老中处。⑤

在这份书状中，对马藩报告了译官使抵达鳄浦，将于不久之后来到

---

①《備辺司謄録》，壬辰（1625）十二月十日。译者按，同前。

②《訳官渡海》壹，《承応元年十二月八日之日帳》。

③同上，《承応二年正月六日之日帳》。

④《承応元年壬辰洪知事韓判事渡海記録》，韩国国史编纂委员会藏，整理番号5220号。

⑤《訳官渡海》壹。

府中与藩主会面。值得一提的是，书状中完全没有提到译官使为了吊唁家光丧事渡海而来的内容。其中仅仅提到为了表达对"御代替之御目见"完成、藩主得"御暇"归省的"大庆"之意才派遣而来。如果与前述关于威德院吊唁的报告想对照的话，我们很难认为对马藩就朝鲜对家光的吊唁活动，在事前曾与幕府交换过意见。更何况，对马藩在译官使抵达之前，还私下规划出了家光吊唁活动"于万松院而烧香"的方案。

综上所述，可以说在万松院宴席中进行的家光吊唁活动，其实是依照对马藩主的意见，并且是在没有和幕府达成一致意见的情况下，在藩内以临时特例的形势进行的。这就是《译官定例》中提到的万松院宴席之"始动"的真实经过。

然而，译官使携带的记载了吊唁家光之意的书契，应该和正保三年时一样，其抄件或原件在之后被呈交给了幕府老中阅览。因此，幕府应该也知道了朝鲜方面向对马派遣译官使，以表达对家光的吊唁之意这一事实。暗中一度成为先例的译官使于对马藩内吊唁将军之举，此后则以依据先例的形式延续了下来。

（四）万松院宴席"始动"包含的意识

接下来，本节将重新探讨把承应元年的译官使渡海视为万松院宴席之"始动"的《译官定例》内容，考察其历史意义。

池内氏以上述《译官定例》内容为基础，提出"万松院宴席以行拜礼于公仪（幕府）为始，并附带向宗家历代也进行了拜礼"。[1] 然而，实际上译官使早就从正保三年开始，就参拜万松院并向宗家先祖进行了拜礼，次回的庆安四年还向万松院境内建立起来的权现堂进行了拜礼。这两次仪式由此成为先例，此后对马藩还决定吊唁家光也"于万松院中而烧香"。由此观之，或许与池内氏的说明相反，万松院宴席反倒应该被理解成是以对藩主宗家先祖的仪式为开端，进而在此地对权现堂行拜礼、吊唁死去将军，即加入了对所谓"公仪"的仪式内容后，整理为"定

---

① 池内敏：《訳官使考》第 170 页。

例”模样的结果。

另外，在《译官定例》中，还记载到朝鲜朝廷指示译官使，要在吊唁家光时听从对马藩的“命令”参拜万松院、行拜礼，而以此为契机成行的包含“权现堂”与“公仪御宝殿”拜礼之万松院宴席由此开始。然而，该仪式并不包含在朝鲜方面指示事项的范畴之内。也就是说，万松院宴席乃是朝鲜方面在藩内代行向将军家先祖祭拜的仪式活动，以及该活动乃是本藩与朝鲜方面协议达成的结果等内容，其实是对马藩主动附加的意义构建。概而言之，上述所见之《译官定例》的叙述，可以说是对万松院宴席乃以将军吊唁这一“公务性”事件为契机而成立，这一后世认识的反映。

值得一提的是，如果对照朝鲜方面史料可知，负责 1652 年迎送译官使的胜田，在陪同译官使一同归国时“陈恳”于“家康院堂岁给船事”，这也成为此后对马藩主张“权现堂香火之请”的开始。[①] 从本章第二节提到的“万松、流芳之弊”之例来看，这一成为“权现堂香火之请”契机的事件，应该正是根据朝鲜朝廷指示派遣的译官使，出于吊唁家光之目的进行权现堂参拜的“慰问之致”。

如果将此前的事件也纳入讨论范围可知，宽永十七年对马藩将藩主嫡子彦满的诞生告知朝鲜，寻求“生子致贺”。对此，朝鲜朝廷以没有先例为由，不记该旨于书契中，而是派遣译官洪喜男探查具体情况。[②] 此

---

① 《东莱府接倭状启誊录可考事目录抄》，癸巳年（1653）六月。“权现堂香火”，是指对马藩以供养东照大权现为名义，筹划增设送使的活动，不过此乃对幕府保密的私自计划。关于该“权现（堂）送使”，参见米谷均：《雨森芳洲の对朝鲜外交：「誠信之交」の理念と実態》（《朝鮮學報》，1993 年第 148 号），李晄镇：《十七世紀後半の日朝関係と対馬藩：権現堂送使の新設交渉を中心に》（《史林》，2017 年第 100 卷第 4 号）。此外，明历二年，对马藩也曾强要因出使结束后回国而宿泊于对马的通信使参拜权现堂。参见山口华代：《近世日本の外交儀礼と東照宮信仰：对馬藩の東照宮勧請を中心に》。
② 洪性德：《朝鮮後期の「問慰行」について》第 139—140 页。不过，对马藩方面的史料则记载了译官使以“彦满大人之御庆”为目的渡海而来，与朝鲜朝廷的决定相反。参见《義真様彦満様為御慶従朝鮮洪知事金判事渡海ニ付御馳走之覚》。

外，译官使回国时，对马藩使者提出供给以彦满为名义的儿名图书[①]，即新设送使的要求。对此，朝鲜方面以义成时的儿名图书尚未交还为由表示拒绝，但是在对马藩执拗的反复要求下，最终还是于正保二年以特例的形式许可了图书的发行。[②] 如此一来，此事次年，朝鲜方面会担忧对马藩提出的吊唁威德院要求成为新设送使的口实，恐怕就不是杞人忧天那么简单了。

综上所述，万松院宴席的成立，无疑与对马藩以扩充朝鲜贸易为目的而操弄的增加送使船计划有着密切的关联。

三、译官使的职权扩大与仪式改编

（一）宝永三年渡海的"御养君"庆贺之译官使

如前所述，宝永三年，译官使以"家宣立储"为名目，首次为庆贺将军家之事而渡海。因此，此番使行堪称译官使性格变化的另一次重要的里程碑事件，先行研究中却没有详细的讨论。[③] 故而，本节将围绕1706年译官使的渡海经过加以分析。

纲吉虽然也是作为养子继承将军职的，但是他在前代将军家纲即将去世之前才成为继承人，并在其后即刻就任将军。因此，在家宣以前，把养子成为将军继承人的决定事先告知朝鲜方面的先例并不存在。不过，朝鲜方面派遣使节对将军继承人传达庆贺之意的确存在一个先例。那就是为庆贺家纲诞生而来聘的宽永二十年通信使。如果以此为先例，

---

① 关于以藩主继承人为名义的儿名图书问题，参见田代和生：《渡海船増加工作とその種類》第78页。

②《辺例集要》卷之一《図書賞職》，韩国国立图书馆藏，庚辰年（1640）十一月、壬午年（1642）四月。

③ 例如，池内敏：《訳官使考》第163页【表5—2】中，按每30年为一个分期，将1630年起每个分期的译官使派遣名义和派遣次数进行统计，其中"1690—1719"分期中"德川将军家"之"庆事"一览空白，可见宝永三年"家宣立储"一事未被计入该项名义。此外，大场生与：《近世日朝関係における訳官使》第110—112页，虽有提及宝永三年的译官使，但仅仅提及次年对马藩为准备向幕府进行事后报告而在藩内进行讨论之事，并未考察整理译官使派遣的前后经过。

那么"家宣立储"就成了本应由通信使来聘之庆事、却以译官使代替之事了。

最初，对马藩中也曾有过"御养君"虽无前例，却可以过去"御诞生"之格式为基准，应准备通信使来聘的观点。其时，家老杉村赖母在作为庆贺家宣成为"御养君"的使者前往江户之际，曾就包括是否告知朝鲜"御养君"之事实、朝方若示意派遣通信使应如何处理等问题，咨询了幕府方面的内意并得到了相应指示。抵达江户的杉村在"御养君"贺仪结束后，与江户宅邸的重臣们一起，关于自身任务做出了以下议论：

> 虽不确知，然已向御役人诸位粗承，有信使之御裁断告知之故。以此回之御诞生为例，若得御内意令遣信使之仪，则为别格之御祝仪，故若君上以主意询于御诞生之例，则告曰可思如例差渡之，有此御内意也（Ⓐ）。若是如此，则御直令之仪亦是难事，而代主意之立也。毕竟朝鲜国之仪，一任御心实难事之条目。便是在乎日本者，虽非准于幼君御诞生之例而不得成事，然御养君之例无也，故速准以同前御诞生之例，在乎日本者，亦为难事之条目也。御养君之御祝辞中，信使差渡之例无也，此回为始也。故自朝鲜国可得返何种之御祝辞哉，此全难断言之事，申此主意者可立也（Ⓑ）。如此立主意，若君上询之，则亦可述为延迟之端哉。无此，则以幼君御诞生之例为一通，则不可询以此回有无之段，如何也哉。并，于御养君，世间已有传曰信使相渡之仪者。专有裁断，亦使之得闻于御留守居诸官也。在此之上，乃我方御役之仪，若无御裁断则难处置哉（Ⓒ）。信使来聘之仪，于日本国中甚多忘却也，因之，君上亦了然。于是，令曰虽依御内意行之而不可延迟，然则尽可据我方之便宜准有延迟也（Ⓓ）。在此之上，此回虽以否意闻于上，而所知之因何、如何之意，于君上全为难事。然则此节可令仅述御役之不可大意、尽心而为之旨，待至参府时再以其节详述于浓州大人（柳泽吉保）、伯州大人（本多正永）乃至御年寄诸大人处以闻于上，于是此节纵有延迟亦可成行也哉（Ⓔ）。依以上之意

申与谈之，此节不言仅以否意闻之于上，当然如今申以详细，主公参府之节，应得与君上相商，以得蒙可行之旨，何事皆可申与闻之也。更申曰近年种种不便，此回尤以得信使渡来之命为甚，实有难处。此外，近年以来公仪君上御隐居、御更代等事时而有之者，亦多有不渡来之事不能成行也。如此，则短期之中两度差渡，重重难事如有千万之故（Ｆ），主君御参府以后，可与宗仙院大人私下详谈，委其代为传达，以使御内意上呈于美浓守大人（柳泽吉保），即言此回之举不得召信使，可以译官至对州申御祝事于上为止而成也哉（Ｇ）。总而言之，御参府之节能遂行商谈以上呈便宜之旨，与何人申谈之，此虽有别于领国传来之御钧命，然则此回前后无有障碍者，或可不失为授命而双【相】谈之至也（Ｈ）。①

由此观之，围绕将家宣成为"御养君"告知朝鲜方面一事，杉村认为如果依照"御诞生之例"的上报给幕府，就可以推测出会从幕府方面得到因为此事乃"别格之御祝仪"，所以可依照前例招来通信使的回复（Ａ）。不过，对对马藩而言，这就会导致过重的负担。理由在于"近年种种不便"的状况，其中近期如果因纲吉隐居造成的将军换代再发生的话，理论上说还要再邀请通信使来聘，故而或将导致"重重难事如有千万"（Ｆ）。换言之，我们可以确知对马藩关于接待通信使将会导致的巨大花销忧心忡忡。然而，由于近期通信使将会因为"御养君"而来聘的消息已经在世间风传，而由于这属于对马藩的"御役之仪"，如果"不行裁断"则难以了结（Ｃ）。为寻找打破相应局面的策略，杉村等人经过讨论，提出了将上报给幕府的本次庆贺事宜内容，由是否依照"御诞生之例"，改为"御养君之御祝词"并无同行是渡日之先例，故而朝鲜方面作何回应难以判断之主意的提案（Ｂ）。于是，首先仅上呈本次将恪守绝无大意地执行"御役"之宗旨，其后待藩主参勤之际，再向当时"朝鲜御用老中"本多正永，以及与对马藩关系密切的侧用人柳泽吉保等人，

_____

① 《江户藩邸每日记》，东京大学史料编纂所藏，宝永二年二月二十六日。

重新讨论关于朝鲜来贺之事的详情（Ｅ）。① 如此一来，便可以预想到通信使来聘对于幕府而言实则"日本国中甚多忘却之事"，因此很有可能延迟（Ｆ）。因此，虽然与藩国下达的指令不同，但是本次的提案则决定进行尽可能不造成前后矛盾的细微改变（Ｈ）。正好，在此次讨论之后，杉村拜访了负责宗家与柳泽吉保之间沟通事务的宗仙院，而私下商谈的结果是，得到了幕府方面也决定"此回之御祝词"以"微以殊外之礼成之"来宣告结束，因此"即便欲令彼国信使差渡而来，亦难有信使来也"等反馈意见。②

　　不过，正如史料中所描述的那样，对于将"御养君"视为"别格之御祝仪"、将朝鲜事务当作藩属职责的对马藩而言，即便不是通信使来聘，也有必要向幕府表达"御役之不可大意、尽心而为之"的居心。因此，对马方面之后又试图向柳泽提出替代方案，即"至对州申御祝事于上为止"之意见（Ｇ）。实际上，杉村将藩邸讨论的决议方针呈报给本多以后，就被本多家臣问起从朝鲜来访之使者是否只有通信使等问题，答曰"有使者曰译官，差渡至对州止，送书简于对马守处，（中略）依事之品级，亦有上呈于公仪之时，对马守代行也"③，从中可见其诱导幕府做出由译官使执行"御养君"庆贺之仪的意图。此后，等到藩主参勤，对马藩又重新向接替本多的新任"朝鲜御用老中"土屋政直询问内意，后者则答以朝鲜方面"若询可否差遣信使来访之事，则告知不必遣使、可陈慰问"的意见。④

　　另一方面，对马藩认为"御养君大人礼成之事，格式准于幼君御出生故，乃至重之御事"，即便不要求通信使来聘，"若不遣译官至殿下处以为御贺仪则不能成礼"也。于是，对马藩向倭馆做出指示，事先向朝

① 关于管理对马藩负责之朝鲜通交（外交、贸易）事务的"朝鲜御用老中"，参见古川祐贵：《对馬宗家と朝鲜御用老中》，《日本歷史》2017 年第 831 号。另外，关于对马藩与柳泽吉保之间的关系问题，参见福留真纪：《对馬藩主宗義方と柳沢吉保》，《長崎大学教育学部紀要　人文科学》2015 年第 81 号。
② 《江戸藩邸毎日記》，宝永二年二月二十六日。
③ 同上，宝永二年三月二日。
④ 同上，宝永二年六月七日。

鲜方面传达预计会要求其派遣译官使携"可喜可贺之嘉书"。① 此后对马藩派遣使者正式提出了上述要求，朝鲜方面收到这些要求后给出的结果是，写明"庆储"与慰问藩主归省的书契被送至倭馆。然而，对马藩以书契"混公私之仪于一纸"，即将"庆储"与慰问藩主归省相关的内容并记于一份书契之中，因此无法上交给幕府为由，指示倭馆方面将书契返还给朝鲜方面，并要求其"书载为二本"。②

此后，朝鲜方面再次送来了分别记载两事的两份书契。即便如此，对马藩还是提出问题，在"庆储"书契中没有写明派遣译官使为"差象官"的文言，只能读出意为送交书契的"驰一札"等表现。③ 于是，以将译官使为"庆储"而渡海之事写明为由，对马藩再次向朝鲜方面提出修改要求。由此，历经两次修改之后，对马藩终于接收书契，于宝永五年二月九日奉呈至幕府。④ 译官使首次因为将军家的庆事渡海而来，期间对马与朝鲜围绕书契的形式也进行了不在少数的试错性调整。

如上所述，对马藩即便有着迫于财政压力导致难以邀请通信使这一潜在事实，但是由于事关执掌对朝通交职责的体面，还是面临着难题。因此，既要减少藩财政支出的负担，又不能对将军家的庆贺之事无动于衷，其解决方案只能是"依事之品级，亦有上呈于公仪之时"的译官使。同样，幕府也由于感到耗资负担巨大，向对马藩方面表示慎重考虑邀请通信使。据此，对马藩要求朝鲜方面通过译官使来传达庆贺之意，由译官使代替原本需要通信使来聘的预想中的"家宣立储"之事，在减轻藩财政负担的同时，妥善解决了"御役之仪"。

上述政治活动的结果成为可能，本来就是由于朝鲜使节来访乃是由对马提议、得到幕府回应而决定，之后则以对马藩向朝鲜提出要求的程序而实现这一前提所致。根据各种情况，正如池内氏通过宝历三年译官使因吊唁大御所吉宗去世而渡海的事例所指出的那样，可以再次确认在

---

① 《訳官渡海》四，《宝永三年七月廿一日俵五郎左衛門へ遣》。
② 同上，《宝永四年三月廿七日俵五郎左衛門へ申遣ス》。
③ 同上，《宝永四年九月十九日之日帳》。
④ 《江戸藩邸每日記》，宝永五年二月九日。

对朝外交中"对马藩的恣意性"。

　　值得一提的是，池内氏指出，大场氏关于对马藩的财政问题对译官使职权扩大影响深远之见解存在局限性，并提到在上述事例中"要将接待译官使与藩财政紧张加以区分理解"。[①]然而，如果从宝永三年译官使的事例来看，原本预计应该邀请通信使来访的"御养君"庆贺改由译官使代行，其最初的动因正是由于"近年种种不便"引发的接待通信使耗费之忧虑，也就是说不得不提到的对马藩经济状况。换言之，以庆贺将军家之事为目的的译官使渡海，其实可以说是缘于对马藩公开承担的对朝外交事务，在当时出现了受限于藩的经济能力而无法完成这一矛盾暴露之后，为应对矛盾所施行的便宜之法。

　　然而，此后对马藩的财政困难局面不仅没有改善，反而进一步持续恶化。据此，至18世纪下半叶，对马藩甚至发展到了以接待因将军家庆贺或吊唁而渡海的译官使为名，向幕府寻求支援的程度。

（二）万松院宴席的简素化

　　让我们再次将视线移回万松院宴席。如前所述，在万松院宴席中，译官使向东照大权现以及将军家、宗家的先祖行了拜礼。此外，进入18世纪以后，万松院宴席的形态也出现了变化。元禄十四年，万松院发生火灾，境内建筑包括权现堂在内全部烧毁。此后，直到万松院于享保十一年重建为止，"御牌位拜礼"则转移到火灾后存放历代藩主牌位的国分寺进行。不仅如此，"东照宫拜礼"在宽政六年权现堂重建之前一直被省略，仅将译官使携来的贡品奉置于安放在别处的东照大权现神体之前。不过，在吊唁将军家丧事的情况下，还是会在万松院境内搭建临

---

① 池内敏：《訳官使考》第163、168—169页。另外，关于池内氏分析的史料，笔者尝试附上以下思考。关于向幕府报告译官使渡海的准备过程，在由藩国法网江户宅邸的书状中，记述有倘若译官使渡海，则藩主延迟参勤、缩减滞留江户的时间，由此也能节约开支等内容。也就是说，此次接待译官使因为关系到藩的职责，因此无论如何也不得不执行，那么不如尝试以此为口实探寻缩减其他方面开销的方法，这可以说堪称对马藩的思虑。表面公开来讲，译官使是作为"政治行为"加以表现的，然而实际上，在对马藩的真实相法中，接待译官使则可以说是与藩财政紧张问题难以分割的问题。

时的"公仪佛殿",译官使则于其中行拜礼。关于万松院宴席的这些变化,已经有大场氏的相关研究成果①,本节则主要针对宝永五年的改编,重新思考其中意义。

每逢万松院宴席时,译官使都会依次向每个宗家祖先牌位行拜礼、献香奠。然而,到了宝永五年,译官使认为"近年以来,御先祖渐渐增加"以至于拜礼"愈发艰难"的传闻,经对马藩方面的通词报与藩内。②当时藩主已至第五代义方,可以说译官使正是感到向此前经历的四任藩主夫妇供以贡品之事负担严重。对马藩方面,也因藩主牌位增多而佛堂日趋狭窄,加之万松院此前遭遇火灾,于是将牌位迁座至国分寺,引导译官使在彼处行拜礼。由此可知,在对马藩看来,拜礼对象的增加也同样造成了困难。

围绕这些问题,对马藩向藩儒雨森芳洲咨询意见。于是,如下述史料所言,家老们以芳洲提出的议案为中心展开讨论,进而决定了今后的政策方针:

> 与雨森东五郎(芳洲)相谈也,言唐、朝鲜之诸侯祭礼,乃祭始祖并四世以上之法也,故以右例为准,则立万松院(宗义智)大人为邻交中兴之始祖,令以先规之例祭万松院大人、光云院(宗义成)大人、天龙院(宗义真)大人、灵光院(宗义伦)大人之御灵。妇人并无外交之义,要请移国人拜供主君夫人及女眷大人亦无理故,令以后自威德院大人以下皆可无行拜礼也,正义理以闻于彼。译官可共奉其旨以申,遂行合议判断之时,行以日本之法,此亦通于公仪家之夫人及女眷在世之时,亦令不可行御目见、行拜礼也,况乎异国人,更无请行拜礼之义理也。拜礼之请若不得成,则备贡币之物亦无道理。更令以右述之意为旨,诸事皆相商而定也。(中略)如左之意,付书于两使以申其意,表之于裁判龙田权兵卫。③

由此观之,芳洲建议此后即便先祖继续增加,仍然应该仅以始祖和

---

① 大场生与:《近世日朝関係における訳官使》第30—32页。
②《宝永五戊子年訳官記録》,韩国国史编纂委员会藏,整理编号1510号。
③ 同上。

自当代以上四代之内得先祖为对象,简素化译官使的拜礼内容。此外,从这一时期开始,"虽自先规起无币物,令仅行拜礼,然立万松院大人为邻交中兴之始祖之故,自此回起令可不行拜礼于惟宗大人御牌位之前也"[①]。祭祀宗家始祖"惟宗"牌位的拜礼被终止,到当时为止在译官使仪式中一直维系着命脉的惟宗氏,即对马宗家之源流也自此完全消失无踪。[②]宗义智则作为"邻交中兴之始祖"被树立起来。自此,对马藩开始将义智一代时与朝鲜的恢复邦交,作为当时的日朝关系之起点。

可以说,芳洲的意见,其实是以中国和朝鲜的"诸侯之祭礼"等事例为基础,以将万松院宴席儒教化为名义,减轻译官使和对马藩双方负担的改良方案。此外,芳洲还提出由于"外交之义"与藩主夫人并无关联,后者没有接受异国人拜礼的"义理",因此相应拜礼应予以废止的提议。针对芳洲的相关意见,家老们也考虑到与向"公仪家之夫人及女眷"等行拜礼相关的"日本之法"所呈现出的情况,决定采取芳洲的意见。不仅如此,关于"币物"也将适用于与"拜礼"相同的政策。

这样一来,万松院宴席中,作为拜礼对象增加的原因之一、与"外交之义"并无关联的对藩主夫人拜礼遭到废止。由此,仪式对象被局限在以东照大权现为首的将军家先祖,以及"邻交中兴之始祖"以下、为日朝关系做出过贡献的宗家先祖。本来,在万松院进行的译官使仪式,是以吊唁义成之母威德院为先导,兼具参拜藩主宗家先祖之仪式性格的,结果随着译官使拜礼规模的缩小,该部分性格却被部分放弃。可以说,取而代之,万松院宴席被改编成为更加鲜明地昭示日朝两国间外交仪式的性格。

---

① 《宝永五戊子年訳官記録》,韩国国史编纂委员会藏,整理番号 1510 号。

② 宗家原本是对马在厅官人惟宗氏的武士化家族,自 15 世纪中叶起自称为平知盛后裔。此后,江户幕府编纂的《寛永諸家系図伝》(寛永二十年成书)和对马藩内的《宗氏家譜》[贞享三年(1686)成书]也页采纳了这一说法。关于这一问题,参见长节子:《宗氏の出自:惟宗姓から平姓へ》,氏著:《中世日朝関係と对马》,吉川弘文馆,1987 年,初出 1965 年。

结语

译官使，本来是慰问对马藩主结束参勤交代、返回领国之事的使节。然而，从承应元年开始，译官使开始执行对死去将军的吊唁，宝永三年则首次因为庆贺将军家的庆事被派遣，其职权得到逐步扩大。由此，仅仅通过通信使的往来无法完全解决的日朝通交，经由译官使的渡海活动得以补充。值得注意的是，这些变化，与其说缘于通交的当事者即幕府和朝鲜，不如说事对马藩方面的事宜产生主要作用的结果。

需要强调的一点在于，相较于藩内执行的仪式内容，围绕书契的交涉，恐怕才是译官使补充通信使来聘之职权的本质内容。对马藩通过从朝鲜那里接收到写明将军家吊唁或庆贺内容、发信抬头为藩主的书契，并将其上呈给幕府，通过译官使渡海活动，实现了全权处理日朝两国间"公务性"案件的地位。

另一方面，由译官使吊唁将军且进行东照宫拜礼的万松院宴席，以曾经对藩主去世母亲进行的吊唁为依据，也兼具了礼拜宗家祖先的仪式性格。然而，对马藩和译官使为应对现实情况，省略祖先礼拜的要素，将仪式内容向外交仪式的方向进行了简化。另外，万松院宴席虽然是针对将军家先祖的仪式，但是并非出于幕府和朝鲜的意愿，而是对马藩自行计划并开始实施的活动。

综上所述，万松院宴席所具有的外交仪式性格，说到底不过是局限于"对马府中之地"的活动而已。因此，我们或许可以将其评价为，在其他藩国也确认存在的相似事例，即将东照宫仪式与藩主家的祖先拜礼相融合的仪式类型。然而，通过把吊唁将军丧事等"公务性"事件树立为"始动"，以及每逢作为异国使节的译官使渡海都被安排向以东照大权现为首的将军家先祖、为日朝关系贡献巨大的宗家先祖行拜礼，万松院宴席构建起了日朝两国间外交仪式的重要表象内容。

值得一提的是，本来朝鲜开始派遣译官使的理由，其实是以慰问藩主归省为口实，探查日本的局势。同样，对马藩也是为了解决直接面临的与朝鲜之间外交上悬而未决之处，利用译官使渡海为交涉渠道的。但是，这些事实说到底本是藩内部的机密事项，不应为外部所知。为掩盖这些事实，就必须在表面上将译官使海的目的设定为慰问对马藩主归省，或者是庆贺、吊唁将军家及宗家之事。正是上述译官使的两面性，昭示出了作为日朝通交中介者对马藩真正的外交战略。

本文原载于《朝鲜學报》第 254 号，2020 年 1 月刊

（翻译：刘晨）

朝鲜通信使相关的倭情咨文与明清中国

程永超

日本东北大学东北亚研究中心副教授

引言

在江户时代，朝鲜王朝通常会在幕府将军袭职时派遣外交使团到日本。此外交使节团称为回答兼刷还使（前三次）或朝鲜通信使（以下简称通信使）。近几十年来，日本和韩国学界都积累了大量有关通信使的研究成果。其中，最值得关注的是日本学者夫马进的研究。夫马进从思想史的侧面将燕行使与通信使结合起来，分析了燕行使与通信使对朝鲜知识分子的影响。① 若通信使的派遣也遵循前近代东亚外交的基本原则，即《礼记》中的"人臣无外交"，那么作为臣子的朝鲜国王在没有宗主国中国允许的情况下是不可能擅自与日本建交的。然而，在当今学界除了夫马进之外，无论是在日本还是在韩国几乎没有学者关注作为朝鲜宗主国的中国（明清）对通信使派遣产生的间接影响。其实，二战前的日本学者稻叶岩吉就曾经注意到这一趋势，并指出"朝鲜半岛出现的大

---

① 夫马进：《朝鲜燕行使と朝鲜通信使》第Ⅲ部，名古屋大学出版会，2015年。

事件均反映了整个东亚地区的问题"。^①然而，直到现在，尚未有研究分析中国在何种程度上干预了日朝关系及通信使的派遣。此外，虽然曾有研究提到过中国清朝与朝鲜签订的《南汉山诏谕》中的"日本贸易，听尔如旧，但当导其使者赴朝，朕亦将遣使至彼也"一款以及清朝皇帝皇太极曾派遣大臣（英俄尔岱、马夫塔等）到朝鲜和沈馆（沈阳的朝鲜质子馆）收集日本情报^②，却只字未提皇太极对朝鲜遣使日本一事的态度。本文旨在通过分析与 1643 年等通信使相关的倭情咨文，探讨清帝皇太极对日本的关注，试图将通信使派遣背后存在的清朝可视化。

倭情咨文是朝鲜王朝将收集的日本情报向清朝汇报的咨文。咨文最初是明代同级官署间使用的一种文书形式，后来也被用作受清朝册封的朝鲜国王与明朝官厅间的外交文书，逐渐成为中国和朝鲜之间礼仪关系、军事情报及合作、贸易和人口遣返的重要外交文件。^③通常，倭情咨文会被朝鲜王朝的汉学译官以赍咨行的名义送至清朝（《通文馆志》卷三《事大上·诰命》）。

稻田岩吉将倭情奏文评价为"朝鲜保身三百年的护身符"^④；三宅英利也肯定了倭情咨文的历史价值，指出倭情咨文显示了"日本、朝鲜和中国三国间的连锁关系"。^⑤最近的研究表明，倭情咨文是经过朝鲜筛选和加工的日本情报。^⑥尽管我们需要一一斟酌倭情咨文中具体记录的真实性，但倭情咨文是清朝从朝鲜获取日本情报主要来源的这一事实是不可否认的。今后我们需要将倭情咨文中的内容与其他史料进行对比，确认其真实性，从而进一步探索当时中日朝三国间的关系。

----

① 《满鲜史体系の再认识》，《满洲发达史》，日本评论社，5 版，1935 年，463 页。

② 浦廉一：《明末清初の鲜满关系上における日本の地位（二）》，《林》19 卷 3 号，1934 年；稻叶岩吉：《满鲜史体系の再认识》；中村荣孝：《清太宗の南汉山诏谕に见える日本关系の条件–七世纪における东アジア国际秩序の变革と日本》，《朝鲜學报》47，1968 年。

③ 沈载权：《朝鲜과 明의 실무적 외교문서'咨文'분석》，《古文书研究》42，2013 年。

④ 稻叶岩吉：《满鲜史体系の再认识》，527 页。稻叶岩吉分析了从明至清的朝鲜倭情报告，对明朝和清朝时的用语并未加以区别，一律使用了"奏文"一词。

⑤ 《近世日朝关系史の研究》，文献出版，1986 年，282 页。

⑥ 薛明：《清前期的中日关系研究》，辽宁大学出版社，2014 年，38 页。

　　近年来，韩国[①]和中国国内[②]也出现了一些针对倭情咨文的研究。韩国学者分析了朝鲜是如何运用倭情咨文与清朝进行交涉的，强调了在仁祖和孝宗统治时期倭情咨文的"以倭制清"和"对清备倭"的效果。国内也有学者讨论了倭情咨文在清（主要集中在清初）对日政策中的意义，并分析了倭情咨文在中朝关系中发挥的作用。日本学者从二战前就表现出对倭情咨文的兴趣，近年来也出现了一些研究，但这些研究大多集中在对倭情咨文的具体内容和书志学的分析上，包括对 1639 年倭情咨文中附带的对马藩主书契原文及其满语译文的比较分析等。[③]

① 韩明基：《정묘·병자호란과 동아시아》，푸른역사，2009 年；洪性鸠著、桥本繁译：《清入关前东アジア国际秩序の再编と日本》，《东アジア海をめぐる交流の历史的展开》，东方书店，2010 年；金泰勋：《17 世纪对日政策变化研究》，首尔大学校博士论文，2013 年（同《인조~효종대 왜정자문（倭情咨文）의 성격》，《历史文化论丛》8，2014 年；同《병자호란이후倭情咨文의 전략적 의미》，《韩日关系史研究》50，2015 年）；文永奎：《인조대仁祖代 대일외교의 성격》，《韩日关系史研究》19，2003 年（同《倭情咨文을 통해 본 仁祖·孝宗代의 對外關係研究》，江原大学校博士论文，2005 年）；金暻绿：《17 세기 朝·清관계와 '倭情'의 군사·외교적 활용》，《军事》94，2015 年；郑章植：《1617 年日本使行과 實利外交》，《日本文化学报》16，2003 年。
② 易惠莉：《论入关前后的清与日本关系》，《学术月刊》2001 年第 1 期；陈文寿：《近世初期日本与华夷秩序研究》，香港社会科学出版社，2002 年（同《朝清倭情咨报系统与清朝的政策》，《韩国学论文集》，2003 年；同《从壬辰战争到明清交替之清、朝鲜、日本》，《韩国学论文集》，2009 年）；柳岳武、许文霞：《清初朝鲜的"倭情报告"政策之研究》，《青海师范大学学报（哲学社会科学版）》，2005 年；陈波：《清朝与日本之间的情报搜集》，《江海学刊》，2013 年；薛明：《清入关前的对日认识》，《清史研究》2012 年第 2 期（同《清前期的中日关系研究》，辽宁大学出版社，2014 年）。
③ 浦廉一：《明末清初の鲜满关系上における日本の地位（二）》；中村荣孝：《清太宗の南汉山诏谕に见える日本关系の条件－七世纪における东アジア国际秩序の变革と日本》（同《外交史上の德川政权》，《日鲜关系史の研究》下，吉川弘文馆，1969 年）；铃木信昭：《李朝仁祖期をとりまく对外关系－对明·对清·对日政策をめぐって》，田中健夫编《前近代の日本と东アジア》，吉川弘文馆，1995 年；承志：《清前期满文史料译注 6 件》，《古今论衡》第 7 期，2002 年；岩井茂树：《清朝に转送された对马藩主宗义成の书契原本と 1639 年前后の北方アジア情势》，《东アジアにおける国际秩序と交流の历史的研究》ニューズレター第 1 号，2003 年（同《清朝、朝鲜、对马——1639 年前后东北亚细亚形势》，《明、清史研究》20，2004 年）；伊藤幸司：《东アジアを流转した对马藩主宗义成の外交文书——台湾所藏宗义成书契·别幅の绍介》，《东风西声》2，2006 年；松浦章：《清に通报された"岛原の乱"の动静》，《关西大学东西学术研究所纪要》19，1986 年，后收录于《海外情报からみる东アジア：唐船风说书の世界》，清文堂出版，2009 年；儿玉扶美子：《朝鲜仁祖期の日朝关系——朝鲜の倭情报告と对清·对日关系の变迁を中心に》，明治大学硕士论文，1999 年；洪性鸠著、桥本繁译：《清入关前东アジア国际秩序の再编と日本》；木村可奈子：《日本のキリスト教禁制による不审船转送要请と朝鲜の对清·对日关系：イエズス会宣教师日本潜入事件とその餘波》，《史学杂志》124—1，2015 年。

　　总体来看，当今中日韩学界关于倭情咨文的研究存在如下几个问题。首先，过多关注倭情咨文中的具体情报，欠缺对倭情咨文的格式、传递渠道以及中朝决策过程的具体分析。其次，先行研究多集中于清初的 17 世纪，偏重于对岛原之乱、日本漂流民和日本威胁论相关的内容，对明和清中后期关注较少。最后，对江户幕府建立（1603 年）到丙子之役（1636 年）期间倭情咨文的利用和研究极为有限。

　　因此，本文将同时对照明清及朝鲜的史料，聚焦通信使相关的倭情咨文，通过阐明 1643 年通信使的派出与清朝的关系，将皇太极对日本的关心具体化，以期从中朝关系史的角度为通信使研究提供新的视角及观点。[①]

一、明朝与回答兼刷还使

　　《海行总载》[②]开头的“前后使行备考”简要介绍了每次朝鲜王朝派遣对日外交使节的情况。其中，1607 和 1617 年回答兼刷还使的最后均有“具由奏闻天朝”一句，意味着朝鲜朝廷将这两次回答兼刷还使的派遣情况向明做了汇报。

　　对比明朝史料《明神宗显皇帝实录》和朝鲜史料《事大文轨》就会发现，在象征着日朝复交的 1607 年回答兼刷还使派往日本时，朝鲜国王向明汇报了德川家康取代丰臣秀吉统治日本并希望与朝鲜“通好”以及对马成为日朝复交的媒介等情况。[③]对此，明兵部的讨论结果是“相

---

① 本文在考虑朝鲜王朝与明、清之间藩属关系的同时，探讨日朝关系。
② 汇集了 14—18 世纪朝鲜王朝派遣到日本的使节一行日记的丛书。原本所在不详。现在多用朝鲜古书刊行会编《朝鲜群书大系》收录的活字版本（1914 年刊，四册本）。
③ 卷 47 “万历三十四年十一月二十日　朝鲜国王谨奏为倭情事卷”。《事大文轨》书又名《东国史略》，是 1619 年（光海君十一年）朝鲜纂辑厅收集了宣祖二十五年（1592）至光海君即位年（1608）的对明外交文书，并与日本、琉球及满州外交文书一起，根据承政院誊录编纂的外交文书集。原本 54 卷，现存 23 卷。该书收有大量关于壬辰战争及战争结束后的日本情报，被视为研究壬辰战争及战后讲和的重要文献。该书于 1935 年由朝鲜总督府朝鲜史编修会影印出版。关于此书的详细说明，参见中村荣孝《日鲜关系史の研究》（中）第 5 章：明、鲜外交文书集《事大文轨》。

机以御，及时自固，审利害察情实，在该国自计，难为遥度而已"①。可见，明兵部在接到朝鲜关于日朝复交的报告后，将事情的决定权交给了朝鲜。《事大文轨》所记录的明兵部回复为"此则该国自为计而详于谋，非天朝可得悬断中制也"。即明兵部明确表示不干涉此次日朝复交事宜。

其实，在朝鲜国王向明朝报告之前，备边司向朝鲜国王提出了如下建议。

【史料 1】

　　备边司启曰……若遣使臣，则不可不奏闻于天朝。以我国道理，先为奏报于天朝，待其回下发送使臣宜当。A但自前天朝如此等事，不为指挥，使我国自处。兵部前后分付，不啻丁宁。今虽奏达，必无发落。而欲待发落，治为遣使，则贼必致疑于迟延，事机不无因此而误了。B一边陈奏，一边遣使，未为不可。②

从上述史料可知，之前明朝曾明确表态过类此与日本相关的事务均交给朝鲜自行处理（下划线 A），因此备边司推测此次的结果也会与之前相同。所以，备边司提议，在向明朝报告的同时，也先做好遣使准备工作（下划线 B），以免引起日本方面的怀疑。朝鲜国王宣祖批准了这种做法。

可以说，朝鲜王朝是在预想到明朝批准的前提下，向明朝汇报前就已决定派出 1607 年的回答兼刷还使。更有甚者，回答兼刷还使于正月十二日从汉城出发，这比明廷讨论此事的时间（万历三十五年四月十八日）还早了三个月。③这一切都表明，明朝中国基本不干涉朝方回答兼刷还使的派遣。

第二次的回答兼刷还使派出时，朝鲜王朝虽也向明朝做了汇报，但采取了"一边奏闻，一边发遣"的方式。④且此次的回答兼刷还使从汉城出发时（光海君九年四月二十日），关于此次遣使的倭情咨文尚未抵达

①《明神宗实录》卷 432 万历三十五年四月庚戌（十八日）条。
②《宣祖实录》宣祖三十九年（1606）九月己巳（三日）条。
③《庆七松海槎录》（《海行总载》）。
④《光海君日记》（中草本）39 卷，光海九年四月辛亥（十七日）条。

明朝。当时，负责提交遣使报告的圣节使正使金存敬非常担心[1]，认为这是"涉于先发后闻"行为。他担心若明兵部的下级官吏指摘这种"先发后闻"的行为并要求贿赂，可能会招致麻烦。[2]因此，他建议为了防止出现麻烦，在覆题回咨时提前准备好贿赂金。换句话说，这种"先发后闻"是可以用贿赂来解决的程度。也就是说，明朝对回答兼刷还使相关的倭情咨文的提交并无严格规定，也基本不重视其派遣事宜。但是，由于遣使前汇报属于惯例，因此有一定的监管作用，明朝还要求使节回国后也必须再次向明朝提交报告。[3]

二、清朝与通信使

（一）从日本经朝鲜到清朝

本文中重点讨论的通信使相关的倭情咨文是指朝鲜王朝将通信使（1636—1811，共9次）准备、派出与归国相关的诸事向中国汇报的咨文，其分散在朝鲜王朝的史料《事大文轨》、《朝鲜王朝实录》、《同文汇考》[4]及中国的史料《清实录》《朝鲜国王来书簿》[5]中。下表总结了目

---

[1] 郑恩主：《조선시대 사행기록화 : 옛 그림으로 읽는 한중관계사》附录1《社会评论》，2012年。

[2] "圣节使启曰，臣行兼付回答奏文，涉于先发后闻。天朝若以为可则覆题回咨，事必顺矣。倘兵部下吏因事责赇，不无生梗于其间。覆题回咨之际，若有难处之端，须以赂物，周旋弥缝，庶不至于生事。然则别人情不可不优赉，以备不虞。"（《备边司誊录》光海九年丁巳四月二十五日条）。

[3] "启曰，回答使入送事，既已奏闻矣。回还之后，合有奏报之举"（《备边司誊录》光海十年戊午四月二十七日条）。此次遣使的归国报告见《明神宗显皇帝实录》卷574万历四十六年九月丙戌（一日）条。

[4] 清第二次攻打朝鲜（1636年，丙子之役）至朝鲜高宗十八年（1881）间朝鲜王朝对清和对日外交集。正祖十一年（1781）完成了原编60卷，此后又定期进行编纂，刊行了续编。

[5] 天聪元年（1627）至崇德五年（1640）间朝鲜国王仁祖致清太宗国书的誊写本，是清入关前重要的汉文史料。由内藤湖南的介绍到学术界。详见神田信夫：《〈朝鲜国来书簿〉について》，《满族史研究通信》5，1995年。另，除了神田信夫提到的大连市图书馆外，日本国立国会图书馆（请求记号：W991-81）及韩国国史编纂委员会也藏有抄本。

前可以搜集到的朝鲜后期通信使相关的倭情咨文或其相关史料。下面
先根据此表介绍朝鲜后期通信使相关的倭情咨文的总体情况。

表 1　朝鲜后期通信使及修信使相关的倭情咨文及明、清朝的回咨

编号	谒见将军的年份（干支）中国日本朝鲜	咨文或回咨日期	发信人→收信人	标题	出处	相关史料
1	1607（丁未）万历 35 庆长 12 宣祖 40	11.20（前年）	朝鲜国王→明朝兵部	朝鲜国王谨奏为倭情事	《事大文轨》卷48 兵部为倭情事	
		4.18	明朝兵部→朝鲜国王	兵部为倭情事	《事大文轨》卷48 兵部为倭情事	《明神宗显皇帝实录》卷432 万历 35 年 4 月 庚戌（18 日）条
2	1617（丁巳）万历 45 元和 3 光海君 9	5.30	朝鲜国王→明朝兵部	朝鲜国王为谨奏为倭情事	《光海君日记》光海 9 年 5 月癸巳条	《明神宗显皇帝实录》卷562 万历 45 年 10 月庚戌（19 日）条
		9.1（翌年）	釜山金使→明朝兵部	兵部题朝鲜国釜山镇水军金节制使吴大男呈。	《明神宗显皇帝实录》卷574 万历 46 年 9 月 1 日条	
3	1624（甲子）天启 4 宽永元 仁祖 2			无		
4	1636（丙子）崇祯 9（明）天聪 10（后金）崇德元（清）宽永 13 仁祖 14			无		

编号	谒见将军的年份（干支）中国 日本 朝鲜	咨文或回咨日期	发信人→收信人	标题	出处	相关史料
5	1643（癸未）崇德8 宽永20 仁祖21	2.24（前年）	朝鲜国王→清朝兵部	报岛倭来请信使缘由咨	《同文汇考》二别编卷4 倭情	《清太宗文皇帝实录》卷59 崇德7年3月戊戌（29日）条，《朝鲜国王来书》崇德7年2月初2日"本日布当偏俄代送进朝鲜国王与兵部咨文一角"
		4.1（前年）	清朝兵部→朝鲜国王	兵部知会详阅日本情形咨	《同文汇考》二别编卷4 倭情	《清太宗文皇帝实录》卷60 崇德7年4月庚子（1日）条
		2.1	朝鲜国王→清朝兵部	因致贺致祭兼察情形发遣信使咨	《同文汇考》二别编卷4 倭情	
		3.3	清朝兵部→朝鲜国王	兵部知会遣使日本详察情形咨	《同文汇考》二别编卷4 倭情	《清太宗文皇帝实录》卷64 崇德8年3月甲午（1日）条
		12.22	朝鲜国王→清朝兵部	报信使回还及倭国闻见情形咨	《同文汇考》二别编卷4 倭情	
6	1655（乙未）顺治12 明历元 孝宗6	3.21	朝鲜国王→清朝礼部	报关白新立例遣信使咨	《同文汇考》二原编卷78	
		5.20	清朝礼部→朝鲜国王	礼部回咨	《同文汇考》二原编卷78	

编号	谒见将军的年份（干支）中国 日本 朝鲜	咨文或回咨日期	发信人→收信人	标题	出处	相关史料
7	1682（壬戌）康熙 21 天和 2 肃宗 8		朝鲜国王→清朝礼部	报关白新立例遣信使咨	《同文汇考》二原编卷 78	
		6.25	清朝礼部→朝鲜国王	礼部回咨	《同文汇考》二原编卷 78	
8	1711（辛卯）康熙 50 正德元 肃宗 37		朝鲜国王→清朝礼部	报关白新立例遣信使咨	《同文汇考》二原编卷 78	
		5.16	清朝礼部→朝鲜国王	礼部回咨	《同文汇考》二原编卷 78	
9	1719（己亥）康熙 58 享保 4 肃宗 45		朝鲜国王→清朝礼部	报关白新立例遣信使咨	《同文汇考》二原编卷 78	
		6.1	清朝礼部→朝鲜国王	礼部知会信行回后晓解倭情人偕送贡使咨	《同文汇考》二原编卷 78	
		11.4	朝鲜国王→清朝礼部	报信使未回晓事人不得偕送咨	《同文汇考》二原编卷 78	
		2.13（翌年）	清朝礼部→朝鲜国王	礼部回咨	《同文汇考》二原编卷 78	
		2.26（翌年）	朝鲜国王→清朝礼部	报差官领送晓事人咨	《同文汇考》二原编卷 78	
		6.4（翌年）	清朝礼部→朝鲜国王	礼部知会晓事人日本情形奏折知道咨	《同文汇考》二原编卷 78	
10	1748（戊辰）乾隆 13 延享 5/ 宽延元 英祖 24	1747	朝鲜国王→清朝礼部	报关白新立例遣信使咨	《同文汇考》二原编卷 78	
		1748.2.6	清朝礼部→朝鲜国王	礼部回咨	《同文汇考》二原编卷 78	

编号	谒见将军的年份（干支）中国 日本 朝鲜	咨文或回咨日期	发信人→收信人	标题	出处	相关史料
11	1764（甲申）乾隆29 宝历14/明和元 英祖40		朝鲜国王→清朝礼部	报关白新立例遣信使咨	《同文汇考》二 原编卷78	
			清朝礼部→朝鲜国王	礼部回咨	《同文汇考》二 原编卷78	
12	1811（辛未）嘉庆16 文化8 纯祖11	10.28（前年）	朝鲜国王→清朝礼部	报关白新立例遣信使咨	《同文汇考》四 原续 倭情	
			清朝礼部→朝鲜国王	礼部回咨	《同文汇考》四 原续 倭情	
13	1876（丙子）光绪2 明治9 高宗13	3.9	朝鲜国王→清朝礼部	报因日本使臣恳请遣使修信咨	《同文汇考》四 原续 倭情	
14	1880（庚辰）光绪6 明治13 高宗17	6.29	朝鲜国王→清朝礼部	报遣使日本以答屡到公使咨	《同文汇考》四 原续 倭情	
		11.7	朝鲜国王→清朝礼部	报修信使回还缘由咨	《同文汇考》四 原续 倭情	
15	1881（辛巳）光绪7 明治14 高宗18	9.1	朝鲜国王→清朝礼部	报遣使日本咨	《同文汇考》四 原续 倭情	

注：

（1）表中所有月份和日期均为农历。这同样适用于表2—5。

（2）上述内容也收录于《同文考略》（首尔大学校奎章阁韩国学研究院，奎章阁资料丛书对外关系篇，2012年）第七册 倭情。

从上表可知，从1637年朝鲜降清至最后一次通信使（1811）（表1编号栏5—12）为止的8次通信使派出时，朝鲜都曾向清兵部或礼部报备，相关倭情咨文均收入了《同文汇考》。除通信使外，1607、1617年的回答兼刷还使派出时也曾向明兵部汇报；1876、1880、1881年修信使派出时也曾向清礼部汇报。然而，1624年的回答兼刷还使和1636年通信使派出时，可能受到明与后金间的战争及后金入侵朝鲜（丁卯之役、丙子之役）的影响，明朝与朝鲜之间的信息传递变得困难，因此在中朝史料中没有找到这两次使节派出时向明朝汇报的记录。

　　现存的1655年到1811年的倭情咨文的标题（表1标题栏，第6—12次）均为"报关白新立例遣信使"（表1标题栏下划线部分），即朝鲜在日本幕府将军更迭时以咨文形式向清廷报告了对日使节的派遣。

　　再看收信人，只有1643年的通信使是清兵部，之后的数次均为清礼部。这意味着，清入关后，通信使相关的情报不再属于军事情报，而是属于外事礼仪类（同时参照下表2）。①

表2　17世纪上半叶朝鲜送往清朝的倭情咨文（通信使相关外）

时间	发信人→收信人	标题	出处
崇德3年（1638）3月	朝鲜国王→清朝兵部	报日本吉伊施端作变及馆倭动静咨	《同文汇考》别编卷4 倭情
崇德3年（1638）5月25日	朝鲜国王→清朝兵部	报日本诛灭施端余党咨	《同文汇考》别编卷4 倭情
顺治元年（1644）5月	朝鲜国王→清朝兵部	报岛倭请搜捕宗文贼党咨	《同文汇考》原编卷78 倭情
顺治2年（1645）3月17日	朝鲜国王→清朝兵部	报岛倭再请审海防求地图咨	《同文汇考》原编卷78 倭情
顺治2年（1645）4月18日	朝鲜国王→清朝兵部	报岛倭所请参事责谕径归咨	《同文汇考》原编卷78 倭情

① 倭情咨文的收信人以顺治元年（1644）五月二日清摄政王多尔衮的入关为转折发生了变化。然而，从表2可知，入关后，"报岛倭再请审海防求地图咨"（顺治二年三月十七日）"报岛倭所请参事责谕径归咨"（顺治二年四月十八日）"报岛倭书契误称鞑靼字咨"（顺治三年十二月十日）三封倭情咨文仍然送到了清兵部。但是几乎同一时间的漂流民有关的倭情咨文"转送漂民敕　翰林祁充格等来"（顺治二年十一月十一日）"陈转解漂倭奏互陈奏"（顺治三年二月二十六日）大概是因为不属于军事情报，被送到了清礼部。可以说，从清入关开始，倭情咨文的收信人逐渐从兵部变成礼部。另外，从顺治元年开始，清朝规定了朝鲜提交咨文的提交地（《钦定礼部则例》卷187边关禁令"外国一应事宜，赍文申报各部，俱由礼部转发，不得擅自径申，及直陈奏御前。谨按，顺治元年定，朝鲜一应事宜，叙功等事申吏部，地亩仓库钱粮等事申户部，朝贺贡献婚娶等事申礼部，军物逃盗等事申兵部，词讼首告等事申刑部，修理城池边关等事申工部，应申各部之文，仍由礼部转发"）。

续表

时间	发信人→收信人	标题	出处
顺治 2 年（1645）11 月 11 日	清朝皇帝→朝鲜国王	转送漂倭敕　翰林祁充格等来	《同文汇考》原编卷 78 倭情
顺治 3 年（1646）2 月 26 日	朝鲜国王→清朝礼部	陈转解漂倭奏互陈奏　右奏进呈咨	《同文汇考》原编卷 78 倭情
顺治 3 年（1646）12 月 10 日	朝鲜国王→清朝兵部	报岛倭书契误称鞑靼字咨	《同文汇考》原编卷 78 倭情
顺治 6 年（1649）11 月 1 日	朝鲜国王→清朝皇帝	陈请筑城备倭奏 互陈奏　右奏进呈咨	《同文汇考》原编卷 78 倭情
顺治 7 年（1650）1 月 28 日	清朝皇帝→朝鲜国王	饬谥祭兼谢倭情径奏贡布请缓敕（【庚寅】饬谥祭兼谢礼单欠式倭情径奏贡布请缓敕）	《同文汇考》原编卷 78 倭情，原编卷 41 饬谕
顺治 7 年（1650）7 月 20 日	清朝皇帝→朝鲜国王	敕虚张倭情敕	《同文汇考》原编卷 78 倭情

　　若我们参考表 3 来考察倭情咨文的格式和内容的话，就会发现 1682 年后只记录了咨文名称，咨文内容需要参考其他次的案例。例如，"式见上顺治乙未（1655）信使咨""文同上顺治乙未信使咨"，咨文的格式和内容当与 1655 年的相同。在表 3 中唯一可以详细分析的是 1811 年通信使的倭情咨文。

表 3　1682—1811 年通信使相关的倭情咨文

编号	年	内容	出处
7	1682	【壬戌】报关白新立例遣信使咨，式见上顺治乙未信使咨 前年六月，差倭藤一政来请贺使，本年四月，差赍官闵兴鲁慎而行咨报礼部，5 月遣尹趾完等通信。	《同文汇考》二 原编卷 78 倭情
8	1711	【辛卯】报关白新立例遣信使咨，式见上顺治乙未信使咨 前年六月差倭平真连来请贺使，本年三月咨报礼部，四月遣赵泰亿等通信。	《同文汇考》二 原编卷 78 倭情

编号	年	内容	出处
9	1719	【己亥】报关白新立例遣信使咨，<u>式见上顺治乙未信使咨</u> 前年二月，差倭平伦之来请贺使，本年三月咨报礼部，四月遣洪致中等通信。	《同文汇考》二 原编卷78 倭情
10	1747	【丁卯】报关白新立例遣信使咨，<u>文同上顺治乙未信使咨</u> 本年二月差倭平如恒来请贺使，十一月咨报礼部，十二月遣洪启禧等通信。	《同文汇考》二 原编卷78 倭情
11	1764	【癸未】报关白新立例遣信使咨，<u>式见上顺治乙未信使咨</u> 前年5月，差倭平如房来请贺使，本年七月咨报礼部，八月遣赵曛等通信。	《同文汇考》二 原编卷78 倭情
12	1811	【庚午】报关白新立例遣信使咨 朝鲜国王为日本送使事。据议政府状启，嘉庆十一年（1806）三月二十七日，对马岛倭差遣平功载持书契而来。该称关白新立，请照例差送信使。以其比年凶险，请送至马岛，仍专探信使行期等情。随将原书契已经启准。去后窃念日本通好以来，关白新立后，送使致问，自是前例。往在癸未年来请信使，亦已差遣回还，具由咨报。今当依例另差使臣，趁期起送。仍将所据情节照例转报等因。据此为照，小邦与日本信使往来，自有前例，凡干事情，辄即转报上国。今关白新立，理合致信。即着该曹专差通信使吏曹参议金履乔、艺文馆典翰李勉求等，拟于嘉庆十六年正月二十日，依所请装束发遣于马岛。除将右项等情，今于节使之行赍咨前去，为此合行移咨，烦乞贵部照详咨内事意转奏施行，须至咨者。右咨礼部。嘉庆十五年（1810）十月二十八日。	《同文汇考》四 原续 倭情

注：编号对应表1的编号栏。

首先我们先看一下1655年的咨文，其全文如下：

【史料2】乙未报关白新立例遣信使咨

朝鲜国王为日本送使事议政府状启，上年十月，<u>对马岛倭委差平成政持书契出来，</u>说称<u>关白新立</u>例有送使相贺之规，俺等要探信使行期出来云云等情。据此，看得书契中，节该，关白新立，比及明年要遣贺使等因。据此，已经启准。去后，臣等窃念，日本通好以来，十年一使，自是旧规。关白新立，则送使致贺，亦有前例。往在癸未年分，要送信使，差遣回还。今已十三年所，合无另拣使臣趁期入送。仍将所据情节照例转报该部，允为便益等因具启。据此为照，小邦既与日本通信，凡有大小之事，理宜转报上国。去癸未年送使时，亦已具奏差遣使臣。目今依例送使，贺其新立，似不可已。即着该曹择差通信使礼曹参议赵珩、司仆寺正俞瑒、从事官弘文馆校理南龙翼等，拟于本年四月二十日装束发遣。除将右项等情专差掌乐院金正黄埏赍咨前去外，为此合行移咨，烦乞贵部转奏施行。云云。

顺治十二年三月二十一日。移礼部。①

在咨文开头，就点出了主要内容为"朝鲜国王为日本送使事"，紧接着是朝鲜议政府叙述的平成政（樋口弥五左卫门）在前一年十月带来的一封信。其内容如下：对马岛倭请求朝鲜王朝派遣使者，以庆祝明年征夷大将军的更迭。议政府已经获得了朝鲜国王的批准，向朝鲜国王提议按照旧例派遣通信使前往日本，并将此事报告清礼部。朝鲜国王接受了议政府的提案，向清礼部报告了此事，并附上三使的姓名和出发日期。

【史料2】是一封标准且完善的倭情咨文，将【史料2】的下划线部分与1811年的倭情咨文（表3中12次的内容列）对照，可以推测出1655—1811年通信使相关倭情咨文的基本格式如下：

【通信使相关倭情咨文的模板】

朝鲜国王为日本送使事。议政府状启，〇年〇月对马岛倭〇〇〇（人名）持书契出来。说称关白新立。云云。节该。关白新立。云云。等因。据此，启准。臣等窃念，日本通好。云云。亦有前例。往在癸未年。云云。据此为照，小邦既与日本通信，凡有大小之事，理宜转报上国。云云。即着该曹择差通信使〇〇〇（人名）等拟于〇年〇月〇日装束发遣。除将右项等情，专差〇〇〇（人名）赍咨前去外，为此合行移咨，烦乞贵部转奏施行。云云。〇〇（时间）。　移礼部。

①《同文汇考》二原编卷78倭情，韩国文教部国史编纂委员会编，韩国史料丛书第24,1978年,1461页。

　　如上所示，倭情咨文的结构非常清晰。咨文开头首先提示主题为"朝鲜国王为日本送使事"。议政府状启的内容紧随其后，包括日方请求朝鲜派遣通信使的内容和议政府的提案。在议政府状启中，包括了对马使者的发言和书契的引用。咨文末尾叙述了朝鲜国王接受议政府状启的提案，向清朝礼部报告了三使的名字及出发日期，这一部分竟然被省略为"云云"（例如【史料 3】）。

　　在这里，还需要对【史料 2】的解释进行稍许补充。【史料 2】中明确记载了通信使的上使（或三使）的名字和出发日期。这表明，在第一份报告送达清廷之前，朝鲜朝廷已经决定派出通信使，甚至已经开始为派遣做准备了。而 1682 年以后的通信使都是按照 1655 年通信使的做法进行的，可以说 1655 年后朝鲜决定派出和准备派出后再向清朝报告成为一种惯例。

　　这样一来，1655 年后通信使相关的倭情咨文均被送达了清礼部，其咨文内容也多处出现重复的语句。因此可以说，1655 年通信使时就基本确定了通信使相关的倭情咨文的基本格式。

（二）清朝的反应

表 4　对于 1655—1811 年通信使相关倭情咨文的礼部回咨

年次	内容	出处
1655	礼部回咨 礼部为日本送使事。准贵国咨，前事。内开：关白新立送使入贺情由，已经到部，相应移会，为此合咨贵国，烦为查照施行云云。顺治十二年五月二十日。	《同文汇考》二原编卷 78 倭情
1682	礼部回咨 礼部为日本送使事。主客清吏司案呈奉本部，送礼科抄出。该：本部题准朝鲜国王姓某咨，前事。该：臣等议得，顺治十二年（1655），臣部为朝鲜国循例遣使往贺关白新立之处，无容议等因。具题遵行在案。今朝鲜国王姓某，循例为倭子关白新立，于五月初八日遣使往贺之处，亦应循前无容议，俟命下之日移咨朝鲜国王可也等因。康熙二十一年六月初十日题。本月十二日奉旨依议。钦遵。抄出到部，送司。奉此相应行咨，案呈到部，拟合就行。为此合咨，前去烦为查照旨内事理钦遵施行云云。康熙二十一年六月二十五日。	《同文汇考》二原编卷 78 倭情

年次	内容	出处
1711	礼部回咨 礼部为日本送使事。礼科抄出。该：本部题。前事。内开：朝鲜国王咨称，日本关白新立送使致贺，亦是前规。壬戌年（1682）送使时，亦以具奏。今差通信使吏曹参议赵泰亿等于本年四月初六日差送，烦乞转奏等因。前来查，日本关白新立，朝鲜国王照例遣使往贺，应毋容议。俟命下之日移会朝鲜国王可也等因。于康熙五十年四月二十八日题。本月三十日奉旨依议。钦此钦遵。抄出到部，相应移咨朝鲜国王可也。为此合咨，前去查照施行云云。康熙五十年五月十六日。	《同文汇考》二原编卷78 倭情
1719	礼部知会信行回后晓解倭情人偕送贡使咨 礼部为日本送使事。主客清吏司案呈奉本部。送礼科抄出。该：本部题。前事。内开：议得朝鲜国王姓某咨称日本关白新立送使致贺，亦是前规。辛卯年（1711）送使时，亦已具奏。今差通信使户曹参议洪致中等于本年四月初十日差送，烦乞转奏等因。前来日本关白新立，朝鲜国王姓某照例遣使往贺，应毋庸议。俟命下之日移会朝鲜国王可也等因。于康熙五十八年五月十四日题。本月二十日奉旨依议。钦此钦遵。抄出到部，又内阁交出。朝鲜国差往日本国之事于五月十七日折本启奏。奉旨：朝鲜国差往日本国使人回来时，内中有明白晓事者，拣选一人，于进年贡同来，朕问地方情形，着该部行文朝鲜国王。钦此。相应移会朝鲜国王，照旨内事理遵行可也。为此合咨，前去查照施行云云。康熙五十八年六月初一日。	《同文汇考》二原编卷78 倭情
1748	礼部回咨【戊辰】 礼部为据咨转奏事。主客司案呈本部奏准朝鲜国王姓某咨称云云。自据仪制司止转奏施行。见上顺治乙未信使咨等因。前来查康熙五十八年五月内，朝鲜国王姓某因日本国关白新立，查照康熙五十年（1711）旧例，差使前往致贺，咨报臣部。经臣部以该国王循例遣使，应无庸置议等因具奏。奉旨依议。钦此钦遵。行文该国王在案。今据该国王姓某咨内所称，通使日本国事，理与前无异，业经照例遣往，具咨报明，亦应毋庸议。俟命下之日，臣部知照该国王等因。乾隆十三年正月二十六日奏。本日奉旨知道了。钦此钦遵。相应知照朝鲜国王可也云云。乾隆十三年二月初六日。	《同文汇考》二原编卷78 倭情
1764	礼部回咨。文同乾隆戊辰回咨。	《同文汇考》二原编卷78 倭情

续表

年次	内容	出处
1811	礼部回咨【辛未】 礼部为知照事。主客司案呈本部，据咨转奏朝鲜国王咨报，日本国关白新立，照例遣使致贺奏闻一折，于嘉庆十六年正月二十四日奏。奉旨知道了。钦此。相应抄录原奏，知照朝鲜国王可也。须至咨者。右咨朝鲜国王。嘉庆十六年正月日。 原奏： 礼部谨奏为据咨转奏事。准朝鲜国王姓某咨。称：据议政府状启，嘉庆十一年三月二十七日，对马岛倭差遣平功载持书契而来，称关伯新立，请照例差送信使至马岛，仍专探信使行期等情。窃照小邦与日本信使往来，自有前例，凡干事情，辄即转报上国。今关伯新立，理合致信。即着该曹专差通信使吏曹参议金履乔、艺文馆典翰李勉求等，拟于嘉庆十六年正月二十日，依所请装束发遣于马岛。谨将右项等情移咨恳求转奏等因到部。臣等<u>查乾隆十三年（1748）、二十八年（1763）</u>，朝鲜国王因日本国关伯新立，<u>查照旧例</u>，差使前往致贺，即咨报臣部，均经臣部以该国王循例遣使，<u>应毋庸置议</u>等因，奏明<u>在案</u>。今据该国王姓某咨，称通使日本国情事，<u>与前咨报无异</u>，业经该国王照例遣往，具咨报部。臣等查系循例咨报事件，<u>应毋庸议</u>，理合据咨转奏。伏乞皇上睿鉴。为此谨奏。	《同文汇考》四原续 倭情

注：1811 年回咨中出现的乾隆二十八年（1763）是通信使离开朝鲜的时间，1764 年是通信使抵达日本并觐见幕府将军的时间。虽年份不同，指的是同一次的通信使。

表 4 是清朝礼部对 1655 年到 1811 年通信使倭情咨文的回咨。1655 年礼部回咨内容为礼部收到来自朝鲜的咨文，咨文的内容概要（"关白新立送使入贺情由"）以及礼部已阅。也就是说，清朝礼部对 1655 年通信使的派遣日本并无异议。

另一方面，针对 1682 年到 1764 年的 5 次通信使，清朝礼部收到倭情咨文后首先调查了前例。具体来说，如表 4 下划线部分所示，1682 年时考察了顺治十二年（1655）的前例，1711 年时考察了壬戌年（1682）的前例，1719 年、1778 年、1764 年时考察了辛卯年即康熙五十年（1711）的前例，1811 年时考察了乾隆十三年（1748）和二十八年（1763）的前例后，清廷礼部认为派遣与前例无异，在咨文中写道"在案"（表 4 双下划

线），"无容议"（1682），"应毋容议""（1711），"应毋庸议"（1719），
"应无庸置议"（1748）（以上引文均来自表4的波浪线）。这意味着，只
要有先例，就没有必要进行特别的讨论，可以直接批准。

　　另外，有必要注意1811年的事例。此次行礼地点从江户改为对
马，是被称为"易地聘礼"的新例。因为易地的问题，日朝间进行了长
达二十几年的交涉，最终得以实现。然而，对于此次的通信使咨文，清
礼部却表示"与前咨报无异，业经该国王照例遣往"，回咨也完全沿袭了
之前的格式。显然，1811年通信使者派遣的决定权已经在朝鲜方面。

　　表5整理了通信使相关的倭情咨文及清朝回咨的时间。根据该表
可知，从1655年开始，在使节从汉城出发的前一两个月，朝鲜向清朝报
告将要派出通信使。因此，当倭情咨文抵达清廷，再经礼部合议后起草
回咨时，使节早已从汉城出发也是常事。更何况，礼部回咨还需要一定
时间才能到达朝鲜。因此，完全可以说在1655年后，清朝对通信使的
派遣使并无实质性干预，其决定权完全掌握在朝鲜手里。

表 5　朝鲜降清后通信使相关倭情咨文的传递情况

派遣年	朝鲜发送日期	到达清朝日期	兵/礼部合议日期	回咨下达日期	通信使离开汉城日期
1643	2月24日（前年）		3月29日（前年）	4月1日（前年）	2月20日
1655	3月21日			5月20日	4月20日
1682	4月？	6月10日	6月12日	6月25日	5月8日
1711	3月	4月28日		5月16日	4月6日
1719	3月	5月14日	5月20日	6月1日	4月11日
1748	11月（前年）		1月26日	2月6日	11月28日（前年）
1764	7月	7月			8月3日（前年）
1811	10月28日（前年）				1月20日

　　注：本表根据《同文汇考》《海行总载》《清实录》制作，表内日期俱为农历。

三、1643 年通信使相关的倭情咨文

（一）皇太极对日本的关心

1637 年正月二十八日，在 1636 年通信使从日本返回朝鲜的途中，清征朝鲜，朝鲜被迫屈服，其宗主国也被迫从明转换为清，朝鲜世子也作为人质被送往沈阳。清朝与朝鲜签订了《三田渡盟约》（即南汉山诏谕），其中包括"日本贸易，听尔如旧，但当导其使者赴朝，朕亦将遣使至彼也"一条。① 此条清楚地表明了清朝对日本的兴趣以及想要与日本建立外交关系的意图。

崇德二年（1637）九月，皇太极特意把当时在沈阳的昭显世子李澄叫到通远堡，命他"尔国送使日本云，必送回答来，即驰通云"。②

清朝收到的第一份倭情咨文是朝鲜仁祖十六年（1638）三月十三日的"报日本吉伊施端作变及馆倭动静咨"。③ 此份咨文虽是朝鲜国王及大臣经过了多次讨论几经斟酌后才拟成的，携带此咨文的赍咨官柳时成离开汉城不久后又被命令再次修改。两个月后，朝鲜增加了新获得的情报，向清朝提出了第二份倭情咨文"报日本诛灭施端余党咨"。这两份倭情咨文均是关于"倭国内乱"即岛原之乱的。四年后，朝鲜又提交了第三份倭情咨文，其内容是有关 1643 年通信使派遣的。 我们将在下一节重点讨论这份倭情咨文。

（二）1643 年次通信使与清

日本宽永十八年（1641）八月三日，将军嗣子竹千代（德川家纲）诞生。十月六日，日本特送船第一船的正官向朝鲜东莱府使丁好恕报告了

---

① 《清太宗实录》卷 33 崇德二年正月戊辰（二十八日）条。另外，《承政院日记》（崇祯十年正月二十八日），《大东野乘》卷 303《续杂录》丁丑，清内阁大库档案（崇德二年正月二十八日）也有相同记载（转引自浦廉一：《明末清初の鲜满关系上における日本の地位（二）》，537 页）。另外，在《同文汇考》别编卷 2 中也有记载。

② 赵庆男：《续杂录》，《朝鲜群书大系》正第 9，《大东野乘》第 6 册卷 33，朝鲜古书刊行会，1910 年，224 页。

③ 《同文汇考》二别编卷 4 倭情，1557—1558 页。

幼主出生的消息，并口头请求朝鲜派遣通信使（"朝鲜亦必喜庆，明年应有通信使入送之举"[①]）。丁好恕立即回答说，希望日本以书面形式而非口头形式请求。此后，庆尚监司具凤瑞以"祖宗以来曾无此例"[②]拒绝了日方的请求。十月二十二日，对马藩主宗义成在给朝鲜礼曹的书契中正式通告了八月上旬将军世子出生的消息。[③]次年三月礼曹参议赵纬韩及东莱府使郑致和答复宗义成"朝廷欲差一介以修贺仪"。[④]四月，以朝鲜的倭学译官的名义向日本提交了"祝嗣君诞生并日光新构书"，其中明确写道"朝廷将欲送信使以伸贺意"。[⑤]

七月十一日，宗义成致书朝鲜礼曹（"请嗣君生庆贺信使书"），正式邀请朝鲜派遣贺使。书契的内容为请求朝鲜派遣通信使祝贺将军世子出生，还请求朝鲜为庆祝日本兴建日光山准备贺诗和铸造什器以便通信使赴日时献纳。[⑥]尽管朝鲜最初拒绝了对马藩的请求，但在对马多次恳求后，还是决定向日本派遣通信使。

下面让我们借助倭情咨文来分析朝鲜朝廷在这一时期的态度变化。此时朝鲜向清朝提交的"报岛倭来请信使缘由咨"如下（【史料3】）：

---

① 《通信使誊录》1，首尔大学校图书馆，1911年，辛巳十月十四日，3页。《通信使誊录》是仁祖十九年（1641）到纯祖八年（1811）间礼曹典客司将通信使相关的公文书誊写的史料，涵盖了从通信使派出前的谈判到派遣结束后的大部分内容。目前藏于韩国首尔国立大学奎章阁韩国学研究院（请求记号：奎12870）。其主要内容有日方请求遣使、朝鲜国王的命令和朝廷的讨论、使行的各项规定、使节及其随从人员的行为准则、向日本赠送的礼物、使节及其随从的姓名和职务、朝鲜各道需负担的物品、使节派遣后的报告、收到的日方书契及国书、日方送来的土产品清单等等。此史料详细记录了使行的全貌，包括使团的实际运作情况，如处理各种事务的手续和方法，还包括使团的经济问题，是朝日关系史的基本史料。令人遗憾的是，研究日朝关系的日本学者较少使用此史料。本文所用的是已影印出版的奎章阁资料丛书锦湖系列对外关系《通信使誊录》。更多详情，请参考《〈通信使誊录〉解题》及河宇凤的《〈通信使誊录〉의史料的性格》，《韩国文化》12，1991年。
② 《通信使誊录》1，辛巳十月二十六日，5页。
③ 《本邦朝鲜往复书》6，日本东京大学史料编纂所藏。
④ 《本邦朝鲜往复书》7。
⑤ 同上。
⑥ 同上。

【史料3】

　　朝鲜国王为遣使日本事。据议政府状启，对马岛倭委差平成幸持书契出来东莱。①说称日本大君年将四十，每以无嗣为忧。上年始生一男，号曰若君。此是一国莫大之庆，理宜转报贵国，请送贺使。②且日光山家康庙后新创社堂，此是大君至诚追远之事，则朝鲜必有送物留迹之举。如钟炉烛台等器，虽是我国所产，愿得朝鲜所铸，以为功德云，而书契所言亦为此事。据此。臣等窃照，彼国庆幸生男，隆创祠宇，其在邻国之道，惟当顺适其心，助成其事，姑依其愿，许以准请。备将前因合咨前去转奏施行。云云。

　　崇德七年二月二十四日。移兵部。①

　　根据议政府状启，平成幸（平田将监）的到来是为对马藩请求派遣通信使一事。派遣理由有二，一是为了庆祝世子的诞生（下划线①）和东照宫祭祀（下划线②）。将军生男，日本又破土兴建东照宫，双喜临门，若朝鲜再派遣通信使赴日的话，那更是喜上加喜。

　　同年3月29日，兵部向皇太极报告了此事。《清太宗实录》中也对此有相关记载，且比朝鲜史料《同文汇考》更为详细。②

【史料4】

　　据议政府状启……续据东莱府节制使丁好恕驰报。……有一执政言于岛主曰，此是日本国之大庆，朝鲜必有遣使致贺之举，因着岛主通知，故岛主差我等来者。……卑职等答称贵国大君生子，果是庆事。大藏经，则壬辰兵火之后经板散失，今难印出。大钟等器，我国原非产铜之地，如此大器，决难铸成。本倭回言，铜蜡当自鄌岛量入送来，但欲得贵国一铸，以为流传之物耳。卑职等再三

---

① 《同文汇考》二别编卷4倭情，1559页。

② 《朝鲜国来书》中的记载，见《中国边疆史地》丛书初编第9册《朝鲜国王来书：崇德七、八年分》，台联国风出版社，1969年，358—362页；张存武、叶泉宏编：《清入关前与朝鲜往来国书汇编（1619—1643）》（"国史馆"，2000年，470—472页）与《清太宗实录》崇德七年三月庚子戊戌二十九日条的内容一致。洪性鸠指出《同文汇考》（【史料3】）很可能是草本（洪性鸠：《清入关前东アジア国际秩序の再编と日本》）。

搪塞，答以即系国王亲笔，亦难准请。则本倭多有愠色，曰，岛主欲与朝鲜永结和好，以为两国安宁之计。如此相恳，而终不之许，则前相好之意，尽为虚假等语。及观其书契，有本邦雍容垂拱云。八月上旬，若君庆诞之日，太平盛事，莫大于此，想贵国亦不胜欢惬也。先奉贺缄以闻，他词俱令平幸口述。平差又言，我等不日当回棹，转报大君，慎勿等闲视之。卑职等多方开谕，令其且待朝廷分付等情具报。据此，窃照彼方隆创佛宇，庆幸生男，其在邻国之道，惟当顺适其心，助成其事，实合机宜。且其所欲者，俱非难辨之物。况倭情巧诈褊急，多张恐吓之语。今若不许，亦虑失其欢心，姑依其愿，许其准请，合无移咨该部，以便转奏。等因。据此为照，倭差所言，系是边情，理宜转报，烦乞贵部查照转奏施行。①

首先，对比《清太宗实录》(【史料4】)，可知《同文汇考》(【史料3】)省略了朝鲜国王要求礼部转奏的部分（"据此为照，倭差所言，系是边情，理宜转报，烦乞贵部查照转奏施行"）。【史料4】写道，对于朝日交涉的内容，例如朝鲜对向日本进献大藏经和大钟以及朝鲜国王的亲笔等事表示为难（下划线）。因此平成幸（平田将监）认为这可能会对日朝友好产生不利影响。也就是说此封倭情咨文记录了日方要求朝鲜派遣通信使的前因后果、东莱府使丁好恕的消极态度以及对马使节的不满（波浪线）。

让我们来看看清朝方面对此的反应。首先，在《同文汇考》中，有皇太极收到倭情咨文(【史料3】)后下达的圣旨，此圣旨也传到了朝鲜。

【史料5】

　　详阅日本情形，语言虽无大戾，似亦有要挟之意。然朝鲜与日本谊属邻邦，着国王可斟酌行之，勿听群小之言。②

《清太宗实录》中也记载了皇太极的反应，"详倭国之言，虽无大恶，实有欺压朝鲜之意。既修邻好，王当量其可否而行，勿为众挠"。③

---

①《清太宗实录》卷59崇德七年三月戊戌（二十九日）条。
②《同文汇考》二别编卷4倭情，1560页。
③《清太宗实录》卷60崇德七年四月壬午（一日）条。

这里可以读出皇太极的希望：即使朝鲜国内有反对的声音，也希望朝鲜国王能决定遣使。

起初，庆尚监司具凤瑞以"祖宗以来曾无此例"拒绝了日方的请求。后来，庆尚监司以庆尚道连年歉收财力枯竭为由，东莱府使丁好恕也以并无因将军的嗣子庆生而派遣通信使的先例，且无岛主的书契等由反对遣使。①《同文汇考》中的"勿听群小之言"和《清太宗实录》中的"勿为众挠"有着明显的对应关系，说明了有来自庆尚监司和东莱府使等地方官员的反对声音。皇太极究竟是从倭情咨文中读出了朝鲜国内意见的不统一（【史料4】东莱府使的消极态度和议政府的批准之间的差异），还是从其他途径得知朝鲜曾经拒绝过日本遣使要求，我们不得而知。但我们至少可以读出皇太极敦促朝鲜国王不要拘泥于朝鲜国内的反对意见，尽力实现通信使派出的意图。

综上所述，可以说，1643年的通信使是在朝鲜向清廷报告，并接到清朝明确指示后才开始进行准备工作的（"是以钦奉上命，向彼来使，许遣人致送建庙仪物"②）。很明显，皇太极直接干预了1643年通信使的派遣。并且此次通信使的倭情咨文也不同于其他次通信使，并非只有一封，而是包括遣使报告"因致贺致祭兼察情形发遣信使咨"（【史料6】）和归国报告"报信使回还及倭国闻见情形咨"（【史料8】）。下面我们来分析其他次遣使时看不到的第二封和第三封倭情咨文。

首先来看"因致贺致祭兼察情形发遣信使咨"。

【史料6】

　　议政府状启……据东莱府使郑维城驰报。上年十二月二十八日，差倭藤智绳出来，说称信使渡海，期于明年五月内入往江户。①又请国王入送香奠，令使臣致祭于社堂。②又请若君处修书契别幅，依大君前所送之例。而别幅式例则朝鲜国王四字踏御宝，又一张只踏御宝持去，临时善处。等因。据此，臣等窃照①'送使致贺

①《通信使誊录》1壬午正月十一日（7—12页）、二月十三日条（17—19页），《典客司日记》1仁祖十九年辛巳（1641）十月十四日条。

②《清太宗实录》卷64崇德八年三月甲午（一日）条。

社堂致礼等事，已许其请，今宜遴择使臣趁期入送。而家康社堂既许送物助缘，因此礼际一番祭奠亦合邻邦情信，理宜并许为便。②′至于若君幼儿处，书契通文，礼无所据，<u>空幅踏宝别样持去等请，其情难测，宜令东莱府使及译官等开谕勿许</u>。合无备将前因一面咨报该部，允为便益。等因。具启。

据此，当职为照，因事送使致贺致祭等事，实符邻好厚谊。<u>且彼国事情与前稍异，因此恳请入送使价，兼察情形，亦合便宜</u>。即着该曹择差通信使礼曹参议尹顺之、弘文馆典翰赵絅、从事官吏曹正郎申濡等，拟于本年二月二十日装束发京。社堂所送钟炉等物前已造成，顺付差倭入送外，为此合行移咨。云云。

崇德八年二月初一日。移兵部。①

这份倭情咨文首先介绍了之前通信使派遣情况（省略号部分），并说明了围绕此次遣使朝日间的谈判过程。接着向清朝报告了日方的新要求、朝鲜方面的回应以及派遣的准备工作。日方的新要求为"入送香奠"，"社堂致礼"（下划线①），以及准备给若君的书契和别幅（下划线②）。其中提到，朝鲜国王对①没有表示任何特别的反对（下划线①′），但他强调他不能允许（下划线②′）。此外，朝鲜国王还向清朝报告，这次出使也是为了调查日本的情况（波浪线）。

此封倭情咨文除了被收录于《同文汇考》中外，《清太宗实录》也有简要记载，我们可以来对比一下。

【史料7】

三月，甲午朔。朝鲜国王李倧具咨达部。咨称，据议政府启称……本年正月初七日，东莱使郑维成遣人来报云：去年十二月二十八日，倭国使滕绳来。言五月内，约我使至浒湖。又言王备祭物，当遣人来祭。致书若君，必同大君式样。写朝鲜国王四字，押印于上，再押印白纸一张以为我用。臣等想彼国大喜建庙，已许遣使送礼，今应选使以赴前约。康庙祭物已送，当往祭一次，以尽邻

---

①《同文汇考》二别编卷4倭情，1559—1560页。

国之礼。但若君系幼子，原无致书相问之道，复索空纸押印，未审是何主见。<u>皇上曾谕，若东莱使并通官至，不可轻许，着将情事达于部。</u>臣想遣使送礼，亦邻国交好宜然。<u>然彼国势较前稍变，借此可以观其形状等语。</u>是以令礼部参议尹顺之、弘文馆衙门典翰官赵炯、吏部正郎官沈旭之等，于本年二月二十日将祭庙各色器物往交倭国来使，以此移咨贵部奏闻，以便遵行。兵部转奏。[1]

《清太宗实录》中对日本的新要求的记载与《同文汇考》几乎相同：不能轻易许可【史料6】中提到的②要求准备给若君的书契和别幅，以及皇帝要求向兵部汇报（下划线部分）。因此，朝鲜方面遵照皇太极的命令，向清朝报告了派遣准备工作的进展情况。这表明皇太极不仅直接影响了通信使派出的决定，还掌握了派遣准备期间发生的各种情况。此外，朝鲜还报告，日本的情势正在发生变化，因此日本情况的探索也是通信使派遣的目的之一（波浪线）。

在崇德九年三月初三的兵部回咨中，也包含了皇太极的圣旨"遣使致贺固交邻之道，然详察情形尤为紧要"。[2]皇太极认为，通过派遣通信使来巩固朝日两国的交邻关系固然很重要，但最紧迫的任务是详细调查日本的情况。《清太宗实录》中同样记载道，"上曰，遣使往贺，亦邻国之礼，乘机观变，实属紧要，尔部转谕之"。皇太极希望通过通信使来探索日本情报的这一目的被反复传达给朝鲜。皇太极之所以对通信使的派遣如此关注，就是因为他把通信使的派遣看作是收集日本情报的一种手段。[3]

仁祖二十一年（1643）十一月十九日，通信使回到汉城，十二月二十二日朝鲜将《报信使回还及倭国闻见情形咨》（【史料8】）送往清

---

[1]《清太宗实录》卷64崇德八年三月甲午（一日）条。

[2]《同文汇考》二别编卷4倭情，1560页。

[3] 曾有日本史学者指出，江户幕府通过几个不同渠道积极收集中国大陆情报（Ronald P. Toby：*State and Diplomacy in Early Modern Japan*，Princeton University Press，1984年，140—147页；日译本《近世日本の国家形成と外交》，速水融、永积洋子、川胜平太译，创文社，1990年，115—130页）。但此研究只强调了中国情报经由朝鲜传至日本（北京→汉城→江户），并未注意日本情报也沿着相反路线（江户→汉城→北京）传至清朝。

朝,向清朝报告通信使的归国及日本见闻。此倭情咨文中除了通信使的具体行程外,还包含许多关于日本的其他情报,因此可以说清朝的目的达成了。

【史料8】报信使回还及倭国闻见情形咨

　　　朝鲜国王为日本通信回还事。……到彼国凡于应待之礼,比前加厚。接话之际,绝不及上国。但前日信使到彼,必盛陈军容,而今则一切不用,有若全无兵仗者。然其意固不可测。对马岛主与臣等相见之时,虽一从旧例,而语言矜肆,气色张大,亦未测其意。此外别无闻见事情。惟其国内民物殷盛,加于前所闻。大江户等地城池壮固,间阎栉比,室屋华丽,寺观相望,金碧照耀。国人闻他国使臣入境,到处士女聚观,弥漫山野,生口之蕃亦可概知。等因。据此,即据议政府状启。节该。信使已于本年十一月十九日回到复命。臣等窃照,倭国事情虽未能测知,且以交邻厚礼相待,无他紧要闻见。合无备将此意,具咨该部,允为宜当。等因。具启。据此为照。所据信使还来一节及彼中事情,理宜驰报,为此合行移咨。云云。

　　　崇德八年十二月二十二日。移兵部。①

上述倭情咨文中包含了日本的军事、经济、人口等信息(划线部分),因此可以说,皇太极的意图在一定程度上得到了实现。

以上分析了表1中1643年通信使派遣相关的三封倭情咨文。其中包括了朝鲜最初对派遣情况的说明(【史料3】【史料4】),准备过程的突发事件及日本方面突然增加的要求(【史料6】【史料7】),以及通信使归国后对日本情况的报告(【史料8】)。其中非常有趣的是,皇太极针对倭情咨文(【史料3】【史料4】)下达了圣旨(【史料5】),第二封倭情咨文(【史料7】)中还包括了皇帝的上谕"皇上曾谕,若东莱使并通官至,不可轻许,着将情事达于部"。② 这些都是皇太极对日本关心的表现。

---

① 《同文汇考》二别编卷4倭情,1560—1561页。

② 《同文汇考》对应的记载为"宜令东莱府使及译官等开谕勿许"(【史料6】②')。【史料6】中将其记录为议政府的命令,但【史料7】中明确记载为这是清朝皇帝的命令。

此外,兵部对第二封倭情咨文的回咨中提到了皇太极的意图"然详察情形尤为紧要"(《同文汇考》),"乘机观变,实属紧要"(《清太宗实录》)。

之前已有学者使用南汉山诏谕(即三田渡盟约)指出过皇太极关心日本,并有意向与日本建交。本文通过分析皇太极在位期间所获的所有倭情咨文,表明皇太极对日本的兴趣不是一时的,而是一贯的。皇太极对日本强烈的关心应该与明清鼎革时期中国大陆局势的变化密切相关。

结语

综上所述,根据通信使的派遣与清朝的关联性,我们可以对江户时代的通信使进行如下时代划分。在前三次回答兼刷还使派遣时(1607、1617、1636),尽管朝鲜王朝就遣使日本事事先询问了宗主国明朝的意向,但实质上还是朝鲜王朝独自做出了遣使决定。在第六次至最后一次通信使派遣时(1655、1682、1711、1719、1748、1764、1811),虽然朝鲜王朝在形式上事先询问了宗主国清朝的意向,但实际上也是朝鲜王朝自行作出了遣使决定。上述两个时期中国方面的意向也只是形式上,并未对通信使的派出产生实质性影响。但是,夹在这两个时期之间的第五次通信使(1643)却不同,是受到宗主国清朝的实质性意向的影响后朝鲜王朝才决定遣使的。也是在此基础上,至第六次(1655)时确定了此后倭情咨文的基本格式,并持续到最后一次通信使。因此可以说1643年的通信使是一个转折点。

此前的研究曾指出,虽然通信使的派遣通常是为了庆祝德川幕府将军袭职,但1643年通信使是为了庆祝将军世子的出生,是基于特殊政治动机的特例。[1]日本学者仲尾宏[2]和铃木信昭[3]都曾指出,仁祖二十年(1642)六月十二日崔明吉的上札扭转了朝鲜方面的消极态度,成为遣

---

① 仲尾宏:《朝鲜通信使と德川幕府》,明石书店,1997年,129页;三宅英利:《近世の日本と朝鲜》,讲谈社,2000年,67页。
② 仲尾宏:《朝鲜通信使と德川幕府》,131页。
③ 铃木信昭:《李朝仁祖期をとりまく对外关系 - 对明·对清·对日政策をめぐって》,443页。

使的决定性因素。通过本文的考察可知,1643 年通信使派出时,清朝的指导性也是朝鲜王朝态度转变的原因之一。因此,1643 年通信使无论从日朝关系史的角度还是中朝关系史的角度来看均为一次特殊的遣使。

正如本文开头所提到的,对于明清在多大程度上干涉了朝鲜王朝的遣使的问题,目前还不存在基于案例研究的分析。根据本文的研究可知,从 17 世纪初到 19 世纪初,朝鲜王朝在与中国(明、清)保持宗属关系的同时,自行决定通信使的派遣。这一点揭示了明、清中国与朝鲜在前近代东亚的宗属关系的实际情况,并促使我们重新考虑并审视中国、日本和朝鲜之间的三边关系及前近代东亚国际秩序的实态。

本文原载于《史林》(日本)99(6),2016 年 11 月

朝鲜通信使和琉球使节

木土博成
日本京都大学文学研究科助理教授

本文将以朝鲜通信使和琉球使节等外交使节为素材，探讨日本、朝鲜、琉球的三国关系，特别是日本的朝鲜、琉球两国观念之特质。在讨论如此宏大的话题时，一般有以下两种切入角度：①多方面概观式的通览，并在各方面内容的提取上保持均衡；②将某一方面内容固定为主语展开，以管窥豹。本文将采用第二种方法，尝试从日本萨摩藩的立场出发，进而考察三国关系的整体形态。

让我们直接进入主题。首先需要确认的，是萨摩藩岛津氏以及近世琉球的地位等问题。众所周知，岛津氏是以日本大名的身份对琉球实行支配的。琉球自1609年起沦为萨摩藩的从属国，同时仍然继续接受来自中国的册封，故而会受到萨摩（日本）和中国的双重管制。也就是说，从日本史的立场来看，琉球对于日本同时具有"附庸"（岛津氏属国）和"异国"的两种身份。

这是本文讨论内容的基本前提。本文主要根据萨摩藩方面的史料，即一份写于1709年的文书为例[1]，通过对该史料的细致解读，对其中呈

---

[1]《岛津家本》，东京大学史料编纂所藏，さ I -12—33—320。

现出的内容进行深入分析。

　　虽然在这份史料中，发信人、收信人、年代均未写明，只有"九月"这一个信息，但是通过对字里行间中的蛛丝马迹和史料流传过程的探究，可以推测出此乃宝永七年（1710）九月，由萨摩藩第四代藩主岛津吉贵（1675—1747）写给京都的公家首脑即近卫家的备忘录文书。全文由 11 条"一书"构成，文末还有类似于结论或总结的部分。简而言之，该史料是一份"尽心竭力统治琉球的岛津氏，希望获得武家官位 [①] 的晋升，因此求助于近卫家代为向将军交涉"的请求书。当时，岛津吉贵的官位为从四位下、左近卫少将，而他谋求的想必就是再进一步，即从四位上、左近卫中将。这份备忘录为本文研究的主题，即从日本（萨摩）看朝鲜和琉球提供了重要的信息。因此，虽然有林匡的概要介绍珠玉在前，笔者也已经对此有所论述 [②]，本文还是要对史料内容进行更为细致的分析 [③]。

　　①一、琉球中山王在大唐（中国），并非受三等以下之待遇。中山王换代之时，自大唐派遣翰林学士（诏敕的起草者）及文官、武官各一人至琉球，授予琉球国王冠服。其他诸国之册封，则据闻仅有书翰而已。

　　②一、自琉球入唐之使者，居唐三年，至第三年交接新使，之后返回琉球国。

　　岛津氏在段落①当中，以中国派出翰林学士为依据强调琉球的重要性，在段落②当中，进一步对琉球与中国的关系加以基础性说明。由此，岛津氏得以着重强调琉球与中国关系之紧密这一点。

　　③一、上述使者在唐之时，康熙帝（1661 年起在位）赐其临时小屋居住，一号小屋为朝鲜国使者，二号小屋为琉球国使者。据

---

① 另立于朝廷官位之外，基本上一般大名多授从五位下某某守，国持大名则授从四位下、侍从等官位。

② 林匡：《岛津吉贵の时代》，《黎明馆调查研究报告》2008 年第 21 号；木土博成：《宝永正德期の幕薩琉関係》，《日本史研究》2021 年 703 号。

③ 译者按，以下标记①至 ⑫ 的段落为史料部分，依照作者将原史料转译的现代日语版本翻译而成。

闻两方使者因此有相邻而谈、诸事同勤、参会同往之举。因朝鲜人中之下等者多无禁忌，知岛津氏官位之低下，且琉球人参访日本之时，尚需仰赖位卑之主人（岛津氏），故而妄言琉球之威势实不如我等（朝鲜人）。亦有朝鲜人将来朝日本（=朝鲜通信使）之时所受礼遇招待之优渥等告与琉球人，使其面露艳羡之状，琉球人归国旋即将此等事宜广为传播，众人皆扼腕。

段落③的内容十分有趣，讲到琉球使节在出使北京之时常遭朝鲜使节侮弄，原因则是岛津氏官位低下导致。在北京是否真的发生过如此交往故事，实在无从得知。这些暂且不论，上述内容的重点在于其中展现出的岛津氏主张，即试图将岛津氏的武家官位这一日本的国内问题，发展成为将牵涉朝鲜和琉球（以及作为舞台的中国）在内的国际问题之倾向。

④一、自萨摩派遣至琉球之人有千人之多。其中亦有因公务以及各种原因与琉球人相交者，皆因前述（③）之不足（岛津氏官位低下）常存，致使萨摩难以听之任之。下等之辈中难免不明事理者，故而我等时常担心，倘有萨摩方宵小之辈不明是非，就恐酿成大祸。

段落④中主张，因为岛津氏官位低下，所以恐怕会在琉球爆发琉球人和萨摩人之间的冲突。写下这段内容时作者脑中的想法，大概就是酿成诸如"琉球人揶揄岛津氏官位低下、导致被激怒的萨摩人斩杀琉球人"之类重大事件的可能性吧。

⑤一、因琉球人常怀前述之想法，故此次岛津氏携琉球使节参谒江户之际，如能得（将军）准许、晋升萨摩守（岛津吉贵）官位，那么琉球人必定会认为，正是出于（将军）对琉球人的重视方才准许官位晋升，于是心怀感念。倘若（关于官位）无丝毫变化，则萨摩守家门（岛津家）之威严将不可避免地衰微，颜面扫地，实在败兴之至，琉球之人更会感觉支配无凭无据，（琉球人的）应对恐将愈加轻慢，这绝非善事。此次琉球派遣

两使（贺庆使、恩谢使），适逢琉球国内遭遇前所未有之大饥荒，更有首里城火灾、片瓦无存之惨状，使者自身也蒙受损失，因此派遣两使之事是在萨摩守几经努力之下方才最终达成，（萨摩）内部也在应对过程中产生了很多不满。

在这一段中，话题转向了拜谒江户的琉球使节。实际上，同年（1710）为庆祝德川家宣就任将军而派遣贺庆使，为答谢尚益王而派遣恩谢使前往江户之事已经决定，而岛津氏在此时提出了如下理论，即如果在这个时间点上实现官位晋升，那么琉球人就会感觉得到了幕府的重视，从而心满意足。

⑥一、因前述之理由，如若参考权现大人（德川家康）御代时旧事可知，琉球并非全无不臣之心（有背叛之意）。倘若真到了那种地步，则我必将依照将军之神策，遣兵船赶赴琉球。中纳言（岛津家久）当年（1609）遣兵船征战琉球之时，适逢明朝万事懈怠，明朝假作不知实情而未开战事。不仅如此，朝鲜征伐（文禄庆长之役、万历朝鲜战争）之时，明朝曾派遣援军二十万骑严阵以待，怎奈岛津义弘、家久父子以破釜沉舟之势与之决战，不仅击退大明军数十万，并且将其残部逐一击溃，由此大明军队惧怕义弘之武勇，再不敢接近。渡海朝鲜的日本各位大将，才得以安然归国。权现大人（德川家康）曾言道，若无义弘在泗川新寨（新城）之胜利，日军便无法撤退，众人的平安皆仰赖义弘之军功，此乃义弘无上之忠功也。（家康）为褒奖此功，赐家久以长光之腰物，以少将为初任官阶，赐义弘以正宗之腰物，并赐其萨摩国内全部的小地主（给人）领地为（义弘）领地，合计年贡数达五万石。当时，岛津家久尚未继承家督之位，年方十二，却已经超越诸多前辈荣升少将，此乃先例是也。

段落⑥从整体上看，是在夸耀岛津氏在丰臣秀吉出兵朝鲜时的卓越战功，不过特别关键的则是前半部分，字里行间中表现出一种有可能再次出兵琉球的印象，并且和此后的段落⑦相互关联。

⑦一、当今的康熙帝，乃与明朝的皇帝完全不同之人，他出身乡野，
　　讨伐大唐，并最终成为全中国的皇帝，因此假如他得知有
　　（萨摩而来的）兵船侵略琉球，则必定会立即派出支援大军
　　予以应对。如果岛津氏无法处理，那么此事不但会成为岛津
　　家的世代耻辱，更会成为日本的耻辱，因此想来一定会得到
　　（来自将军的）军力加成。我以为，倘若发展到这等境地，就
　　真变成难上加难的难题了。由此可见，此次萨摩守所请求之
　　事，绝不是仅仅出于岛津氏的自身利益。

这一段中，将 1609 年弃琉球于不顾之明朝的软弱，与清朝康熙帝的好战进行了对比。文中断言，如果岛津氏因为琉球轻视萨摩方面的命令而出兵琉球，那么清军必将施以援助，到时候就会出现岛津氏无法独自对抗清军的可能性。这种结果将无疑成为日本的耻辱，所以幕府将不得不率军参战，并且被迫陷入难解之局。关于官位晋升的请求，文中抬出并非出于岛津氏利己之心，而是出于避免出现上述国际纷争的所谓大义。不过，比较段落⑥里面提到击溃二十万明军时的那种骄傲之情，这一段中表现出的态度实在显得太过怯懦了。

⑧一、由于将军换代（德川家宣至德川家继）实现不久，上述内容
　　没有机会详细报告。所以我等只是报告说（琉球）管理停滞
　　（受到阻塞），并且以为幕府方面会向我方询问究竟是发生了
　　怎样的阻塞，计划到那时候再将上述详情上报，以至于（至
　　今为止对幕府方面）一直没有交代详情。如果因为言语上的
　　缺漏，导致申请的内容没能报告周全，本以为是为将军尽忠
　　之事却无法实现的话，就实在遗憾之至了。

这一段辩解道，萨摩方面没能将琉球支配出现滞涩的原因详细上报的原因，是将军德川家继年幼且刚继承将军之位不久，同时说明此时提出申请的原因乃是替将军考虑。

⑨一、岛津光久年至五十，方才获准晋升中将。光久因为是中纳言
　　岛津家久之子，所以晋升缓慢，而琉球人也对这一点感到遗
　　憾，却不能对此提出不满。原因在于，光久之父中纳言岛津

家久在世时，岛津氏曾派出兵船，惩罚并抓捕了中山王（尚宁），将其带至骏河、江户（德川家康、秀忠）进行拜谒，彼时距离这一事件发生相隔不久，琉球人恐惧尚存。此外，光久自还是世子之时开始，就和家久一样备受（琉球人）敬仰，想要轻易改变这种情感是很困难的。另一方面，当年时常会发生装载着贡品前往中国的琉球使船在海中遭遇海盗，货物被抢，使者和船长、水手遇害，导致无法完成赴唐朝拜，中山王则因此得咎的难解之事。本来，无论是预定要充任使者的人，还是船长、水手们都感叹说，比起航路上的百般艰辛，海盗索命最为危险。所以在岛津光久之时，萨摩方面为了消除上述担忧而尽心竭力，不仅中山王得以顺利完成使唐的任务，船员们也能够免于遭受生命威胁，今天的人们依旧对此心存感激，难忘此恩情，所以光久一代琉球人从未表达不满，从未反抗支配。可是如今，萨摩守（岛津吉贵）却不同于光久，没有什么能够降伏（琉球）的手段，以至于诸事不再顺遂。

这一段讲道，琉球人不止对 1609 年时的家主岛津家久，而且对其子岛津光久也怀有畏敬之心。另外，文中还提起了光久之时前往中国朝贡的琉球船只曾经遭到过海盗袭击，光久则为此竭力加以解决的历史①。相比之下，如今的家主岛津吉贵却没有此等重大的功绩，故而会被琉球人看不起，这一点就被作为应该准许官位晋升的理由。这位吉贵，本是堪称藩政中兴之祖的人物，在这里却只得到如此低的评价。这应该是为了使官位晋升能够必然实现，而故意拉低而成的评价。

⑩一、已故萨摩守（岛津纲贵），在继任家督之后的第九年的时候才获准升任中将。现任萨摩守（岛津吉贵）正值继任家督的第七年。如果想要以和父亲相同的速度完成晋升，那么还有来年一整年的时间。此时请求尽早实现官位晋升，不是因为连

---

① 1670 年，琉球船遭遇郑氏海盗船而受害。长崎奉行受理了萨摩藩提出的请愿，在长崎拦截郑氏船只，征收过路费。真荣平房昭：《明清動乱期における琉球貿易の一考察：康熙慶贺船の派遣を中心に》，《九州史学》1984 年第 80 号。

一年都等不及。问题在于，如果没能在当前这个时间点上得
到许可（晋升中将），从琉球到（萨摩）之间海路遥远，一年
之中最多只能完成两次航行，从琉球过来就只有一次机会而
已，因此请求提前许可晋升，其实是由于十分担心能否有效
管理琉球。

也就是说，如果依照其父岛津纲贵的先例，那么吉贵本应该在一年
或者两年之后再晋升中将，但是文中认为这并不合适，而是希望能够配
合今年琉球使节前往江户的时间点完成晋升。后半段的意思稍显晦涩，
实际上带有威胁性质，即出于洋流的影响，从琉球渡海至萨摩（日本）
的机会每年只有一次（6、7月之间），所以岛津方面言辞明确地强调，今
年的琉球使节来访这一时间点，乃是绝好的机会。

⑪ 一、萨摩守的领国内，有百余里海岸线需要严格防范异国船只，
无论是否地处偏僻。此外，从萨摩到琉球之间的数百里航路
之上，还有大量岛屿都设置了岗哨并安排了大量守备，其中
有还许多岗哨为昼夜执勤。为保证武士能够即时出战，还配
备了许多时刻待命的人手。在（前往江户的）参勤活动方面，
（岛津氏）却与那些没有异国警备任务的大名毫无区别，需要
从遥远的边地出发执行参勤。任何其他大名都没有岛津氏这
样的境遇。正是因为这样，我等才一直耗费巨大的私人开销
来恪守公务，而倘若由于公仪（幕府）对此并不知情，以至于
岛津氏明明尽心竭力支配异国，却不能获得相对特殊的褒奖
（晋升），那么我等粉身碎骨恪尽职守，岂不是变得毫无意义，
令人感到惋惜么。

这一段讲到，本来萨摩藩领地中的海岸线警戒任务就十分艰巨，在
此之上，还必须在从萨摩到琉球之间的诸岛上安排岗哨，相较于其他大
名，岛津氏承担的对将军尽忠的职责特别巨大，所以获得官位晋升其实
是再正常不过的事情。

⑫ 如前所述，所言之事完全是为将军着想。如果申请之事（晋升）
可以得到许可，琉球人就会认为萨摩守乃是世代交替与否都

可以得到（晋升）恩惠、值得信赖的对象。倘若可以配合（琉
球使节派遣的）关键时间点，向琉球人表现出（幕府的）重
视之意，（琉球人）也将不胜感激吧。假如结果如此，就有希
望凭借将军之威光，保持对琉球的日常支配不会松散。此事
之成败事关重大甚至牵扯到大唐，因此无论如何请明鉴，我
等家族之地位，关乎异朝支配，超乎常规，希望借（近卫大人
之）美言，达成将军下赐褒奖（晋升）之结果。以上。

综合上述解读，现整理如下：岛津氏官位低下 → 朝鲜人在中国嘲
笑琉球人 → 琉球人不再服从萨摩方面的命令 → 萨摩将不得不出兵琉
球 → 康熙帝的清军将救援琉球 → 萨摩不得不向幕府请求救兵；为了
切断上述恶性循环，希望近卫大人能够为提升岛津氏的官位而进言，这
就是史料的主要内容。武家官位这样一个个体问题，竟然会发展成为重
大的国际争端，这样的道理实在让人无语。读至此处，笔者不禁想起一
句日本俗语，"刮风会让卖木桶的人赚大钱"，类似于"蝴蝶效应"所表
达的含义。

史料的字里行间中，描绘出了一种琉球人不会轻易接受岛津氏的支
配，具有自主性的印象。而且这种自主性，似乎逐渐恶化到被岛津氏认
为，恐怕有必要再次出兵琉球加以遏制的程度。然而，史料所处的 1700
年前后这段时期，却找不出任何可以显示出兵琉球可能性的证据，果然
还是应该将其认定为岛津氏在虚张声势。另一方面，在史料中萨摩藩被
描述成软弱无力、如果不依赖幕府的权威就难以实现对于琉球的有效治
理一般的存在。这与普遍观念中，萨摩藩以高压姿态推动琉球支配施行
的印象之间，有着太大的差距，理论上应该视为一种面向外部（幕府、
近卫氏）的托词。此外，山本博文氏也曾敏锐地一语道破，倘若琉球支
配当真产生动摇，那即便是从少将变成中将也是于事无补的。[①]

综上所述，从本报告所举出的这份史料来看，以岛津氏的立场观
察朝鲜、琉球两国时，可以说是将朝鲜视作提升琉球价值、犹如香料一

---

① 山本博文：《鎖国と海禁の時代》，校仓书房，1995 年。

般的存在。如果朝鲜与琉球之间全无关联性的话，也就不太能充当香料的功能了，不过幸运的是，两国的确有参谒北京和江户这些相通的经历。因此，在岛津氏言辞中，诸如"琉球所受待遇低于朝鲜，故而希望得到改善""朝鲜人在参谒江户时就出现了怎样的失误，因此对琉球人切不可重蹈覆辙"等①，抬高朝鲜的地位或将其作为反面教材之类的笔法，实在不胜枚举。可以说，作为匹配合适的香料，朝鲜确实发挥了很大作用。

当然，如果将这条史料中提及的中国、朝鲜、琉球之间的关系，不加批判地理解为国际关系论的话，那就是相当不负责任的做法了。这些内容说到底只是岛津氏的自说自话，不过是其为了实现自身利益而编织出来的言辞罢了。但是另一方面，如果考虑到16世纪以降中国、朝鲜、琉球与日本之间的交涉史，岛津氏乃是其中关键角色这一点也的确是事实（泗川、1609年琉球侵略，唐船的萨摩来航等等）。而且，岛津氏所虚构的言辞，也不时会被幕府所接受，这一点是能够得到确认的（实际上岛津吉贵也的确于1710年升任中将）。当研究从岛津氏的这种重要性出发时，辨明其实际意图的工作就具有了重要的意义。在对岛津氏试图追求的目标得出足够认知以后，可能再执着于上述史料呈现的史观就会失去必要性。不过在此之前，为了充分理解其意图，我们还是有必要再花一点研究精力在其上的。

（翻译：刘晨）

---

① 木土博成：《朝鮮·琉球国の地位の変遷と確定：幕末"通信国"観の前史として》，《歴史評論》2018年第820号。

明清鼎革后日朝通信使笔谈中的"中华"观碰撞

年　旭

东北师范大学历史文化学院副教授

17 世纪的明清鼎革后，日本知识界出现了斥中国"是华变于夷之态"的"华夷变态"论[1]，加上明遗民为"乞师"而对日本文化的假意吹捧，令日本知识人产生了明亡后的东方中华之错觉。[2] 彼时德川幕府也正谋划去中国中心化、建构日本的东亚政治权威。两相结合下，日本在文化上形成了视本国为中华、视周边为夷狄的日本型华夷观。[3] 幕府又效仿中国的朝贡体制，将朝鲜与琉球等使臣的赴日宣传为"入贡"，在政治上谋图构建起以日本为中心的华夷秩序。[4] 另一面，朝鲜在文化上也有否定清朝而自视"中华赓续"的特殊情绪，即便康乾后对清朝的文化

①　林春胜、林信笃编：《華夷変態》上，东方书店，1958 年，第 1 页。

②　石原道博：《明末清初日本乞師の研究》，富山房，1945 年，第 124 页。

③　荒野泰典：《近世日本と東アジア》序，东京大学出版会，1988 年，第 31—34 页。

④　荒野泰典：《日本型華夷秩序の形成》，朝尾直弘编：《日本社会史第 1 卷：列岛内外の交通と国家》，岩波书店，1987 年，第 217—218 页。

排斥减轻,知识界中出现了提倡向清学习的"北学派",但主要学习的是器物,文化上依旧保持着中华余脉的优越感,有特殊的"小中华"观。①不过,朝鲜在政治上是向清"事大"的,自认清朝政治中华下的属夷,警惕与抵触日本的华夷秩序论调,愤懑于日本人宣扬的"朝鲜入贡","信使越海之后,光景骇异、可耻者不可胜言,朝廷书币,渠自担异,特揭云朝鲜入贡"。②由以上来看,自明清鼎革后,日朝两国知识人在政治、文化等不同层面,围绕"中华"的认识有很大差异。而"中华"又有很强的唯一性,一旦两国知识人相遇且谈及清朝相关话题时,在不同"中华"观的碰撞下,围绕"孰是中华"问题,又会如何论说?这是学界关注较少的有趣话题。

当然,关于日朝两国知识人的"中华"认知,近年来海内外学界亦多有关注,尤其是对朝鲜知识人的"小中华"文化观、日本知识人的"华夷变态"论及进一步延伸出的"日本型华夷观"等做了较为深入的探讨。③但这主要还是从朝鲜国内或者日本国内进行的单向静态观察。当两国知识人相遇时,彼此当面如何论争唯一的"中华",如何言说"不在场"的清朝之"华夷"认识?在不同政治立场与文化差异的影响下,双方当面的"中华"论争势必复杂的多,也更能深入且生动地体现前近代

---

① 孙卫国:《朝鲜王朝"小中华"思想的核心理念及其历史演变》,《韩国研究论丛》,2014 年第 2 期。

② 李瀷:《星湖全集》卷 27《答安百顺》,韩国国史编纂委员会编:《影印标点韩国文集丛刊》第 198 册,探求堂,1997 年,第 538 页。

③ 围绕朝鲜的"中华"认识,葛兆光《想象异域——读李朝朝鲜汉文燕行文献札记》(中华书局,2014 年)、孙卫国《从"尊明"到"奉清":朝鲜王朝对清意识之嬗变,1627—1910》(台大出版中心,2018 年)、徐东日《朝鲜朝使臣眼中的中国形象:以〈燕行录〉〈朝天录〉为中心》(中华书局,2010 年),韩国学者郑玉子《(朝鲜后期)朝鲜中华思想研究》(一志社,1998 年)、何太荣《朝鲜后期中华论与历史认识》(亚太社,2009 年)等,主要利用朝鲜文集、《燕行录》资料,考察朝鲜知识人对清朝的华夷认识及文化上"小中华"观的形成;围绕日本的"中华"认识,韩东育《从脱儒到脱亚:日本近世以来去中心化之思想过程》(台大出版中心,2009 年)、日本学者荒野泰典《近世日本と東アジア》(东京大学出版会,1988 年)等,侧重从思想文化上探讨日本排斥中国的"中华"后,意图建构以日本为"中华"的华夷秩序理念与政治实践。

东亚区域的历史实况。近年来，海内外学界对朝鲜通信使笔谈资料的挖掘，恰为我们提供了这一深入解读的史料条件。

　　朝鲜通信使（以下简称通信使）是指朝鲜王朝派往日本幕府的正式外交使节。通信使在日期间，因言语不通，主要通过笔谈与日本人交流。双方的临场笔谈记录，通常在笔谈事后被日本知识人"各自收去"①后整理出版，因此存世笔谈资料主要集中在日本，朝鲜方面仅在通信使日记中保有少量回忆性资料。目前已知存世笔谈约160余种，分布于1636至1811年间，涉及1636年、1643年、1655年、1682年、1711年、1719年、1748年、1764年、1811年，共计9回通信使。其中，18世纪前的资料多轶散，仅存十余种；18世纪的资料最多，有140余种；18世纪后通信使不再赴江户，止步于两国交界的对马岛，笔谈机会变少，存世笔谈仅8种②，这些资料通常被统称为《通信使笔谈唱和集》。近年来海内外学界已公开出版了近60种笔谈资料③，研究成果主要集中在日朝两国间的相互认识、文化交流、外交关系等方面，对笔谈涉及的"第三方"——即中国相关资料，尚未充分重视。④因此，本文拟以笔者搜集的通信使笔谈资料，及新近公开出版的资料为中心，借助对这一资料的解读，考察两国知识人相遇时的"中华"观的碰撞。⑤

① 洪大容：《湛轩燕记》六，林中基编：《燕行录全集》卷43，东国大学校出版部，2001年，第244页。1764年通信使元重举在《湛轩燕记》的跋文中，曾追忆其在日期间的笔谈经过，指出临场笔谈纸都会被日本人各自收去。
② 高桥昌彦：《朝鲜通信使唱和集目录稿》，松原孝俊编：《グローバル时代の朝鲜通信使研究：海峡あれど国境なし》，花书院，2010年，第211—291页。
③ 韩国延世大学许敬震教授主持出版了50余种笔谈资料；浙江大学王勇教授主持的"东亚笔谈文献整理与研究"项目中也有少量笔谈公开出版。
④ 相关研究成果的整理，日本参见仲尾宏：《朝鲜通信使研究の现阶段》，《朝鲜史研究会论文集》第44号，2006年，第5—26页。韩国参见孙承喆：《조선시대 통신사연구의회고와전망》《韩日关系史研究》第16号，2002年，第41—59页；中国参见朱莉丽：《中国における通信使研究》，《历史の理论と教育》第152号，2019年，第43—54页。
⑤ 围绕通信使笔谈中的"中华"问题，目前仅见韩国学者张真熀基于日朝文化交流视角，对1764年通信使笔谈中的"中华"论述，略有探讨，提出日本人以中华礼乐文物自居，朝鲜人以中华礼制精神自居，双方在"中华"认识上各有互认可及不认可之处，参见张真熀：《계미통신사필담의동아시아적의미》第四章第二节，宝库社，2018年，第403—419页。

一、"华夷变态"与"中华上国"

朝鲜半岛向日本派遣通信使,源于高丽王朝末期,取自"通信好"之意,即《高丽史》所云"彼国信好早通,境土相接"[①],因此通信使的派遣,通常被视为朝鲜对日的交好。特别是万历朝鲜战争后,朝鲜对日虽然心怀警惕,但无力制御日本,"朝家与彼人本不可通好,而自初出于羁縻之计,到今尤无制彼之气力"[②],只能更注重维系交好,通信使遂成为两国"善邻友好"的象征。[③]但通信使赴日后,遇到的不仅是和平友好的诗辞唱和与曲水流觞,还经常遭遇到许多以文化交流为名的政治论辩与交锋。据日本史料记载,不少日本知识人听闻通信使将至后,纷纷"舔笔待之","宿构其稿"[④],准备"以舌换笔,雄辩解颐"。[⑤]相应的,通信使既要善诗辞唱和而讲邻好,也要审言语几微而折凶谋,"善其辞命,以讲两国之好。审其几微,以折奸凶之胆"。[⑥]那么,在明清鼎革的敏感时期,双方论及中原王朝时,彼此交锋主要体现在哪里呢?

1640年,朝鲜译官洪喜男以"贺岛主生男"的名义,赴日本对马岛。此次遣使虽非通信使范畴,却是朝鲜臣清后的首度遣使赴日。洪喜男出发前,朝鲜君臣就商议,若日本人问起朝鲜的臣清,该如何作答?国王指示仅承认讲和,不承认"事虏","宜以势弱不敌,姑与之和为答"。[⑦]因此,当对马岛主询问朝鲜为何"与胡相通"时,洪喜男只含糊承认"虏人乘我不意"攻打朝鲜,其他具体情况"想必传闻,不欲缕陈"。对马岛主闻此并未罢休,而是将朝鲜的"事虏"作为既定事实,追问向清朝的

---

① 郑麟趾著、市岛谦吉编:《高丽史》卷三《世家第三·成宗》,广学院,1957年,第54页。

②《备边司誊录》六,肃宗三十八年正月初四,东国文化社,1959年,第331—333页。

③ 孙承喆:《조선시대 " 통신사 " 개념의 재검토》,《朝鲜時代史學報》第27号,2003年,第5—32页。

④ 宫濑龙门:《東槎餘談》上,日本东北大学图书馆藏本,第1页a。

⑤ 山田正珍:《桑韓筆語》序,日本内阁文库藏本,第2页a。

⑥ 蔡寿:《懒斋集》卷六《送黄子由奉使日本序》,《影印标点韩国文集丛刊》第15册,1993年,第95页。

⑦《朝鲜仁祖实录》卷38,仁祖十七年四月辛卯,韩国国史编纂委员会编:《朝鲜王朝实录》第35册,探求堂,1973年,第54页。

朝贡情况，"彼此使价，数相往来耶？一岁所遗复几许耶？"洪喜男辩
驳只是"互聘而已，所遗亦不过米、布"。对马岛主进一步点破日本已知
朝鲜世子充人质，甚至知道清朝也有招徕日本的打算，"贵国世子、王
子，出质于沈，皆能无恙乎？虏人将欲来见我人，云然耶？"洪喜男只
能继续慌乱遮掩，辩说"东宫、王子之在沈者，非真为质。……且彼人
南来之说，吾所未曾闻者也"。[①] 以上笔谈交流中，对马岛主的询问，实
质是对朝鲜政治"大义"的暗讽与探查。而朝鲜人的遮掩，则将对清朝
的"事大"降格到了"交邻"层面，缓解自身"事虏"的政治尴尬，展现
出朝鲜臣事清朝之初，仍存在的"不忍负皇明"[②] 政治心态，及对清朝
"中华上国"地位的难以认同。

　　次回的 1643 年通信使时，为幕府将军讲学的林罗山第四子林春德，
曾打着幕府将军旗号，打探中原的内乱情况，"依上意问三使。……风
闻自十余年前大明有乱，其渠魁曰李回回，起于陕西延安府，其后有曰
李将军者，自陕西取山东，乱入河南、四川，既至大乱，其然否"？[③] 笔
谈对答者朴安期只简单答复"此大明之所谓流贼者也"。林春德进一步
追问，传闻"大明帝尝梦'有'字，占梦博士曰'有'字是大明半破之兆，
其然乎"？朴安期以"未之尝闻"应付了事，不喜再谈。[④] 表面看来，似
乎朝鲜对明朝内乱不甚了解，但事实并非如此，朝鲜不仅对明朝"山西
群盗大起，攻掠州县，而朝廷不能禁"[⑤] 等了若指掌，且不断探查进一步
情报，"令使臣探听以来"。[⑥] 按常理来说，此时的朝鲜已经臣清，即便
泄露些许大明情报，也无碍于对清的"事大"。但朴安期在答复中，依
旧表现出"不忍负皇明"的心态，将中原的大明视为"中华上国"，拒

①《朝鲜仁祖实录》卷 40，仁祖十八年五月乙未，《朝鲜王朝实录》第 35 册，第 89 页。
②《朝鲜仁祖实录》卷 34，仁祖十五年正月辛亥，《朝鲜王朝实录》第 34 册，第 664 页。
③ 佚名：《癸未依上意问三使》，《朝鲜通信总录》第二册，日本内阁文库藏本，第 16
　　页 b—17 页 a。"李回回"指义军将领马守应，别号"老回回"；"李将军"可能指
　　"闯将"李自成。
④ 佚名：《丙子笔谈》，《朝鲜通信总录》第八册，第 21 页 a。此次笔谈名曰丙子
　　（1636）但内容是 1636 年、1643 年两次通信使笔谈的合集。
⑤《朝鲜仁祖实录》卷 28，仁祖十一年五月壬寅，《朝鲜王朝实录》第 34 册，第 522 页。
⑥《朝鲜仁祖实录》卷 31，仁祖十三年六月壬午，《朝鲜王朝实录》第 34 册，第 600 页。

绝透露相关情报,对于日本人描绘的"中华半破"传闻,更是难以接受甚至心怀抵触的,但囿于"善邻友好"使命,只能用"未之尝闻"权辞应付。

此后明朝灭亡,清朝入主中原,成为朝鲜在现实与政治上不得不正视的唯一"上国"。朝鲜在对日交往中所涉及的"中华上国"问题,也就必须重新谨慎对待了。因此,1655年通信使赴日前,朝鲜首度在通信使赴日规章中明确规定了通信使要以"上国"待清朝,在日期间不可泄露"上国"之事,"本国各样书册等物递漏私通,系干上国之事漏泄者,并依律治罪"①,注意守护"中华上国"利益。此后,围绕"中华"问题的探讨也更加复杂起来。

此次通信使抵日后,林春德又向通信使打探中原最新形势,"大明近岁之兵革何如,十五省悉入鞑虏之手乎?国号大清,年号顺治,至今犹然乎?皇明之宗脉,不绝如线乎?郑芝龙、吴三桂存没如何,且陕西之李自成、四川之张景宪,皆既摧灭乎?"这次情报探查中,林春德使用的话语,有相当浓厚的"华夷"指向,他用"大明"及"皇明"称明朝,用"鞑虏"称清朝,期待"鞑虏"王朝之不存,期待"皇明"血脉的"不绝如线"。此时的朝鲜对于中原形势的变化,通过中国漂流民等途径,已了解到不少情报。②笔谈对答者李明彬想必也有所耳闻,但"上国"之事本就是敏感问题,林春德话语中过于明显的政治倾向,更是需警惕与防范的。因此,李明彬在答复中一概谎称不知,"示事则我国之不能详知",且提议笔谈只论学术文章,勿语及其他问题,"文士相逢,只是一场论文足矣,何必语及不知之事乎?"③用以退为进的回答,既避免了泄露"上国"情事的政治风险,又避开了明与清之间到底"孰是中华"的政治与文化纠葛。

---

① 《通信使誊录》第一册,韩国首尔大学校图书馆,1991年,第37页。
② 参见《朝鲜仁祖实录》卷48,仁祖二十五年七月丁巳,《朝鲜王朝实录》第35册,第306页;《朝鲜孝宗实录》卷8,孝宗三年三月辛丑,《朝鲜王朝实录》第35册,第539页,等。
③ 此次笔谈参见佚名:《函三先生筆談》,《朝鲜通信総録》第十册,第24页b—25页a。

其后，林春德之兄林春斋继任其父林罗山，讲学同时参与幕府政务，将各种"唐船风说书"编订成册，题名为《华夷变态》，大力宣扬"华夷变态"论。这一观念被很多亲近幕府的日本知识人认同，成为他们谈及清朝华夷认识时的一个基本论调，幕府"侍讲兼国学直讲"小原正义就是其中之一。他在1682年通信使笔谈中，通过褒扬朝鲜衣冠，表达了对中国"华夷变态"的痛惜，"三使邀宾旅馆堚，礼容弹效汉唐仪。可怜中国变胡服，蕞尔朝鲜文物遗"。[①] 在向通信使打探三藩之乱情报时，甚至不像林春德那样有所掩饰，是直接称清朝为窃据"中华"的"北人"，认为三藩才是在恢复"中华旧物"，否定清朝统治中原的合理性，"尝闻北人御中华之天，近亦传南方兵起，殆将复旧物，然未知其详。贵国或有闻其详，愿书所其闻以示之"。此时朝鲜国内对三藩之乱的各种情报，也是议论百出，"胡虏无百年之运"的说法甚嚣尘上。[②] 但面对小原正义的刺探，裨将洪世泰没有被他盛赞朝鲜的言语所迷惑，而是警惕地作出了这样的回答："我邦只通北京，与南京相去隔绝，不相闻知。贵邦则长崎岛，中原人往来者无日无之，必得详知所闻者，果何事耶？愿闻其详。"这里的"北京"指代清朝，洪世泰明显是注意到了小原正义话语中的不妥之处，所以对"北人"、"中华"之语未做任何评说，只强调"我邦只通北京"的政治立场，对三藩之事更谎称一无所知。同时，他还反讽长崎与南方势力有往来，日本怎么可能不知三藩相关信息呢？进而打探日本所知情报。笔谈呈现出一些针锋相对的火药味，一旁作陪的制述官成琬见状，急忙用诗辞唱和转移话题，才化解了尴尬局面："月白牛窗夜，相逢海鹤姿。明朝分袂后，叵耐两乡思。"[③]

明清鼎革对东亚世界产生了极大的振动与影响，日本知识人在早期笔谈中展现出的"誉明斥清"，实质上是通过否定清朝的"中华上国"地

---

① 佚名：《和韩唱酬集》一之二，许敬震主编：《朝鲜后期通信使笔谈唱和集翻译丛书》第3册，宝库社，2013年，第266页。该丛书的第1—30册出版于2013年，30—40册出版于2017年，以下省略年份。
② 樊延明：《论三藩之乱时期朝鲜与清朝的关系》，《韩国学论文集》第八辑，2000年。
③ 此次笔谈参见佚名：《和韩唱酬集》一之二，第263页。

位，为确立以日本为中心的华夷秩序所做的思想与舆论准备。而朝鲜在明清易代的历史与现实中，陷入到了相对矛盾的夹隙中，一方面不得不正视清朝在政治现实中的"中华上国"地位，必须在与日本的交往中守护清朝的政治名分；另一方面，面对日本人的"誉明斥清"，又无法完全为了维护清朝的政治名分而诋毁有"再造之恩"的"大明"，更不可能跟随"小中华"文化观而附和日本人的政治"斥清"。两难之下，只能视而不见，或者像"我邦只通北京"那样，巧妙避开"华夷名分"难题的同时，阐明自身向清"事大"的政治立场。这种应对既是一种自我保护，也潜在构成了对日本"自华"思想的防范与否定。

二、中华赓续：神国与东方君子国

17世纪下半叶，日朝两国知识人都非常关心中国的时局变动，而谈及明清鼎革时不免会触及明与清间的"中华上国"辨析，因此围绕政治层面的"孰是中华"多有交锋。待到18世纪，大明已成过去，朝鲜知识人在日本知识人面前经常自诩"中华赓续"，并把通信使笔谈比作明代使臣赴朝鲜的《皇华集》，认为明清鼎革的礼乐变迁下，朝鲜正重现皇华往事，通过笔谈把朝鲜的"中华"文化传给蛮夷日本，让日本人文日备，"世所传《皇华集》者，一是皆三百篇之遗意。中华之礼乐交迁，而皇华古事南出海外，海外之人文日备"。[①] 对此，日本知识人也不服气，在自身"华夷"观的影响下，从各角度与朝鲜人争胜，论证日本才是真正的"中华"。古贺侗庵（1788—1874）在给其父的笔谈集作跋过程中，就遍阅此前笔谈资料，发现自1711年通信使笔谈的"白石"起，日本人在笔谈中的"好胜"倾向日益明显：

> 夫国初接伴韩使者，遗文俱存，历历可睹。……间尝翻而阅之，每恨其好胜之心，炎于中而溢于外，或以我之疆侮彼之弱，以我之大蔑彼之小，以我之丽藻曼辞凌暴彼之枯肠短才。……本邦之于朝

---

① 那波师曾：《書那波孝卿東遊卷後》，《東遊篇》，日本东京都立图书馆藏本，第3—4页。

鲜，大小悬绝，臣畜之而有余。而白石以下诸子，以好胜之心待之，是以敌国自处也，是自小而自卑也。①

古贺侗庵对这种争胜，秉持着批判态度，但并非是出于认同朝鲜的礼仪文化，而是认为朝鲜是臣畜于日本的蛮夷，堂堂日本何必与小夷较劲，日本人的"好胜之心"是不明智的"自小"之举。由以上而言，当大明已成过去后，双方"中华"观的碰撞也不再停留于明与清之间，而是清朝、日本、朝鲜之间的"孰是中华"，且从政治层面进一步拓展到了文化层面上。

以上提及的"白石"是德川幕府第六、七代将军的头号幕僚新井白石，他主持推进了日本一系列内外改革，其中在外交领域要求朝鲜等尊称幕府将军为"日本国王"，并修订了通信使赴日"朝见"的礼规，以图确立起日本在东亚地区的"中华"中心地位。②他是1711年通信使笔谈的主要参与者，与朝鲜正使赵泰亿（号平泉）有如下的文字交流：

白石曰：当今西方诸国，皆用大清章服之制，贵邦犹有大明之旧仪者，何也？

平泉曰：天下皆左衽，而独我国不改华制，清国以我为礼义之邦，亦不加之以非礼。普天之下，我独为东周，贵邦亦有用华之意否？今看文教方兴，深有望于一变之义也。

白石曰：……始聘使之来，窃喜以谓朝鲜，殷大师之国，况其礼义之俗，出于天性者，殷礼可以征之，盖在是行也。既而诸君子辱在于斯，仆望其仪容、冠帽、袍笏，仅是明世章服之制，未尝及见彼章甫与黼冕也。当今大清易代改物，因其国俗，创制天下。如贵邦及琉球，亦既北面称藩，而二国所以得免辫发左衽者，大清果若周之以德，而不以疆然否？抑二国有假灵我东方？亦未可知也。③

① 古贺精里：《对礼余藻》跋，日本内阁文库馆藏本，第92页b—93页b。
② 邢永凤：《"华夷秩序"在近世日本——以新井白石的"日本型华夷秩序"为中心》，陈尚胜编：《儒家文明与中国传统对外关系》，山东大学出版社，2008年，第432—442页。
③ 新井白石：《坐间笔语附江关笔谈》，《朝鲜后期通信使笔谈唱和集翻译丛书》第14册，第61—62页。

　　当提到各国礼仪章服时，赵泰亿首先论"中华"，提出天下皆是夷狄，清朝鉴于朝鲜是礼仪之邦，也不加以非礼，让朝鲜成为了"普天之下，我独为东周"的"中华赓续"，期待日本也能有朝一日"一变"为"华"。针对于此，新井白石从周礼古制入手，批驳朝鲜衣冠并非中华古制，只是沿袭明代仪制，日本所传习的才是上古三代的中华古制，"本邦文物，出于三代之制者不少，如仆所戴着，即是周弁之制"，"本邦礼，多与三代之制相同，如其凶礼，则大连氏、小连氏，世掌相丧事焉，孔子称善居丧者即此"①，进而佐证日本才是明亡后血统纯正的"中华"余脉。且反驳朝鲜人提出的"清国以我为礼义之邦，亦不加之以非礼"，主张朝鲜与琉球之所以能保存华制，是仰仗日本的中华权威庇护，"二国有假灵我东方"，把朝鲜降格为日本之"中华"庇护下的"华"。新井白石此番言论，与他推进日本型华夷秩序的谋划相呼应，在文化层面的论争中蕴含着明显的政治倾向。

　　通常意义上的日本型华夷观中，惟日本是中华，周边皆夷狄，即便朝鲜有礼乐制度，也依然是夷狄，日本知识人刊印的通信使笔谈集序中就有言"近陈留谢氏有谓：夷狄诸国，莫礼义于朝鲜，宜哉此言。夷狄而稍有礼义，朝鲜也矣。所谓与君子之礼义，非同日之论矣"。②日本型华夷秩序论也是基于此展开，认为朝鲜是日本之"中华"下的"贡夷"。但是，在朝鲜使臣面前，日本知识人常会刻意调整自己的"华夷"表述，惟斥清为"夷"，违心赞扬朝鲜也是日本中华文化圈内的"华"，进而利用朝鲜"小中华"的文化自矜，笼络朝鲜排斥清朝，加入到日本的中华秩序中。新井白石就是听闻赵泰亿的"小中华"言论后，一边与朝鲜争夺"文化中华"地位，一边又积极主张朝鲜是日本庇护下的"华"，只有清朝才是夷狄，其隐含的政治目的是昭然若揭的。类似情况不止新井白石一人，很多日本知识人在寻求笔谈前，都抱着同样的想法，全力斥清朝为夷狄，意图把朝鲜改造成日本"中华"下的"华"，通信使自然也

①　两处引用参见新井白石：《坐间笔语附江关笔谈》，第64页。
②　佚名：《和韩唱酬集》四《东使纪事》，《朝鲜后期通信使笔谈唱和集翻译丛书》第5册，第223页。

就是日本的"贡使"了，"朱明失守，蛮夷猾夏，而后腥膻鞑虏，变服易俗。……夫韩虽蠢尔东夷，僻在荒服外也，……间有夷夏杂糅，不合古典，则地使之然也，使其一变，则岂知不至所谓'华'也哉！是以会于韩贡使来也，我搢绅、处士多通刺请见，馆无虚日"。①

这种思想在日本儒者松崎惟时与 1748 年通信使李命启的笔谈中，就表现得十分明显，松崎惟时在送别文中这样表述道：

> 先朝名臣白石源公有言曰：我国，神国也；我天子，真天子也。岂若夫尧舜之邦，凌夷不振，朝更姓，夕革命，至国为羯胡夺，靦然不知耻。……唯是中国之所矜，而自雄文辞云尔。文辞之道，一兴一废，自汉而后，益降益衰。……本朝则列圣相继，以文学属天下……至今时海内文章骎骎，进于秦汉至际矣。朝鲜，殷之遗裔，文武之所不臣，自箕子八条之教与九畴，并其文物，褒然异于他邦，传称为东方君子之国。……况大国君子，左提右携以传其响，二国之文于斯为盛，代兴之义，安知天意不在东方。二国勠力旗鼓，斯文立于百世之下。②

松崎惟时首先通过"斥中"，提出日本是"神国"，日本天子才是"真天子"，认为"万世一系"的"神国"日本，比起"易姓革命"的中国，更具有政治上的优越性。随后指出中国唯一可自矜的，不过"文辞"而已，但自汉以后益降益衰。相比之下，日本列圣相继，文辞之道直追三代，现今已"进于秦汉至际矣"，远超中国。同时还不忘称赞朝鲜是不臣事周朝的殷商遗裔，文化风韵也自成一统，乃是"东方君子之国"。他将日本与朝鲜都塑造成优于中国的文化之邦，拉拢"君子国"朝鲜与日本相互提携，共同取代中国，打造"东方"文化的优越性，"安知天意不在东方"。当然，在他的思想深处，"东方君子之国"相较于有"真天子"坐镇的"神国"而言，自是有所不及的，因此真正的"中华"不言自明的非"神国"日本莫属。

---

① 平林景瑞：《倾盖集》，日本九州大学图书馆藏本，第 8 页 a—b。
② 松崎惟时：《奉送朝鲜书记海皋李公序》，《来廷集》，日本内阁文库馆藏本，第 30 页 b—32 页 a。

日本儒者留守友信在与 1748 年通信使李凤焕的笔谈交流中，也有类似言论。李凤焕在笔谈中，曾进行日朝两国的文化比较，贬低日本"专以武力为教，文明之运姑未尽开"，沿途所见"词章记诵之艺，都不关系于为人样子"。对此，留守友信在反驳过程中，提出"大东周"之说：

> 吾邦固尚武力，即非武以征乱贼、攘夷狄，不能永护王室，以保百姓。不然，则至夫北虏侵中原，无之能御，此所谓有文事者必有武备也。仆尝窃恨世运不复于古治教，故今世大清，海内为胡俗，邹鲁无纯儒，寥寥乎未闻有其人也。天命无常，圣道东迁，朝鲜有退溪先生，日本有暗斋先生，文教焕乎开于天东，而孔孟、程朱之道，粲然明乎两邦之间，可谓为大东周矣。①

他认为日本的"尚武"是出于"征乱贼、攘夷狄、护王室、保百姓"之需，是以"武备"护"文事"。否则就会像明朝那样，无力抵御清朝的进攻，更何谈文化的昌盛了，背后也不乏暗讽朝鲜被"北虏"征服的意蕴所在。不过，他没有过多停留于两国的文化论争，而是将话题引向了"去中国中心化"②，拉拢朝鲜一同"斥中"，盛赞日朝两国是"大东周"的文化新锐，不同于"胡俗遍地、已无纯儒"的大清，主张日朝两国应当联合起来，"开天东之文教"，与松崎惟时的说辞如出一辙。

对于日本知识人"斥中誉朝"的政治意图，通信使是十分清楚的，朝鲜人作为清朝"政治中华"下的属夷，也不可能认同是日本的贡夷。但日本知识人往往是利用朝鲜"小中华"的文化自矜，于文化论争中蕴含政治目的。如果通信使同样在文化层面维护清朝的"中华"政治名分的话，就要自我否定朝鲜的"小中华"文化观；可若跟随"小中华"观一同去"斥清"的话，又恰落入日本知识人的话术陷阱中，违背了对清朝"事大"的政治义务。同时，囿于"善邻友好"使命，为了防止"辱君

---

① 冈田安敬：《和韩文会》下，《朝鲜后期通信使笔谈唱和集翻译丛书》第 31 册，第 276—278 页。

② 关于日本的"去中心化"思想演变，参见韩东育：《从"脱儒"到"脱亚"：日本近世以来"去中心化"之思想过程研究》，台湾大学出版中心，2009 年。

命、挑夷怒,而负朝家委寄之重"①,他们即便心有不满,很多时候也不便过多表现。因此,原本首先在文化上提出"中华"论争的赵泰亿,听闻新井白石暗含政治倾向的文化论述后,立刻闭口不谈,一旁作陪的副使任守干见状,连忙生硬地转移话题,前言不搭后语地谈起剑铳技艺,才化解了尴尬局面,"贵邦剑铳为长技云,故欲见剑术,曾已仰请高明,如或欲见我弓马之才,亦当仰耳"。②李命启面对松崎惟时的笔谈,也是假装未见,不予回应。李凤焕同样也是听闻了留守友信的"大东周"之说后,立刻强行转移话题,突兀谈起了诗辞人物,"寻遂是何如人,而能为诗文否? 曾见其人言语行止多异常人"。③这种回避,实际是用沉默对抗的方式,抵制日本人的"斥中",消解日本人"自华"与"抚朝"的思想倾向。

当然,也有部分朝鲜知识人对此进行了一些间接性的反驳,1711年通信使严汉重就是其中之一。严汉重是一名传统程朱理学学者,在与日本儒者竹田春庵的笔谈中,严厉批判清儒的考据学"若生于皇明太祖之世,是尔必杖之于厂卫也",并自赞朝鲜"一以程朱两夫子为绳墨,非其为不措也,非其书不读也",从文化角度论证朝鲜才是明亡后的"中华赓续","道脉已东者,真实地语也"。④日本程朱学者三宅缉明听说后,积极予以回应,提出清儒不同于明儒,已经偏离了儒家正统之道,"明有薛文清、丘文庄,虽其精神辉光不能以鼓振一时、润化百世,而识之卓、守之约、传之厚、由之正,一皆有所渊源。不与夫事占毕训诂之末,而论简捷虚诞之域者侔",随后赞扬朝鲜自李退溪起"专尚朱氏",日本自"山崎敬义者出,亦专尚朱氏"。因此,只有日朝两国才是同一类的,"我邦所有能以道学自任,与贵邦先贤,同其指趣","贵境与我邦,岂不伟哉"。这实际上也是从文化角度,拉拢朝鲜加入日本,一起去"斥

---

① 李玄锡:《游斋集》卷15《送通信从事官朴员外休卿使日本序》,《影印标点韩国文集丛刊》第156册,1995年,第508页。
② 新井白石:《坐间笔语附江关笔谈》,第62页。
③ 冈田安敬:《和韩文会》下,第276—278页。
④ 濑尾维贤编:《雞林唱和集》卷14,日本内阁文库馆藏本,第15册,第18—23页。

清"。觉察到日本学者政治倾向的严汉重，立刻警惕地调整话语，为清朝文化进行适当辩护，提出儒学盛衰不能简单地依据朝代、地域进行评判，"吾道之盛衰，不以世代之下、壤地之偏有间"。随后笔锋一转，批判日本儒家文化，指出山崎暗斋"疆域既分，声闻不逮"，沿途更从未听闻日本人谈穷格之说，"仆之东来也，与诸君子相和词章者多矣，未尝闻穷格之说"。相比之下，朝鲜不仅有李退溪"号称东方朱子"，还有赵光祖、李珥等著名学者，朝鲜才是明亡后的中华道统所在，"古人所谓道在东者，传不诬也"。① 通过文化高低的比较，否认朝鲜与日本的同类"等视"，拒绝日本人的文化笼络。

　　严汉重对于清朝儒学的评判，有前后不一之处。但这种表面上的矛盾，实际上是不同语境下的产物。在较为纯粹的文化层面论争中，朝鲜使臣在日本人面前，也不乏批判日本甚至清朝文化，进而论证朝鲜才是文化上的"中华赓续"，前面所言的赵泰亿也是如此。但当觉察到日本知识人对朝鲜"小中华"文化自矜的利用，存在拉拢朝鲜人一同"斥中"的政治意图时，朝鲜知识人则会警惕地基于政治立场，反对日本人的"斥中"并拒绝文化笼络。除了通过沉默对抗，用不附和日本人的方式表达拒绝外，也有在文化上适当维护清朝的"上国"地位，进而抵制"斥中"。因此，才出现了一些如上的矛盾叙述现象。这恰反映出了朝鲜使臣在日本人面前，既力图凸显朝鲜自诩的"中华赓续"文化地位，又想抵制日本人暗含政治目之之文化笼络，还必须基于"事大"立场警惕并抵制日本人在文化论述中蕴藏的政治"斥中"，体现出朝鲜知识人在日本人面前论"中华"时的复杂心态。

三、"神州"与"中华"

　　18世纪中期后，随着德川时代日本"神国"思想的兴盛，及其"自中心化"进程的不断推进，围绕"中华"的笔谈争锋更加深化延伸，体现

---

① 三宅绯明：《支机间谈》，《朝鲜后期通信使笔谈唱和集翻译丛书》第15册，第244—246页。

在了与"中华"紧密相关的"神州"概念及相关问题的论争上。①1719年通信使笔谈中，日本儒者太宰春台在送别朝鲜书记官张应斗时，分别赠诗、文各一篇，于文中就提出了所谓的"赤县神州"论：

> 邹衍之学，古之所谓宏大不经者也。……我日本，自衍之徒未之言，古者无闻。……我神祖起戎衣，以武德统一海内……宪庙好学崇儒，益立教道，由是文化大行于海内。……中州与我所异者，俗习而已。……其或欲移风易俗，使斯民为三代之民邪，则有先王体乐在焉，亦何难之有哉。……由此观之，我一州果如赤县神州，吾有取于邹氏之言。惟朝鲜之于中州，则其被化，比我又有甚焉者也。今观其奉使来者，毋论其咸蔚乎文章，自其容貌间雅，威仪棣棣，以至身之所适、口之所言，宛然中州面目也。②

他通过对邹衍"大九州"说的推衍，认为邹衍所说"中国外如赤县神州者九"③的划分标准在于文化的高低，提出日本古时"无闻"，但现今"文化大行于海内"，已"果如赤县神州"，借用文化的高低演变，将当世日本提升到了古时中华的同等地位。对于现今中国则采用"小九州"说的"中州"概念，认为当世中国文化已不如日本，不可称"神州"。这实际上是从文化的高低比较，隐晦提出了"中华移易"的说法。当然，他也没忘记笼络朝鲜，称赞朝鲜文化"宛然中州"。但"中州"已是不如日本"神州"，朝鲜的"宛然中州"比不上日本，更是不言自明。对此，张应斗只针对他的诗辞，回赠《奉和春台古风韵》，对"神州"论的文章则是全然未予回应。④这是存世笔谈资料中所见的较为早期的"神州"之辩，为后来"神州"话题的论争深化埋下了伏笔。

　　次回的1748年通信使朴敬行，也遇到了"神州"话题的论争。首先从他与樱井养仙的书信笔谈看，樱井养仙致书拜访朴敬行，盛赞朝鲜

①　"中华""神州"等相关语汇在日本华夷思想建构中的陆续出现，参见吴伟明：《从"中国"名号论看德川日本的本位主义》，《域外汉籍研究集刊》第十一辑，2015年。

②　太宰春台：《奉送朝鲜从事记室菊溪张公序》，《信阳山人韩馆倡和稿》，《朝鲜后期通信使笔谈唱和集翻译丛书》第17册，第207—208页。

③　司马迁：《史记》卷74《孟子荀卿列传》，线装书局，2006年，第326页。

④　太宰春台：《奉和春台古风韵》，《信阳山人韩馆倡和稿》，第209页。

文化"伉俪乎中华",并附上一篇自作的《华夷辨》,请求题辞,"恭惟朝鲜箕封之时,为帝师国……伉俪乎中华,而无殊邦与之争光也。……别录所著《华夷辨》及野诗数首,……犹《华夷辨》,挥彩毫投一篇之题辞"。① 这篇《华夷辨》的原文,未见有载,但从书信内容看,无外乎还是从文化上笼络朝鲜,一同站在所谓"华"的立场上"斥清"的"华夷之辨"。朴敬行对此是未予理会。樱井养仙久候无音后,重新修书给"朝鲜学士及诸公",辩解自己的《华夷辨》没有贬低朝鲜之意,询问朝鲜人为何不予回信,"仆尝述《华夷辨》,非卑人尊我,实是自然之公论也。……尊虑如何,如何不吝"。② 对此,也没有任何朝鲜人加以答复,依然用沉默对抗。

可是,朴敬行滞留大坂(今称大阪)期间,当一名前来请教的日本儒医,于诗中称日本为"神州"时,朴敬行却反应激烈,怒斥道:"天下除中华外,不可称神州,不稽之言,吾不欲观之矣。"日本儒医不能回应,羞愧而去,一时传为笑谈。当地儒者片冈正秀听闻后,专门写了一篇《神州辨》为日本正名,辩解路径也是从邹衍之说入手,只是并非文化角度,而是用日本的"万世一系",对比所谓"盗贼羯虏,擅号皇帝,自侮为点青天子,彼废此兴,视天位如客舍"的中国,以此推导出惟日本才堪称当世"神州",朝鲜人是因为长期对中国事大,"崇中国如对上帝","幼惯之久,不知有他",才会"乍见称日本为神州,且惊且怒也"。③

对于片冈正秀的《神州辨》,通信使是否得见,不得而知。但以往通信使面对日本人谈论"神国"、"东方君子国"等涉及文化层面的"中华"相关问题时,既想维护清朝的"中华"名分,又想凸显自身的"中华赓续",两难之下经常沉默对抗。此时为何在"神州"问题上,不留情面

---

① 佚名:《呈朴学士书》,《桑韩镪铿录》卷下,《朝鲜后期通信使笔谈唱和集翻译丛书》第32册,第128页。
② 佚名:《奉朝鲜学士及诸公》,《桑韩镪铿录》卷下,第129页。
③ 村上秀范辑:《和韩唱和附录》,《朝鲜后期通信使笔谈唱和集翻译丛书》第29册,第384—385页。

地反击呢？事实上，虽然自 1655 年通信使起，朝鲜赴日规章中要求通信使以"上国"待清朝，但通信使在笔谈中罕有称清朝为"上国"者。这是因为在思想文化上，"上国"可以等同于"中华"，即 18 世纪燕行使朴趾源所言"何为上国，曰中华也"。[①] 因此，基于"小中华"的文化观，当需要称"上国"时，通信使常用"神州"取代，如朴敬行拒绝透露清朝女真情报时，就言"女直野人初非异名，回瞻神州，不可以更有说话，便谅之"。[②] 这里的"神州"主要是以"地望"为核心的概念，与"上国"、"中华"、"君子国"等政治、文化概念有本质区别。在"地望"概念上，朝鲜知识人可以相对摆脱"小中华"观的文化束缚，也就有了更大的话语张力与反驳的可能性。朴敬行正是从"地望"这一角度出发，在"神州"问题上对日本人展开猛烈驳斥。而 1719 年通信使笔谈时，太宰春台是从文化角度论"神州"，议论的核心还是文化的高低，不好回应的通信使只能继续沉默对抗。

其后的 1764 年通信使笔谈中，成大中等人也是在"地望"语境下，与日本儒者泷长恺洋洋洒洒地讨论起了"夷夏之防"问题。泷长恺从明清律例入手，认为中国虽号称"圣人之国"，但种种恶行甚至不如"蛮夷之国"，"彼中华，圣人之国，而其人之奸恶有甚于蛮夷者。仆于明清律而见之，凡律条所载奸骗凶恶之甚者，皆吾邦之人所未尝及知也"。相比之下，日本与朝鲜虽然古来被视为"蛮夷"，可也有"中国之所不及"的优长，特别是当下时代"吾邦同僻东维，而贵国声教之隆、民德之醇……虽古至德之世，亦不过如此已也"、"诗书礼乐之教所被及者，贵邦、吾邦、琉球、交趾诸国已也"。进而推导出"贵中国、贱夷狄为务，是其识见之陋，不知天地之大者也"，"何必中国之独贵，而夷教之可废乎"，寻求朝鲜人的共鸣。[③] 可是，他的"斥中"之说，非但不能引起朝鲜

---

① 朴趾源：《热河日记》十六《行在杂录》，《燕行录全集》卷 53，第 558 页。

② 佚名：《长门戊辰问槎》中，《朝鲜后期通信使笔谈唱和集翻译丛书》第 27 册，第 187 页。

③ 山根清：《长门癸甲问槎》乾上，《朝鲜后期通信使笔谈唱和集翻译丛书》第 34 册，第 113—114 页。

知识人的共鸣，成大中等还做出了如下反驳：

> 别副见谕，以世儒之贵中国而贱夷狄为小见陋识、异于天地圣人之道，此足下志大眼空之论也，足令曲士哕口。然窃谓天地至大，而不能不先阳而后阴，圣人至公，而不能不内华而外夷。其或中国而夷其行，则夷狄之；夷狄而变于夏，则中国之。扬子所谓在墙则挥，在狄则进是也。苟其生在中国之外，慕陈良而不可得，指中国之夷行者曰：是真中国之不如夷狄。指夷狄之华行者曰：是真夷狄之贤于中国。岂揣本齐末之言哉？[①]

成大中等运用传统儒家的"夷夏之防"理论，批判泷长恺的"中华移易"说，提出仅仅因为中国有"夷行"者，就指"中国"不如"夷狄"，是"志大眼空之论"。因为"内诸夏而外夷狄"是"天地圣人之道"的根本，是不能本末倒置的。这里的"中国"也如"神州"一样，虽有一定的政治与文化属性，但更主要的是地域指向。应该说，这是从"地望中华"角度，对日本知识人从"华夷变态"视角提出的"中华移易"说进行的回应与反驳。这种机巧应对，既没有完全违背自身"小中华"文化观，又否定了日本人的"斥中"与"自华"。

同样是成大中等在日期间，又有日本儒者宫濑龙门前来拜访。宫濑龙门先后参与1748年、1764年通信使笔谈。在1748年（日本延享五年）通信使笔谈中，他自称是"宫维翰"[②]，言谈中充满了"华夷变态"论调，不断笼络朝鲜人一起"斥中"。因此，通信使都不愿意理会他，尽量避免与之笔谈，正如他自己事后总结的那样，"（朝鲜）章服效明制之遗，胜胡清之俗者万万矣。故吾不于其学术词章论之，衣冠文物，吾深有取焉。夫延享从聘诸学士，逡巡避我笔锋者，抑有故也"。[③]因此次回1764年通信使笔谈中，他改变方式，化名流落日本的汉室后裔"刘维翰"，拉近与朝鲜人的距离，借用所谓"中土故国"的追忆为日本张目。他在与三名通信使的笔谈中，首先感慨中国"华夷变态"，惟日本尚存华

---

① 山根清：《长门癸甲问槎》乾上，第116页。

② 泽田东江：《鸿胪倾盖集》，日本九州大学图书馆藏本，第7页b。

③ 宫濑龙门：《東槎餘談》上，第2页a。

制，"今生于日域，不用清人之章服，幸免辫发左衽之俗也。维翰虽亡
国之余，独所欣悦"。成大中对这种"中华"情怀，表示了同情，但避开
"中华"语汇，用"神州"替代，且借"弊邦独全衣冠"，委婉否定了日本
是中华遗续，"神州流涕，志士同之，弊邦独全衣冠，龙门思汉之泪，当
不自禁"。①宫濑龙门随后强调日本"中华"性质的同时，也刻意赞扬朝
鲜文化，试图激发通信使的共鸣，但他的赞扬中也有高低之分，指出日
本文化才是"非万国之所及"的最高，"万国之中，常用冠服者，贵邦与
琉球耳。……吾邦僻于东海中崛起，不称藩于异国，天朝文物制度，至
今不坠地，正朝布海内，人皇之祚与天无限……非万国所及也"。对此，
一旁陪同的赵东观，仅用"诚然"二字敷衍，不愿多理会。②宫濑龙门只
得转身与刘道弘笔谈，再言及中国的"华夷变态"，且称赞朝鲜"文物可
敬"，"仆生长斯地，衣服习俗不得不随于邦也。今观公等冠裳，则怀汉
之感实深矣。……中土实可慨叹矣，贵国文物，可敬可敬"。面对宫濑
龙门一而再、再而三地表面"誉朝"实则为日本"中华移易"说张目的论
调，刘道弘实在忍无可忍地回驳道："即令大天之下礼乐文物独存弊邦，
而国各异制，何欠之有？从俗而已。"③这看似是一种自谦，实际也是从
"国俗"角度间接为清朝礼乐文化作出的辩护，进而抵制日本人的"斥
中"与"自华"。

　　从上述来看，随着中朝关系的渐趋稳定，朝鲜知识人虽然还是难以
摆脱"不忍负皇明"及自身"小中华"观的限制，但对清朝的态度还是有
了明显的改观。正是因为感受到了朝鲜知识人对清朝的态度变化，次回
1811年通信使笔谈中，幕府儒官世家林家的第八代林述斋提出了这样
一个尖锐问题，即在所谓"今日"朝鲜知识人的心中，大清是否已经可
以完全取代"再造之恩"的大明？期望笔谈对答者金善臣坦怀诚言：

　　　　林述斋：仆每云朱明之于贵国，信为有大造。而其不得已于清
　　国，亦时势之使然也。意今日燕台之德，比之故明，孰厚孰薄？坦

---

① 宫濑龙门：《東槎餘談》上，第 7 页 a。
② 同上，第 13 页 a—b。
③ 宫濑龙门：《東槎餘談》下，第 12 页 b。

怀商量。

　　金善臣：我国之与清人交好，即是古圣人以小事大之义。使臣家与清人有嫌，故未尝充燕台使役，所以不欲详言。我国缙绅家中，不可作贵国通信之使者，亦多有之耳。①

　　对此，金善臣首先明确强调朝鲜与清朝交好，乃是"以小事大"之义，将清朝的"政治中华"地位置于了首位，这与以往那种"事虏"心态已然大不相同。至于文化心理层面，他也有所回避，没有直接对比明与清，而是改为对比日本与清，声言就像朝鲜人对日本的感观一样，无法简单的一概而论。这既展现出了朝鲜后期知识人对清朝的复杂文化心态，又可看出朝鲜知识人也不想在明与清之间作对比，因为随着清朝的长期厚赉，明与清间的孰轻孰重已经不好再多作评判。

结语

　　明清鼎革后，曾经都视中国为"中华上国"的日朝两国，对于"中华"的理解呈现出不尽相同的演变趋向。日本随着国内"自民族主义"思潮的渐趋高涨，形成了"尊己自华"的"中华"观，走上了以自我为中心的"华夷"秩序建构道路。②朝鲜的"中华"观则呈现出相对割裂的样态：一面在政治上认可清朝的"政治中华"地位；另一面在文化上尊视故明，并自诩为"中华"之"赓续"。双方的"中华"观，以清朝的"华夷"认识为基本出发点延伸开，有明显的交织、碰撞。日朝通信使外交中的笔谈交流，恰为双方"中华"观的碰撞及其政治、文化之角力，提供了特殊的展现场域。

　　对日本而言，要树立日本的"中华"地位，进而建构日本型"华夷"秩序体系，首要前提自然是否定中国的"中华"地位，推翻东亚区域以中国为中心的传统"华夷"秩序的合理性。因此围绕"中华"的议论中，

---

① 松崎慊堂：《接鲜瘖语》上，王连旺：《朝鲜通信使笔谈文献研究》，上海交通大学出版社，2018年，第80—81页。
② 川胜守：《日本近世と東アジア世界》第2部第三章《近世日本における日本型華夷秩序の構想》，吉川弘文館，2000年，第219—228页。

"斥中（清朝）"成为了日本知识人的首要议题与诉求目标。铃木公温在为新井白石的笔谈集所写的序中，就有这样的表述："近世俗儒不解大经，偶接异邦人，笔舌之间诐辞妄答，不知失国体自辱者，间或有诸。于是俗人犬吠，有话说及明清之事，如谓其人曰'华人'、谓其产物曰'华物'之类，实关乎人伦名教也，不细矣。"① 所谓"斥中"的目的，自然是为了"尊己（日本）"，从而树立日本的"中华"地位（自华）。但"中华"的形成，绝非一个简单的"自立"过程，因此为了实现"自华"目的，通过"抚朝（朝鲜）"笼络朝鲜，吸引其加入到日本的"华夷"秩序中来，也成为日本方面必不可少的一种辅助性的文化策略。

　　在双方的"中华"论辩中，日本知识人注意到朝鲜"中华"观的割裂特性，时常利用其"小中华"的文化自矜，引导朝鲜人用文化上的"中华"观，自我否定政治上的"中华"观，进而与日本一起"斥中"。在双方的早期笔谈交流中，日本知识人就常借朝鲜"尊周思明"的文化心理，通过"崇明贬清"的赞誉，拉拢朝鲜否定清朝"中华上国"的政治地位。随着明朝影响的渐趋消逝，日本知识人继续利用朝鲜的文化自矜，拉拢朝鲜人"斥中"的同时，还通过对"神州"概念的重构、"中华（神州）移易"等理论的提出，积极塑造自己的"中华"地位，甚至不惜称赞朝鲜并非"夷狄"，而是日本"中华"下的"华"，力图笼络、引导朝鲜加入到日本的国际政治秩序体系中。

　　而朝鲜使臣在与日本人的论辩中，出于现实政治的需要，自然不得不时刻注意政治立场的"正确性"，抵制日本的"斥中"以"自华"的政治图谋。但又不想抛弃自身的"小中华"文化观，全然为了维护清朝的"中华"名分而否定自身的"中华赓续"文化身份，因此常常陷入两难的应对境地。这在明清鼎革之际，表现在既不能为了维护清朝的"中华上国"地位而诋毁有"再造之恩"的"大明"，也不能简单跟随"小中华"的文化自矜而附和日本人的政治"斥清"。18世纪后，表现为既不能放弃自身的"小中华"观，又需要在与日本人暗藏政治动机的文化论辩中，

---

① 新井白石：《坐间笔语附江关笔谈》，第51页。

适当维护清的"中华"名分,以避免陷入日本的话术陷阱中。因此,在"孰是中华"的政治、文化层面的论争中,朝鲜知识人大多只能通过沉默对抗,否定与消解日本人的"自华"与"抚朝"思想倾向,或偶从"国俗"等角度为清朝文化进行一些间接辩护。往往在相对摆脱政治文化束缚的"神州"话题上,朝鲜知识人才得以从"地望中华"角度,依托传统"夷夏之防"理念,通过对清"中华神州"地位的维护,对日本知识界的"斥中"与"自华"倾向进行有力回击。

可以说,日韩通信使的笔谈,不仅是双方知识交流,也是政治、文化角力的一个特殊场域。在争论"孰是中华"时,朝鲜知识人基于政治警惕,会自觉抵制日本"尊己自华"的"中华"观,留意维护清朝的"中华"名分,这既包括政治、地理层面,也包含部分文化层面的刻意回护。不过,朝鲜知识人毕竟还无法抛弃自身的"小中华"观及"中华赓续"的自诩身份,因而在不同层面、不同语境、不同时代下展现出的维护方式与力度,是有所不一致的。而日本知识人在"尊己自华"同时,也想引导朝鲜从清朝的"华夷"秩序中脱离出来,成为日本"中华"秩序下的"贡夷"。因此,他们一方面既要积极争夺"中华"地位,另一方面还要通过赞扬朝鲜的"华"而非"夷",笼络朝鲜一同"斥中",并通过指斥清朝为"夷",从文化上解构以中国(清)为中心的传统"华夷"秩序理念。从这场"中华"观的当面碰撞与深层角力中,可以看到分别审视两国国内的"中华"观时,所未能深刻理解的一些新的面相,也更能反映出前近代东亚知识人关于"中华"思考的复杂性。

17、18 世纪朝鲜通信使对日本私礼单的处理与理解

徐韵文

日本名古屋大学人文学研究科 博士生

17、18世纪携带国书、礼单前往日本的十二次朝鲜通信使[①]，与日方交换的礼物大致可分为公、私两大类，在通信使亲笔的使行录中往往表述为"公礼单（公礼物）""私礼单（私礼物）"等。公礼物，也就是朝鲜国王、礼曹赠给日方地位大致对应的将军、老中等的礼物及其回礼；私礼物则是日本将军、老中、大名、以酊庵僧及对马岛役人以个人身份赠

[①] "朝鲜通信使"指朝鲜王朝时期（1392—1897）为表示庆吊等外事礼仪，由朝鲜国王向日本幕府将军派出的外交使节团，一般携带国书、礼物。若自1428年朴瑞生使团算起，至1811年使团止，至少有二十次之多。见三宅英利：《近世日朝関係史の研究》，文献出版，1986年。本文仅讨论17、18世纪的情况，因此包括出发于1607年、1617年、1624年的三次"回答兼刷还使"（暂且也以"通信使"指称），以及出发于1636年、1643年、1655年、1682年、1711年、1719年、1748年、1763年、1811年的九次"通信使"。为便于行文，以下以次数指称这十二次通信使。本文所使用的通信使行录皆本于复旦大学文史研究院编《朝鲜通信使文献选编》（以下简称《选编》），复旦大学出版社，2015年。引用时仅注使行录原作者、条目，在《选编》中的册数、页码。所引《朝鲜王朝实录》为韩国国史编纂委员会编，1968年。引用时仅注王号、条目、册数、页码。

给通信使使行团成员。①换言之，运送、管理公礼单和公礼物，负责计数、搬运以及确保整个过程合乎礼数是通信使的使命之一；私礼物及其回礼，则可以自行选择接受与否。似乎正是因此之故，私礼收赠中出现了一种显然不同于公礼的现象——朝鲜通信使往往拒不接受日本人的礼物，甚至不惜将礼银投进河里，导致双方都极为不快。

　　关于通信使行中的私礼物，学界研究讨论尚不充分。闵德基以通信使文献为中心，考察了十二次使行中日本上下回赠朝鲜通信使一行的私礼单，总结朝鲜方面收到了哪些礼物、是否接收礼物、接受后如何分配。②河恩珠、张佳则聚焦于第四次通信使行中的赠衣矛盾。③朝鲜方面赠予日本的私礼物、朝日间就礼银引发的矛盾、通信使与燕行使的赠物之间是否存在联系等问题暂无人撰文研究。因此，笔者不揣浅陋，拟从朝鲜通信使使行录执笔者在礼物授受中的话语权入手，并联系朝鲜燕行使解读涉及礼物处理的叙事，最后以最受朝鲜使臣鄙夷的赠物——"礼银"为中心，初步探寻其在历史环境中的来与去，试论其背后的社会原因。

一、使臣与译官：通信使私礼处理中的关键角色

　　韩国学者闵德基对十二回使行日本私礼单的物目、数量及其价值进行了统计，指出日本给出的礼单物目、数量在第四次使行中已基本定型，第五次使行起完全成为定例。朝鲜对此的反应和处理则随之变化。具体来说，日本将军、老中、对马等赠予的礼银和物品，三使臣每次都拒绝自己的那一份，但允许使行团内其他人——受领给他们的部分。换言之，除第三次使行外，没有使臣实际领受给予自己的礼物。第一、二

---

① 关于公礼物，参看金德珍、边光硕、李薰、郑成日、池内敏：《외교와 경제：조선후기 통신사외교와 경제시스템－통信使 禮單을 통해서 본 朝日外交의 특징과 그 변화》，《한일관계사연구》2007年4月第26期，第181—231页。

② 闵德基：《조선후기 對日 通信使行이 기대한 반대급부》，《한일관계사연구》24，2006年，第211—247页。

③ 河恩珠：《근세 조일 외교의 동상이몽》，收于《인문과학연구논총》，2014年第39期，第223—246页。张佳：《朝鲜通信使礼仪交涉发微：以崇祯丙子、癸未使行为中心》，《域外汉籍研究集刊》第十三辑，2016年，第157—171页。

回的使臣赠物最后全部给予对马,用于刷还被掳人;第三次的赠物的其中一部分被用作军需品,另一部分在使臣、对马多次辞受拉锯之后,朝鲜仁祖开谕使臣收领;第四次使行,三使臣依然不肯领受礼物,甚至于把将军的赠银投入金绝川,于是由此开始,对马暂时保管给使臣的赠物,到釜山后交与朝鲜一方,并且最后由礼曹将赠银交给釜山倭馆,用于来年的对日公木贸易。此后使行基本上延续了这种做法,即使臣不直接拒绝礼物,而是领回之后交由礼曹、户曹处理,后者则将之交给釜山倭馆,用于对日贸易。①

与这种变化相应,使行归国时对马转交赠物、国王劝使臣收领、使臣执意拒绝、赠银留置釜山等在第五、第六次使行中依旧反复发生,使行录也有所体现。②但第七次使行以后,虽然实际的处理方式没有变化,使行录中的描述却逐渐减少并且程式化,之前的激烈冲突亦不再上演,执笔者体现出一种按部就班式的漠然。③

在此基础上,笔者拟以第七次使行堂上译官洪禹载《洪译士东槎录》为例,讨论朝鲜使臣、译官在私礼单处理中分别扮演了怎样的角色。现存的朝鲜通信使使行录大多由正使、副使、从事官、堂上译官等地位较高的使行员写就,仆从、格军等随员很少执笔。为了理解他们生产的

---

① 闵德基:《조선후기 對日 通信使行이 기대한 반대급부》,《한일관계사연구》24,2006年,第211—247页。其中,关于第三次使臣是否确实领受赠物,《仁祖实录》和姜弘重《东槎录》的记载止于仁祖开谕使臣,没有明言使臣最终接受与否。见《朝鲜王朝实录·仁祖实录》,"仁祖三年三月二十三日辛未"条,第33册,第691页;"仁祖三年五月一日戊申"条,第34册,第5页;"仁祖三年七月七日癸丑"条,第34册,第17页;《选编》,姜弘重,"对马岛主书契"、"五月初七日"条、"五月十一日上疏"条、"五月十六日再疏"条,第二册,第92—94页。闵德基据《国译增正交邻志》、《通航一览》认为最终有一千两左右的银货确实传递到三使臣处,笔者认为此事或可继续考证。

②《仁祖实录》,"仁祖二十一年十一月二十一日辛亥"条,第35册,第168页;《选编》,南龙翼,"二月初三日壬子"条,第二册,第364页。

③ 例如,第八次使行的情况见《选编》,任守干,"使臣回还时江户礼单"条,第三册,第212页;第九次见《肃宗实录》,"肃宗四十六年一月二十四日辛卯"条,第41册,第94页;第十次见《选编》,洪景海,"六月初七日"条,第四册,第229—230页;《英祖实录》,"英祖二十四年八月五日丁亥"条,第43册,第305页;《选编》,洪景海,"六月十一日"条,第三册,第232页。

文本的有效性和局限性，有必要在事实层面之外，关注他们在礼物处理中的权力和话语。以洪禹载为例，一方面是因为其负责礼物交接事宜，多次在使行录中提及礼物分派、计数等工作①，对于使臣和译官在礼物交接方面的职责体现具有很高的代表性；另一方面，第七次使行时礼物的品目、数量和处理方式已经定例化，因而相对前后具有较高的代表性。

　　对于是否接受日本回赠的私礼单，朝鲜使臣具有绝对话语权。就程序而言，日本私礼单往往先送到三使臣、三堂上译官处，译官告知三使，三使确认领受，便由译官根据礼单核对礼物数目，再分发给一行上下。第七次使行的堂上译官洪禹载记道："凡站倭呈纳馔物，使马岛奉行等，缘我传单问候。三使即告于各位，受其单子，而我与奉行等接见站倭，循例以谢"，又注："单子书物目，只书我姓名。"②换言之，洪禹载负责对接、接收礼物、照例回礼等实际操作，日本人甚至直接将他的名字写作礼单接收人，但是否接收系于使臣，并不由他决定。又，在使臣确认领受礼单后，诸员可以自行决定是否接受自己的那一份，但一般需要知会使臣；他们若拒纳礼物，还会得到使臣赞赏。同是第七次使行，押物通事金指南面对日方赠送的赤嵋砚石、新田南草、布目纸、鸟子纸、匣刀、莳绘帐箱等物，先是"据理挥却"，对方不肯持还，他只好"入白于使相前，择受文房数种"，才了结此事。③

　　换言之，尽管对照礼单、清点礼物等实务操作属于译官的职责范围，但朝鲜一行是否接受礼物却取决于使臣。面对赠予自己的礼物，前期的使臣大多断然拒绝，后期的使臣则暂时领受、回国后交付有司，体现出一种按部就班式的漠然态度。

　　另外，也存在朝鲜一行人主动向日本人赠礼、聊表心意的情况，而由于用作人情的随身之物，都要经使臣搜检、确认，可以说使臣从源头

①《选编》，洪禹载，"九月初六日"条："二使臣各处所赠私币，今朝始毕"，"岛主妻子女处及马岛倭数人处，三堂送给礼物"；"八月二十五日"条："从事道亲审礼单物种。余与彼辈，照数封裹"；"十月初四日"条："凡于会计等礼单磨炼，必以余责任，独多勤劳。"
②《选编》，洪禹载，"七月十八日"条，第三册，第 29 页。
③《选编》，金指南，"八月二十一日丙申"条，第三册，第 116 页。

控制了一行员役赠给日本的私礼单。据《仁祖实录》记载，诸行员用于
人情赠送的人参、绵绸等都有一定限额，而且需要向使臣报备。使臣则
需要尽"卜物搜检"之责，在使行出发前、行路中检查各员役的个人物
品，确保无人携带超过限额的货物，防止有人假出使之名行潜商私贩之
实。[1] 人情赠礼需经使臣同意的记述，在使行录中也不鲜见。洪禹载曾
记使臣语："堂及上判事到彼后，必有酬应之资，不可无私物。许赍五斤
参，一同绸缎、文房之物"[2]，即堂上译官、上判事被允许携带的人情赠礼
限额；制定回赠日本各处礼单时，又提到"今日各处私币犹患不足，以
自京所赍数顶毛冠十立、毛毡数十张、青鼠皮、芙蓉香、大越邻佩香、若
干文房腊制等物，补用于绸段之代"，并不忘注明："私赍之物，使相亦
许载耳。"[3]

二、通信使使行录中的辞礼叙事

通信使的三使臣对日方私礼物的处理具有绝对的话语权，而且根据
记载，除第四次使行情况不明外，他们确实未将礼物据为己有。本节将
通过通信使使行录对"拒绝赠礼"行动的记叙，分析三使臣如是决策的
原因。相关记叙如下表：

表1　通信使使行录所见"拒绝赠礼"记叙

使行录	史料	《选编》出处
（第二次）李景稷	内匠、板仓等……即起立，取其送礼物目床，陈列于堂上。日本之俗，以薄板造床，如平床之制，贴纸如小札，随银枚数，列贴于其上，纸面各印银子一枚状，置银于庭下，只奉入其床，盖敬礼也。使臣辞谢曰："a1.奉命出疆，礼无私受，既领将军厚意，不敢受去。"板仓等曰："c1.唐礼则未知也。尊者有馈，不敢辞却，亦是日本之礼。将军闻之，亦必落莫，幸勿辞之。"日本谓我国为唐也。臣等答曰："礼则然矣，但a2.银货非授受之礼物，以此未安耳。"上野等曰："当以使臣未安之意，归告将军。"再三辞之，不得已受之。	"九月初五日丁卯"条，第一册，第317页。

[1] 见《仁祖实录》，"仁祖二年五月十一日甲子"条，第33册，第616页。
[2]《选编》，洪禹载，"六月十七日"条。
[3]《选编》，洪禹载，"七月初三日"条。

续表

使行录	史料	《选编》出处
（第三次）姜弘重	其人（蓝岛太守忠之）等呈别下程三盘，a3.视之则皆纸封，而外面书银子者，一盘所盛无虑三四十片，所见极骇。令译官传言不当受之意，拒之甚截。其人及七卫门等合辞曰："使臣之律己简洁，俺等非不知之。c2.日本之俗，非此殊欠待尊者之礼，故敢以薄物进之，而今见辞却，反切惭报。入乡循俗，亦古之道，庸何伤乎？"令译官反复开谕而出送，仍责七卫门等不能预防之失，俾无前路更有如此之事。七倭等唯唯而退。	"十月二十五日丙午"条，第二册，第 25 页。
（第四次）任絖	传讫，仍以大君之言致谢于吾等曰："未获再接，遽尔回程。水陆万里，惟冀好还。今此薄物，所以表忱。"……吾等辞曰："大君厚意可感，a4.第此货物于心未安，不敢领受。"辞之再三。执政等答曰："c3.大君以照行为名，使臣无可辞之义。俺等既以受来，决不可敢依教。"	"十二月二十八日戊戌"条，第二册，第 141 页。
（第五次）佚名	关白、若君所照员役银子，到此（大阪）分给。平成春等又以使臣前所照银绵，欲纳之。并封授平倭，a5.谕以使臣不当受货物之意，使之任意区处。	"八月三十日辛卯"条，第二册，第 209 页。
（第六次）南龙翼	万松院主僧，各呈馔榼。b1.以既无相接之礼，难受无名之馈，措辞却之。	"六月二十一日甲戌"条，第二册，第 250 页。
	"a6.长者有赠，诚不敢辞。至于货宝，授受非礼，决不可领留。幸以此意，归达于大君前"，两人（雅乐头、丰后守）皆不答。	"十月二十五日乙亥"条，第二册，第 329—330 页。
	柏僧送小川氏所呈纹纸五十片，盖五花堂主人，以其制送跋文之故，以为润笔之资也。b2.不为来谢，因人送物，不可礼受，故却之。	"十二月初一日辛亥"条，第二册，第 344—345 页。
	a7.凡干授受，至于蔬果之微，则受亦无妨，而一番开路，则将不胜其纷纭，渐至于难处，故一切挥却。	"二月初四日癸丑"条，第二册，第 366 页。
（第十次）洪景海	诸处赠银依例区处，而上官各员有二十枚，枚各四两三钱也。归于余者，则初意欲投诸海中，不然则欲给倭人矣。更思之，投海近于要名，给倭则嫌于要学锦南，两皆黑之，而分给于上船船格诸人，奴与仆卒不与焉，以示不自用之意。	"六月二十九日"条，第四册，第 239 页。

续表

使行录	史料	《选编》出处
（第十次）曹命采	大厅奉行以岛主言来问，送以鱼酒、花筒。花筒者，折方开之花而插于竹筒者也。三使相议，却之曰："岛主尚不来见，b3. 未成宾主之礼，而有赠辄受，于心不安。"延接官等曰："c4. 太守之贶有送呈，退却不受，曾未有如此之例，有死不敢受还。"将欲入庭白活，臣等不得已受之，分给下辈。仍令谓之曰："今见护行诸人之面，姑受之矣"，渠辈皆叩头感谢云。	"二月二十八日壬午"条，第四册，第19页。
	以酊庵长老，亦以杉重、素馔送问，而单子月日下，b4. 只着翠岩图署，不书名字，非前例也。以此意言于延接官，而退送之。移时后，即改书以来，而去"翠岩"之号，书以"承坚"名字，始令受之。	"三月二十八日壬午"条，第四册，第36页。

　　表中下划线及 abc 等史料序号为笔者所加，a1—a7 组成 a 组，b1—b4 组成 b 组，c1—c3 组成 c 组。a、b 两组是使臣自述的拒绝理由，c 组是日本人劝慰使臣收受的理由。

　　a 组史料，论述的是作为使臣出使外国，不能以个人立场收受"货物"、"货宝"等贵重财物，也即"人臣出疆，礼无私受"的总体原则。可以看出，使行录的执笔者认为"银货"是较典型的财物，不能作为礼物，因此他们不能收受①，蔬果花草等可以破例则是因为其价值低微。

　　b 组史料论述的是应接关系、礼仪程序、书式等方面的细致规矩。如果不符合这些规矩，一般不应当接受，改正之后则可以。如 b1 认为

──────────

① 通信使使行录常常以"白金"、"赏金"等字眼记叙赏赐财物，指代的大多是白银而非黄金。如洪禹载记"马才两人处赏银各五十枚，当日领去人员中赏百枚"，平分这些赏银时，却记自己"不得已依他受之者三十五金"，出《选编》，洪禹载，"十月二十六日"条，第三册，第66页。申维瀚则记有"旧例关白新立，辄朝倭皇，而辛酉以后更不朝觐。吉宗入承，亦无是礼，遣使于倭京，献白金彩段十驮而已"，出《选编》，申维瀚，"九月二十七日丙申"条，第三册，第316页。笔者目前所见日本人向通信使赠送的贵金属，明确为黄金的只有第四、第五次使行中下程余料换贸的"一百七十锭"、"黄金六十两"，出《选编》，任统，"丁丑正月初五日乙巳"条，"初十日庚戌"条，第二册，第145页、第146页；《仁祖实录》，"仁祖二十一年十一月二十一日辛亥"条，第35册，第168页。以"金"、"白金"代称银，是受中华文化圈影响的旧习，至少可说明金、银在对朝鲜人来说是极为类似的事物，不作严格区分。此一观点须俟日后辨证。

没有往来关系则没有赠物的名义；b2 认为不亲自遣使、托别人顺送赠物不合礼仪；b3 认为应当先行见面之礼，再交赠礼物；b4 认为此次的礼单只有印章而无签名，与前例不符，"故退送之"，等等。另外，洪景海的使行录还表达出将礼物分给"船格"等人可以避免私受之嫌的原则。

面对朝鲜人的这些拒绝理由，日本一方则以 c 组说辞游说。c1 和 c2 是从日本礼仪的角度说明礼银表示尊重之意，但却不为朝鲜人所接受。c3 和 c4 则分别用了饯别赆行和遵守前例这类朝鲜人惯用的说辞，因而朝鲜人的态度稍有软化。

换言之，面对日方礼物，朝鲜使臣更多的还是以本国思维方式来思考。其总的原则是"人臣出疆，礼无私受"，但细节上有所变通——他们肯定私礼物的存在，只是尤其不愿接受高价值的部分。根据这种原则，礼银可以说是不合乎礼仪的代表。于是，朝日之间以礼银为中心的矛盾就难以避免。

另外，使臣虽不干涉其他使行员役收受日方给自己的那份礼物，但情感上依然觉得后者应该摈弃之，因而在使行录中对郑忠信、姜德聚等拒不接受赠银的军官青眼相加。例如：

> 观一行下辈之气色，众目睒睒，意在欲得，处处偶语，较其多少。至于格军，则盈庭呼诉，争钱多少，其可恶之状，何可形容？严加禁戢，使不得纷扰。唯军官郑忠信，以其所赠银子，尽为分给其从人，不留锱铢云。国家羁縻之计，实出于不得已，而不共一天之雠，虽百死难忘也。随不得蹈海刃决，忍而至此，一饮一食，愤气撑肠，至于授其物置诸橐中，非有血气者之所忍为也。[①]

> 军官姜德聚、池学海封将军所给银子来呈使臣前，请以此为被掳人刷还时雇船之资，固请再三，不欲浼己，择带之效，方见于此，

---

① 《选编》，李景稷，"九月初六日戊戌"条，第一册，第 319 页。赠银总数录于"九月初九日辛丑"条："银子一千五百枚通共六千四百五十两，金屏十五对通共三十面，辞却不受。银子骏河守、尾张守所送二百枚通共八百六十两，五执政所送二百枚通共八百六十两。三使臣皆着押以付之。"

行中之人，多有妒贤之色。……姜德聚尽弃银子，不取锱铢而去。①

非独使臣，有时译官也会在执笔的使行录中表达自己不愿受礼，如第七次使行译官洪禹载听到同僚商议走私事宜，"闻而掩耳"，想到与同僚"相酬如旧，心肠欲裂"，又追思先祖洪喜男参与通信使行的经历，"追慕之悲，益复难抑"。②将军赠予马上才等人逾百枚赏银，洪禹载也在受赏之列，但"缕缕固辞"，三使臣从旁劝其勿辞，最后才"不得已依他受之者三十五金，于心不快"，"尽散于行中贫寒六员及所率下辈处"。③

显然，三使、译官等使行员，凡是执笔通信使使行录，都会申明自己极不愿意接受日本礼物，特别是礼银。但若细读文献，还是能发现不少支持受礼的"他人"。前文已述，从事潜买潜卖的军官、译官为数不少；使臣写作中也处处透出对部分译官、军官贪财忘义的怀疑和警惕；④甚至在第二次使行中，副使朴梓曾言于译官："吾意欲以彼银持献国家，一以为宫阙都监之费，一以为诏使时需用，令公可微禀于上使与从事乎？"此事不见于朴梓《东槎日记》，却见于从事官李景稷之《李石门扶桑录》，且李景稷以译官的答话"此岂尊君忠国之意"、"甚可惊怪"结束了对此事的叙述⑤，某种程度上反映此事在朴、李心目中不太光彩。换言之，无论是使臣抑或译官，只要执笔通信使文献，便会表示自己绝无受礼之意，并且不同意他人的受礼论调。可以想见，执笔者小心地展现了自己的意见，在一定程度上进行了自我美化、回护或者选择性遗忘，使叙事更符合朝鲜时代的社会氛围。换言之，儒学占主导地位的朝鲜，期待着断然拒绝礼物的完美通信使臣。考虑到通信使使行录并不是单纯的个人日记，而要呈给朝鲜朝廷过目，并留作"前例"以备此后使行参

①《选编》，姜弘重，"正月二十日己巳"条，第二册，第64页。
②《选编》，洪禹载，"七月二十三日"条，第三册，第32页。
③《选编》，洪禹载，"十月二十六日"条，第三册，第66页。
④ 前引《选编》李景稷"九月初六日戊戌"条；又，姜弘重，"三月二日庚戌"条，第二册，第75页："所过各处将倭皆呈赆物……皆令译官自外挥却，挥却之际，虑有译官辈中间舞奸之弊，切欲审察其所为，而凡事一任渠辈之口，虽欲摘发，莫如之何。"
⑤《选编》，李景稷，"九月初六日戊戌"条，第一册，第319页。

考，而且在使行路上、回国后往往由执笔者多次编辑修改，因此这种现象或许不难理解。

因此，使行录关于礼物的叙事是建立在"反对受领"基调上的，这种论述反映的是信奉儒学的朝鲜士人的一般思想，而以使臣为代表。并且，很可能与行中译官、军官、画员、医员及杂役等有所不同。

三、燕行使与赴朝鲜使

上述反对收受日方礼物的叙事植根于朝鲜士人的儒学思想之中，因此在同样由朝鲜士人出任的燕行使、远接使中很可能也存在类似的表达或处理。基于这种推断，本节将联系朝鲜燕行使、明清赴朝鲜使臣相关的赠礼史料，深入探讨此种叙事基调背后的社会环境。

明清中国遣使至朝鲜，朝鲜例以远接使出迎。从朝鲜世宗三十二年（1450）明代赴朝鲜使臣倪谦、司马恂与朝鲜远接使李边的交往中，亦能发现士人身份与"拒礼"倾向之间的联系：

> 命李边、李思哲，送回礼麻布二百四十三匹、人参一斤于倪谦，别赠布三十匹、人参二十斤、石灯盏二事、满花席五张、厚纸六卷。谦曰："回礼之物，固当受，别赠难以受之。"边曰："此非珍宝，乃土产不贵之物也。殿下将此，祗表诚耳。"谦曰："却之不恭，受之亦难。"又以回礼布三十五匹，别赠布三十匹、人参二十斤、石灯盏二事、满花席五张、厚纸六卷，赠司马恂，恂勃然变色曰："殿下数遗食物，又遗笔墨与纸笔。纸，儒者所用，吾既受之。今送厚纸石灯盏等物，受之犹可，至若席布，财货也，不宜受。"固拒入房。边等至房言曰："古人必赆行，礼也，愿大人勿却。"恂曰："殿下之心，厚则厚矣，然吾心有所未安。吾若受之，则朝鲜民物以我为何如人也？且以何颜见朝廷乎！"郑麟趾、金何又至曰："大人以孟子为何如人？"曰："古之贤人也。"麟趾曰："孟子以匹夫游列国，藤、薛，小国也，而受兼金百镒，先贤且犹不合于礼而受之乎？今日殿下所赠之物，比百镒之金，不及盖万万也。"恂曰："是不可同日而语矣。孟子当时有戒心，故受之耳。"麟趾曰："大人远行四千

里之外，何以日无戒心乎？春秋列国，朋友相接，尚执币玉，况大人以天子之使，岂居匹夫之下乎！行必以赆之意安在？以殿下之赠为无名而不受，吾不知也。殿下此举，皆遵古礼而为之耳，过与不及，皆非中道，愿大人徐思之。"恂曰："当与倪先生共议矣。"遂与谦议，使言于麟趾曰："吾等未得固辞，是乃虚让也。"世子遣詹事李蓄，以布二十四、厚纸八卷，分赠于两使臣，使臣辞，蓄再请，乃受之。①

如果将此处提及的朝鲜礼单与通信使行中的朝鲜赠日公礼单作一对比，就会发现尽管时间相差一百五十年以上，朝鲜礼物的品目还是大体相似的。②倪谦接受回礼却拒绝别赠，李边便强调赠物本身并不贵重。司马恂提到自己身为儒者不能收受财货，李边等便以赆行乃是古礼来劝解。拒绝和劝解的说辞都与通信使行中所体现的十分相似，甚至后文引用的《孟子》内容，也是借士人间通用的典故来论述怎样"合乎礼"。与朝鲜通信使行相比，此处的辞礼者由朝鲜使臣变为明使，而劝人收礼的角色则由朝鲜远接使担当，可以说朝鲜士人和明代士人在礼物辞受方面想法非常相似。

反面例子则有宣祖五年（1572）赴朝鲜颁诏明使。据《宣祖实录》，明翰林院检讨韩世能、给事中陈三谟赴朝鲜颁诏时频频索取礼物；归途中所带人员又"多取沿路接待器用而去"，《实录》直斥"文士之有求请，近代所无"。③可见在明人和朝鲜人心目中，儒士身份本应与使臣私赠绝缘。与此同时，朝鲜燕行使赴华，也不得不向明朝官员赠送价值不菲的

①《世宗实录》，"世宗三十二年闰一月十八日癸亥"条，第5册，第169页。下划线为笔者所加。

② 人参、麻布、纸张、花席等都见于通信使行礼单。参考金德珍、边光硕、李薰、郑成日、池内敏：《외교와 경제：조선후기 통신사외교와 경제시스템－通信使禮單을 통해서 본 朝日外交의 특징과 그 변화》，《한일관계사연구》2007年4月第26期，第181—231页。

③《宣祖修正实录》，"宣祖五年十一月一日癸未"条，第25册，第432页。《明史·列传第一百四》竟有"世能尝使朝鲜，赠遗一无所受"之说，殊可疑，见卷二百十六，中华书局，1974年，第5701页。《明实录》没有记载韩世能是否收礼，见黄彰健等校《明实录·神宗实录》"隆庆六年八月二十九日"条，"中研院史语所"校印本，卷四，第181页。《明史》的记述可能另有史源，但可以看出后世如何为士人事迹溢美隐恶。

礼品,辽东官员甚至以"求请"为名向使臣索贿。^①出使时间在明中后期的朝鲜燕行录中,"人情"等字样比此前尤多,并逐渐演变为一种常态,直到明末。^②可以推测,生活在 17、18 世纪的朝鲜使臣很可能将赠予外交使臣的礼物与贿赂联系在一起,为之涂上不祥的感情色彩。

朝鲜显宗十年(1669),闵鼎重作为冬至使正使赴清。发行前,金澄私自挪用国库中的豹皮,并制成裘衣赠给闵鼎重,为之赆行。对裘衣的来源,闵鼎重并不知情。次年(1670),全罗道监司吴始寿揭发金澄挪用国库豹皮一事,结果不但金澄被处以流放,闵鼎重"由是亦不免污蔑之名"。^③对此,尽管显宗表示"知其官库之物而受之则不可,不知而受之,有何所失"^④,闵鼎重依然在朝鲜党争中落他人以口实,被敌党"目之以五豹大夫,攻之甚力",并因此托疾还乡。^⑤

在此事中,显宗的意见、朝鲜《实录》的笔调皆同情闵鼎重。另外,此前两度出任燕行使正使的许积^⑥也有一段评论:"以豹裘赠人,此乃金澄无状处,而于鼎重何害。况行者必有赆,西路例以银、参为使臣路费,故臣等亦曾受之耳。"^⑦联系闵鼎重上疏自罪的文句:"每岁使行,八

<hr />

① 刘春丽:《明代朝鲜使臣与中国辽东》,吉林大学博士学位论文,2012 年。

② 赵毅、张晓明:《明代朝鲜使臣盘缠开支与辽东社会》,《辽宁师范大学学报(社会科学版)》,2017 年第 4 期,第 132—139 页。

③《显宗实录》,"显宗十一年六月五日庚寅"条,第 36 册,第 699 页。

④《显宗实录》,"显宗十一年六月二十九日甲寅"条,第 36 册,第 670 页。

⑤《显宗实录》,"显宗十一年六月五日庚寅"条,第 36 册,第 699 页。

⑥ 经查,许积(1610—1680)曾至少两次出使清国,分别在 1658 年与 1666 年。朝鲜孝宗九年(1658)七月十四日任命冬至使正使许积、副使姜瑜、书状官金益廉,三使于孝宗十年(1659)二月二十八日归国复命。参见《承政院日记》,孝宗九年七月十四日己酉,第 151 卷,18 页 b 面;《孝宗实录》,"孝宗十年二月二十八日己丑"条,第 36 册,第 176 页。朝鲜显宗七年(1666)七月十日任命谢恩及陈奏正使许积、副使南龙翼、书状官孟胄瑞;三使于同年九月二十日诣阙复命。据《显宗实录》,"显宗七年七月十日己丑"条,第 36 册,521 页。又据孟胄瑞《曾祖考燕行录》,收于林基中编《燕行录全集》,东国大学校出版部,2001 年,第 23 卷,第 149 页。(按:《燕行录全集》此书作者误为南龙翼,据左江、漆永祥考证改。见左江:《〈燕行录全集〉考订》,收于张伯伟编:《"燕行录"研究论集》,凤凰出版社,2016 年,第 29—61 页;漆永祥:《关于"燕行录"整理与研究诸问题之我见》,收于同书第 62—95 页。)

⑦《显宗实录》,"显宗十一年八月二十二日丙午"条,第 36 册,第 673 页。

路资送，成一公例，而至于赆裘，系是例外，臣昧然受之，乌得无罪"。①
在许积、闵鼎重先后出使的 17 世纪五六十年代，朝鲜人向即将出发的
燕行使赠送银、参等赆物已成惯例。此事是朝鲜燕行使与饯别朝鲜人的
交往，尚不涉及人臣出疆之义，换言之，燕行使接受这些赆物本无不当，
但之所以成为政治斗争的构陷借口，正是因为这种罗织罪名处在士人
道德的阴影处，更可能为多数人所不齿。因此使臣坚拒"倭赠"或"胡
贿"，也有显示自身清正的考量。

这种基于儒学的拒礼思想在朝鲜具有一定的一般性，因此不仅在
通信使，在燕行使和远接使中也有所体现，甚至与明代中国士人共通。
看到朝鲜士人与明代士人同声共气的往来酬答，我们应当意识到他们
共同分享的儒学道德观念正在发挥影响力。在这种知识背景下，朝鲜
通信使三使臣的表现自然与通信使行中的员役甚至一部分军官、译官
有所不同。这种身为使臣不受私礼的意志在金银之类贵重礼物跟前
愈发激化，体现为通信使对礼银的种种负面记叙。有鉴于此，下节将
以这种"礼银厌恶"为中心，收集使臣的相关记叙，分析其诞生和演变
的前后经纬。

四、朝鲜士人与"礼银厌恶"

暂且回到朝鲜通信使。前文述及，朝鲜士人视金银为"货宝"，因
此对礼银表达出不同于一般日本赠物的震惊和厌恶。使行录中表达出
这种"礼银厌恶"的例子为数不少。例如第二次使行，日本使者送来将
军赠银，李景稷先是辞道："礼则然矣，但银货非授受之礼物，以此未安
耳。"使者不肯持还，李的态度便逐渐强硬："我国士大夫，本无以银为
礼之事，厚意则感矣，决不可受。"日后甚至在使行录中写道："系于银
货，言之污口，置之勿问。"②面对将军使者所说的话，反倒成为温和的场

---

① 《显宗实录》，"显宗十一年八月二十九日癸丑"条，第 36 册，第 674 页。
② 《选编》，李景稷，"九月初五日丁卯"条、"九月初八日庚子"条、"九月二十六日
戊午"条，第一册，第 317、321、333 页。

面话了。从事官南龙翼有诗："才把尺书凭白雁，肯教装橐污黄金。"[①] 通信副使任守干发行前，柳凤征的赆行文："行观其囊有诗、橐无金，然后学士之廉，自不类呈"[②]，也是同理。

但是，日本亦并非有意作梗。通信使使行录中记载金银"是日本敬待尊客之礼也"[③]，在日本公、私礼单中非常常见，日本大名向本国通事赠物、向将军进献亦用金银[④]，此言非虚。[⑤] 也就是说，朝鲜人清楚日本赠银并非有意轻慢。但即便如此，他们仍决定依从"银货非授受之礼物"的观念，拒绝入乡随俗，这自然是因为他们最终不得不回归的朝鲜社会有所期待。因此笔者拟将通信使的这种"礼银厌恶"放回其历史环境中，观察礼银的出现与流变。

首先，朝鲜光海六年（1614）追溯接待明使先例的户曹启文提到，礼银出现于 17 世纪初明使向朝鲜远接使索取的物产：

> 我国于接待华使时，唯以馔品丰盛，供帐鲜明，为致敬尽礼之道，二百年来，如斯而已矣。至于太监之行，则需素索土产，如白苎布等物，罔有纪极，至捧品布，犹患不足，其来久矣。自顾天使始开用银之路，当初只得责出带来员役口粮、廪给银子，我国之人，固已惊骇。朱、梁两学士之来，颇以顾天使挠害为言，而口粮、廪给之规，犹不得改，熊天使时亦然矣。……刘、冉两行时，台谏至有不宜用银之启，前兵使郭再祐至于抗疏，极陈用银之害。诚以自前，我国不通银货，此路一开，恐遂为无穷之弊故也。第以事势言

---

① 《选编》，南龙翼，"十月十三日癸亥"条《夜坐感怀奉两使要和》诗，第二册，第321 页。

② 《选编》，任守干，"遯窝府君日本使行时赆章"条，第三册，第 229 页。

③ 《选编》，任絖，"十二月二十八日戊戌"条，第二册，第 141 页。

④ 《选编》，洪景海，"四月十四日"条，第四册，第 184 页有："闻各州太守各给黄金三片于六船所在之倭通事处，其余通事倭则给一片，每片重一钱二分，称一宝，直银一两二钱云。"

⑤ 关于日本以金银为赠答品习俗的诞生及演变，参看樱井信哉：《近世における贈與による統治——貨幣を中心に》，收于《横浜経営研究》2002 年 12 月 23 卷 2/3 号，第 99—114 页；中岛圭一：《京都における「銀貨」の成立》，收于《（日本）国立歴史民俗博物館研究報告》，2004 年 3 月第 113 期，第 181—192 页。

之，虽使古人当接伴之任，其能拒绝册使要索难矣。[①]

"顾天使"，即1602年出使的顾天峻；"朱、梁两学士"指1606年出使的朱之蕃、梁有年；"熊天使"指1609年出使的熊化；"刘、冉两使"之"刘"指1609年出使的刘用，"冉"指1610年出使的冉登。出使时，顾天峻秩正六品，任翰林院侍讲；朱之蕃秩从六品，任翰林院修撰，梁有年秩从七品，任礼科左给事中；熊化秩正八品，任行人司行人，只有刘用、冉登秩正四品，为太监。[②]依朝鲜《实录》，1602年明使顾天峻开礼银之先河，此后沿袭成例。朝鲜后期第一次通信使出发于1607年，去此时仅有五年，因此朝鲜士人的"礼银厌恶"是以对明使征索的惊骇和厌恶为背景的。另外，朝鲜时代国产矿银确实并不多，而且国内多以楮货、铜币甚至丝绢实物等流通，几乎不用白银。[③]早在太宗、世宗时代，朝鲜就曾以"本国不产金银，欲将别物代贡"向明申告；[④]16世纪末壬辰战争后，日本丁银通过釜山倭馆流入朝鲜。[⑤]因此，朝鲜人有理由因为白银于本国无用、又与对外贸易联系紧密而产生并不正面的印象，这也有可能参与构成朝鲜通信使反感礼银的背景。总而言之，在17世纪初，朝鲜人因礼银而表现出的震惊与羞愤，与前四次通信使的表现一致。

但是，到17世纪三四十年代，通信使行中逐渐形成将礼银带回、再交由户曹处理的应对方式，使臣虽然仍旧在使行录中表示厌恶，却已不再震惊。到五六十年代，使臣、六曹乃至朝鲜国王已经习惯这种处理。

---

① 《光海君日记（中草本）》，"光海六年九月二日辛亥"条，第28册，第303页。

② 据《光海君日记（中草本）》，"光海六年九月十日己未"条，第32册，第341页；"光海二年六月十六日己丑"条，第31册，第546页，"顾天使"出使在壬寅年、"朱、梁两学士"出使在丙午年、"熊天使"出使在己酉年，参考殷雪征：《明朝与朝鲜的礼仪之争》，山东大学博士学位论文，2015年，第25—40页《明朝遣往朝鲜使臣一览表》，可知姓名官职。

③ 韩国银行编著，李思萌、马达译：《韩国货币史》，中国金融出版社，2018年，第32、45页。

④ 《太宗实录》，"太宗九年闰四月二十八日庚午"条，第1册，第487页；"太宗十一年十二月九日乙未"条，第1册，第613页。

⑤ 山本进：《朝鮮後期の銀財政》，《北九州市立大学外国語学部紀要》，2012年10月第133卷，第29—49页；《朝鮮後期の銀流通》，《北九州市立大学外国語学部紀要》，2012年10月第133卷，第1—27页。

如《显宗实录》载：

> 使臣之自北京还，清国例送银段于朝廷，称以赏赐。至是冬至使赍来银一千两，上以赐明善公主，即上第一女也。宋浚吉白上曰："<u>臣曾请以彼国例送，下于户曹，作接待时所需</u>，有所陈达。而今闻用于他处，未知何故也。"上曰："不下地部，不过二巡矣。"浚吉曰："自上不可以此为公得而私用，依前下于户曹可也。"上有惭色。[①]

到冬至使回还的 1668 年，银已经成为清廷赠予朝鲜燕行使的例行赆物。《实录》虽然甚至不愿将清廷的行为直称为"赏赐"，却也没有断然丢弃其赠品。使臣将礼银携回后交给户曹，用于清鲜关系政事，宋浚吉提倡的这种处理方式与前述通信使礼银经户曹用于公木贸易的做法如出一辙，其背后的原理是将赠银应用在与他国相关的事务上，认为这样一来，也就相当于不受赠银之惠了，因此也就没有必要再当彼国之面拒绝。换言之，这种处理方式很可能是首先出现于通信使，然后应用于燕行使的。这种应对方式上的转变发生在 17 世纪上半叶，其过程可由下表窥知一二：

表 2　《朝鲜王朝实录》所见朝鲜后期使行礼银处理办法

序号	公元年份	史料	出处	备注
1	1637	礼曹启曰："日本奉行等七人所送银子七百枚、绵子六百把、金银扇二百柄、铅提壶一坐，留置东莱云。宜令户曹区处。"上从之。	"仁祖十五年三月十三日壬子"条，第 34 册，第 680 页。	第四次通信使
2	1643	上引见通信使尹顺之、副使赵絅、从事官申濡等……先是，任絖等使日本，倭遗之金，絖不受，倭人强之，絖受而投诸海。及顺之、絅等还，倭人使护行差人，暗赍黄金六十两，到釜山始遗顺之等，盖虑使臣复有投金之事也。礼曹言："受之则有伤于使臣，不受则失远人之望，宜留置釜山，以为公家之用，而以明年公贸木，计给其直。"从之。	"仁祖二十一年十一月二十一日辛亥"条，第 35 册，第 168 页。	此为第五次通信使。"任絖等使日本"即第四次通信使

① 《显宗实录》，"显宗十年三月十一日甲辰"条，第 36 册，第 621 页。

序号	公元年份	史料	出处	备注
3	1644	正朝使郑良弼还自沈阳。清主送黑貂皮十张、紫貂皮百张、白金百两，上命付户曹，以补经费。	"仁祖二十二年一月二十九日戊午"条，第35册，第172页。	燕行使
4	1645	上以回还冬至使赍来银子，归之户曹。	"仁祖二十三年二月十一日甲子"条，第35册，第206页。	燕行使
5	1650	上幸西郊，迎清使，接见于仁政殿。清使传摄政王之书……又送芒彩六百匹、赤金五百两、银一万两，上以金银下户曹。	"孝宗一年五月十二日甲子"条，第35册，第428页。	使朝鲜使
6	1659	清国送白金彩段，上命赐淑宁翁主。政院陈启以为："彼国所送之物，不宜赐与翁主"，命下地部，以补经费。	"孝宗十年二月二十八日己丑"条，第36册，第176页。	未知
7	1669	使臣之自北京还……"依前下于户曹可也"。	"显宗十年三月十一日甲辰"，第36册，第621页。	此条即上文所揭史料
8	1684	使臣之还，清主例送银锦。上命下其银于有司，赐锦于明安公主。	"肃宗十年三月十五日辛巳"条，第38册，第684页。	燕行使
9	1691	传曰："国舅第宅，例自内司造给。而物力不逮，冬至使赍来银一千两，特赐本家，使之料理造成。"	"肃宗十七年四月二日丁巳"条，第39册，第243页。	燕行使
10	1720	（洪）致中曰："彼中所送使臣回礼银货，依前例留置马岛以代公作木二百同之意，既已状达矣。闻壬戌前例则因使臣禀定，预为分付于两南，所减之数，初不分定于民间云。今番使行时岭民之劳费不少。且今量役方始，民力甚困。预先分付于本道监司，所减公作木二百三同零，勿为分定于民间，似为得宜矣。"世子许之。	"肃宗四十六年一月二十四日辛卯"条，第41册，第94页。	第九次通信使
11	1721	命下冬至使赍来白银匹段于户曹。	"景宗一年三月二十三日甲申"条，第41册，第152页。	燕行使

续表

序号	公元年份	史料	出处	备注
12	1757	教曰："敕使赍来银缎,既是祭需,到政院后直下户曹,仍载《补编》。"	"英祖三十三年九月十二日辛丑"条,第43 册,第661 页。	使朝鲜使
13	1764	上命通信使赍来银子直下地部,俾补经费。	"英祖四十年七月二十二日壬申"条,第44 册,第173 页。	通信使

　　"地部"为朝鲜户曹之别称。上述处理方式,笔者暂未发现早于1637 年第四次通信使的例子。且根据第四、第五、第六通信使的使行录,这种做法确实是在对马护行人、使臣之间多次推让下形成的,而且有时朝鲜国王也参与劝说使臣收礼。[①]因此暂以 17 世纪三四十年代为这种做法形成的时间点。《实录》中此后的叙述都可以看出沿袭而来的驾轻就熟。而且到后期,这种做法似乎并不止应用于礼银,也推及于其他礼物,如 1748 年通信副使南泰耆座船失火,日本幕府将军又赠其"晒布三百匹、串海鼠十箱",回朝后英祖授之东莱府以备不时之需;[②]1763年冬至使归国,"赍来缎貂,命下该曹补经费"。[③]

　　到此为止,大致可以清理出礼银的出现以及相应的朝鲜人态度变化:17 世纪初,礼银随明使的征索和日本的赠通信使私礼物进入朝鲜人的视野,使后者震惊不已;17 世纪三四十年代,朝鲜在处理通信使礼银的过程中逐渐形成一套处理方法——暂且收领礼银,回国后交户曹,用于与赠予国相关的事务。此后这种处理沿袭成例,虽然偶有赠给公主、外戚的例子,却并不是主流。

---

①《选编》,南龙翼,"二月初三日壬子"条,第二册,第364 页。"使之依丙子(即第四次通信使)、癸未(即第五次通信使)例,换贸公木","还朝后义成追送还却,且江户所不受之供米果之物,先王并令还给使臣。陈疏乞不受,不许。余则作诗送于湖堂,为折银追送于釜山,不得已告知于朝廷,移属户曹以补彼待之需。"
②《英祖实录》,"英祖二十四年八月五日丁亥"条,第43 册,第305 页;《选编》,洪景海,"六月十一日"条,第三册,第232 页。
③《英祖实录》,"英祖三十九年四月十一日戊戌"条,第44 册,第132 页。

五、结论

本文由通信使使行录的叙事出发，先解析文献体现出的执笔者的态度，再顺次考察燕行使与使朝鲜使的情况，发现与后者相关的文献也体现出类似的思考方式。亦即"人臣出疆，礼无私受"之态度，是朝鲜使臣身为士人，在出使外国时保持廉洁、心系国家的自我道德要求。在这一方面，朝鲜士人与具有共同知识背景的明清士人是十分相似的。

这种倾向性体现在通信使的实际行动中，就是前期使臣大都直接拒绝礼物，后期则遵从暂时收领、带回釜山后交予户曹处理的做法；体现在使行录的叙事笔调中，就是各式各样执笔者拒受私礼物的表达。需要注意的是，通信使是否收受私礼的决定权掌握在使臣手中，而且现存通信使使行录的作者即便不是三使臣，也一般是使行上层，所以从实际行动和叙事笔调中体现出的道德倾向是士人群体的戒律，并不代表所有朝鲜人的想法。行中军官、杂役等不具儒学背景的人员很可能并不这样想。而且，为了使叙事更加符合士人的道德观念，使行录可能存在一定程度的溢美或有意忽视。

此外，按照朝鲜士人的道德观念，金银等物是典型的"货宝"，不能作"授受之礼物"，因此反而成为良好的观察案例。朝鲜人对于赠银的处理也经历了一个从无到有、逐渐形成某种操作模式的过程。17世纪初，外交场合下的赠银随赴朝鲜明使的征索进入朝鲜人的视野，后者表现得既震惊又嫌恶；17世纪三四十年代，在通信使面对日本赠银的场合下，日后沿袭成例的做法形成——使臣暂且收领赠银、日后转交户曹，户曹将之用于与赠予国相关的事务。此后的燕行使也应用了类似的处理方法。

同时也可以看出，特别是在17世纪，明清中国、朝鲜王朝、江户日本对于赠银的态度存在明显的不同——在中国，银受到万众喜爱，即使是士人也有可能索银；在朝鲜，士人坚持银不能用作礼物，对银本身也没有什么好印象；在日本，银的流通已经比较广泛，而且用银向将军、大名或是其他贵人进献是自中世流传下来的传统。这种看待礼银的差异,很难说与白银的流通程度无关。尽管就常理而言,礼物因具有人情味而不能简单地以其经济价值来衡量,但礼银体现出的东亚三国差异或许值得更进一步、更多方面的考察。

另外,虽然朝鲜士人此种礼银处理的原则性依据在《孟子》或其他儒家典籍,但他们的实际行动却与另一个典型儒家社会——明清中国不尽相同。换言之,同样是儒学占诸主导地位的社会,在实际行动和对道德的解释上,依然存在诸多不同。因此,在联合燕行使、通信使或其他使行的研究中,比起归因,更细致的比对或许更有价值。

1763 年通信使交流之特征：围绕"中华"表象的竞争

张真熀

高丽大学 汉字汉文研究所 研究教授

绪论

　　壬辰倭乱之后，由朝鲜派往日本德川幕府的使节被称为"通信使"。1607 年至 1811 年间，朝鲜共派遣了 12 次通信使。初期，通信使的任务主要是讨论战后外交重启及俘虏归还，17 世纪后期以后，随着东亚国际秩序的稳定，通信使则主要担当着确认双方友好关系以及文化交流使节的角色。通信使在日期间，与包括日本学者、诗人、医员、僧侣等在内的各种日本文人进行笔谈并互换诗文。现存 1636 年第 4 次至 1811 年第 12 次通信使的 170 余种笔谈唱和集，正是这种交流的结果。这些书籍均由日本文人编辑，以写本及刊本的形式在日本流通。

　　笔谈唱和集由两国文人往来的诗文、书信和对话组成，其对话涵盖文学、学术、思想、历史、地理、医学、风俗等多种主题。其中关于实际对话的记录资料，可以说是生动体现了这一时期朝鲜和日本文化交流的情况。两国的笔谈唱和从 1682 年第 7 次使行开始变得正规化，从 1711 年第 8 次使行开始，其规模进一步扩大，笔谈唱和集的制作和流通也更加活跃。18 世纪时，朝鲜分别于 1711 年、1719 年、1748 年和 1763 年共四次派遣通信使，在此期间，两国文人之间的交流日益活跃。仅 18 世纪制作的笔谈唱和集资料就有约 140 种。

　　1763 年的癸未通信使①是通信使交流达到顶点的一次使行。本文旨在说明癸未使行时期笔谈唱和集中所体现的两国交流的特点。全文将首先整体性地阐述癸未通信使笔谈研究的重要性，接着以朝日两国文士笔谈交流时围绕"中华"表象表现出的态度差异为中心，探讨这一时期交流的特点。

一、癸未通信使笔谈唱和集研究的重要性

　　目前掌握的约 170 种笔谈唱和集资料中有 48 种制作于癸未通信使时期（目录见本文附录）。这一时期与朝鲜人进行笔谈的日本人达 500 多人。并且这一时期，不仅正使、制述官与三名书记官，甚至军官、船将、译官等各阶层的人物都留下了使行录。朝鲜使臣将使行经验在朝鲜国内分享的意识也比过去大幅提高。随着交流规模的扩大，交流的成果有了量的增长。交流成果数量的增大与参与这一时期交流的人物的态度有关。这一时期，在日本出现了一大批具有学术自信和学术实力的文人，他们争相参与到朝鲜人的笔谈唱和中，以此展示自己的学术才能，而朝鲜文士们也主动探寻日本人才。另外，朝鲜使臣积极收集日本信息，因此在这一时期的使行录中，相当程度的日本信息都是通过这样的笔谈获得的。

---

① 癸未通信使于 1763 年三月从汉阳出发，十月二十七日抵达对马岛藩主府中。1764 年二月二十六日抵达江户，二十七日于江户收到下传命令后，三月十一日踏上归途，并于六月十三日再次抵达对马岛。即这是一次 1763 年至 1764 年进行的使行活动，确切地说应该称之为"癸未甲申通信使"。此外，其在日本通常被称为"宝历甲申通信使"，因为日本大部分地区的人员都于 1764 年与通信使会面。但是，日本赤间关地区称其为"癸未甲申"，因为通信使到达此处的时间为 1763 年十二月。本文简称此次使行为癸未通信使或 1763 年通信使。

另外,在交流的深度和广度上也发现了比以前更上一层楼的情况。例如,1763 年担任通信使副使书记的元重举(1719—1790,号玄川)在出使之前,决心在日本展开程朱学教学,并向制述官南玉(1722—1770,号秋月)、正使书记成大中(1732—1812,号龙渊)提议一同参与其中。①在现有研究中,这一典型事例充分体现了朝鲜文士固守性理学的刻板性。但从另一个角度来看,相较于以前时期的使行人员,这一时期的通信使在使行之前便对日本的学术和思想风气有了特别的关注,具有更加主动的态度。他们关注对方国家人物的学术背景并事先准备好讨论的话题,这可以视作他们在为高质量的交流做准备。癸未使行时期,之所以能够活跃地进行学术讨论的原因之一就是朝鲜文士们主动的态度。

另外,该时期的使行录除使行日记外,还包含酬唱诗集和日本国志、纪行歌辞等多种形式,这体现了使行经验的意义化及海外信息加工方式的多变化。韩国学者朴熙秉在考察了通信使行录的闻见录的发展情况后,提出直到这一时期通过元重举和李德懋的著述,才可以称朝鲜成立了"日本学"。②即,此时使行录已超越单纯传达旅行见闻,确立"外交典型"的基本宗旨,出现了以提供日本总体信息为目标的著作。这不仅是对前一时期通信使交流成果积累的结果,也是 18 世纪后期朝鲜知识分子视野向东亚世界扩大的现象。这一时期制作使行录的目的不仅仅是为了下一次使行所需这种实用的目的。可以说,这是当时朝鲜文士对周边世界系统化知识的追求,是当时浓厚的学术氛围的产物。因此,考察癸未使行时期的交流,对了解 18 世纪中期以后朝鲜的学术方向及世界观的变化等具有重要的意义。

这一时期通信使交流所具有的上述意义,再次让人想起癸未通信

---

① 初到釜山,余谓两友曰:"日本之人不知有程朱,吾欲动引程朱以接之,兄意如何?"两友难之曰:"岂不好耶。……"(元重举:《乘槎录》卷二,高丽大学校所藏本)

② 朴熙秉:《朝鲜의 日本学 成立 - 元重擧와 李德懋》,《韩国文化》第 61 辑,首尔大学校奎章阁韩国学研究院,2013 年。

使笔谈唱和集研究的重要性。通过对笔谈唱和集进行系统性探讨，可以进一步完善和充实这一时期的文化交流研究。如果说使行录是从作者的观点出发将交流经验进行加工提炼后形成的资料，那么笔谈唱和集则真实生动地记录了实际的交流现场，人们讲了些什么，采取了什么样的态度。

因此，通过研究通信使笔谈唱和集，可以完整地掌握当时两国人之间交流的实际情况。不仅是使行录，在活用日本关于朝鲜的文献记录时，也要先提出实际的交流情况到底是如何的问题。加工后的资料虽体现了作者的认识和世界观，或其时代的要求，从这一点来看，这是有意义的资料，但是这些资料并没有如实地展现出基于这些资料的实际情况本身。当然，所有的文本都是对现实的主观认识的产物，而笔谈唱和集中出现的交流现场也可以称之为由作者或编者重新构成的场面。但是，这种从生产方式本身就具有“相互性”的文本，在一定程度上还是可以引导读者接近实际情况的“客观”实体。

当然，笔谈唱和集也不是完全没有编辑者的润色或有意的篡改。其中收录的笔谈唱和虽为两国文人同作，但其书的成册和出版均是由日本人在考虑到日本读者之后而进行的。例如，关于 1711 年辛卯使行中新井白石和朝鲜三使臣的笔谈资料，朝日双方均有保存（《江关笔谈》与《坐间笔语》），但两方资料在原文上却存在细微差距。甚至以白石的书和笔谈而被熟知的《鸿胪笔谈》被判定是抄录了癸未通信使笔谈集《倾盖集》内容的伪作。[①] 出于对以上情况的考虑，韩国学者许敬震认为：“在把相互沟通交换意见的笔谈集作为第一手史料时，如果出现超越常识的记录，那么就有必要验证是否是在出版过程中进行了更正。”[②]

但是，不能因为这些问题便否认笔谈唱和文本所具有的现场性意

---

① 曹永心：《笔谈唱和集〈鸿胪笔谈〉에 대하여－僞作과 그 意义으로 中心으로》，《洌上古典研究》第 49 辑，洌上古典研究会，2016 年。
② 许敬震：《笔谈과 漂流记의 现场에서 编辑 및 出版까지의 거리》，《日本思想》第 26 辑，韩国日本思想史学会，2014 年，72 页。

义。日本通信使行的笔谈唱和集是以可见的实际的笔谈草稿为底稿，从而再现笔谈现场的资料。且日本文士们小心收藏的笔谈纸，直接成为了笔谈唱和集的编撰材料。当然，在编辑笔谈的过程中，不免有修改字迹的情况，甚至有的还插入了伪造的对话。一个需要了解的情况是，大部分的笔谈唱和集均为双方会见以后便立即板刻，并在一两个月内进行出版和流通，所以即便有改动也只限于一小部分内容。当然，我们也不能无视笔谈唱和集内容的更改与否，便假设笔谈唱和集是完整再现了交流现场的资料。因为笔谈唱和集虽然包含着实际的对话内容，但围绕对话的情况和氛围等诸要素已经消失，只剩下文本本身。然而另一方面，笔谈唱和集所具有的这些局限性也可以为了解交流的实际情况提供有用的信息。这便意味着我们可以根据对话的再现方式、实际笔谈和文本内容的距离、编辑者的意图和作用等文本生产的条件，来分析特定对话内容被收录的缘由。综上，如果能考虑到笔谈唱和资料的上述特性并仔细研读文本，便可知这些资料对于掌握通信使交流的实际情况可能比任何记录都更为有效。

笔谈唱和集研究的另一个重要原因是，通过这些资料，我们可以考证当时参加交流的日本文士所关心的问题和态度。通过考察日本文士向朝鲜人提出了什么问题，日本文士自身想要传达什么样的信息，就可得知当时日本文人对于通信使交流抱有何种期待。即，笔谈唱和集的对话包含着实际对话的现场，当然如上所述虽为"重新构成"的现场，但是通过这些记录，可以考察在交流过程中双方各自关注对方的点，以及双方是否出现思维方式的不同。仔细研究这些内容，我们能够超越沟通或对立、友好或蔑视等二分法的视角，更为清晰地解读当时东亚交流中出现各种面貌的意义所在。正是出于这一点，分析通信使笔谈能够勾勒出当时东亚文化交流的一个侧面，这也是本文最终目的。

二、笔谈唱和集中癸未通信使交流的特点

无论在民族抑或是文化方面，明朝都是中华的实际代表。明朝灭亡后，东亚各国要求对中华的概念进行重新解读。"中华文明"的代表不

仅也不应只有"儒家文明"的中国和朝鲜，日本德川幕府也为了巩固统治而引进儒教作为官学，因此，在"文明"的概念下日本德川幕府也不得不受到中华思想的影响。由于明朝的灭亡，中华空间变成了"空位"，首要问题便是以何来填补中华，同时东亚各国都试图将"中华"的名义占为己有。清朝以皇帝为中心正式阐明了作为文化概念的"中华"；朝鲜以前就以"小中华"为荣，明亡之后，朝鲜主张普天之下其为唯一的"中华"。朝鲜为恢复战争后对国民的支配力，"朝鲜中华主义"的意识盛行，并且这种意识实现了士大夫阶层的团结。而日本在受到儒学影响的过程中所形成的问题是，如何引入经书中的华夷观以及如何更改"中华"的概念。

18 世纪的通信使交流就是在这种思想背景下进行的。癸未通信使日本使行的时期为 18 世纪中后期，从日本思想的大趋势来看，很难看作是朱子学的兴盛期。相比而言，关注国学或兰学等新的学术潮流，或许更有利于了解这一时期日本的思想史轨迹。但是当时参与通信使交流的 500 多名日本文士大部分都是儒学者，或者是具备儒学素养的僧侣或医员。他们虽然表现出徂徕学或反徂徕学、朱子学、折衷学等各种倾向，但均认为学问的中心是"儒学"，且对于"中华"概念，都认可儒学是衡量文明性的尺度。儒家社会中，汉诗酬唱被看作是士人的必备素养，因而两国文人便以汉诗酬唱的形式展开了交流。另外，两国文士之间能够进行交流和对话的原因在于两者共有的儒学素养及中华文明的价值取向。

1763 年笔谈唱和集所具有的特点中，最具代表性的就是围绕"中华表象"展开的沟通与竞争。两国文士将"中华"这个代码作为沟通的基础展开了对话。但是与"中华"也就是儒家文明相关的各种对话主题，即儒家经典、衣冠服饰、礼乐制度等，早在通信使交流初期就已被采纳为笔谈唱和集的主要话题。只是 17 世纪日本的文士们在汉诗素养和学术发展水平上还未表现出日本比朝鲜优越的态度。但进入 18 世纪后，日本出现了像荻生徂徕一样轻视朝鲜文学水平，或像新井白石一样夸大日本礼乐制度的文士们。并且在 1748 年，几位徂徕学派文人提出日本仍保留着先王古代文物的主张。1763 年，参与交流的日本文士整体倾向于强调日本作为"中华文明的使者"的地位。

本章将阐述这种竞争格局以何种形式加以体现。下面将具体论述两国文士对"中华表象"的态度，对对方国家文士对此的反应及效果如何。朝鲜方面，本文主要以制述官南玉、正使书记成大中和副使书记元重举，即负责笔谈的三位文士的态度为中心进行分析。

1. 朝鲜文士：在礼之精神的领悟方面以中华典范自居

不管是朝鲜的三位使臣及制述官、书记，还是当时的朝鲜士大夫们都一致认为，朝鲜应当以"中华使者"的威仪去教化"蛮夷日本"。参与使行的朝鲜学士、书记们都带着以"文"彰显国威，以"礼"展现"中华士人"风貌的使命。日本文士经常就朝鲜的衣冠服饰等礼乐制度方面提问，只要情况允许，朝鲜文士就会如实回答朝鲜现行制度、礼仪、衣冠的详细名称等等。元重举还曾因未能满足日本文士想要留下其服饰的请求而感到遗憾。不仅是文人阶层，军官或小童等人也拥有这种自豪感。以下是关于上述内容问答的例证。

> 禀："学士所戴冠，其名云何？"
> 答："司马温公独乐园中所着冠也，名温公冠，儒者着之。"①
>
> 龙山问："公衣冠名何？"
> 退石答："冠幅巾衣道袍，乃古圣贤所着。"
> 龙山再答："服先王之法服，行先王之德行，可羡可羡。唯不知君之所言先王之法言乎？"②
>
> 秘书："曾闻于壹岐值冬至，不知行道中亦别有其礼乎？"
> 成大中："非但冬至，朔望则有望阙礼，冬至正朝，例有贺礼。故向于岐州遇至日，三使相皆具金冠朝服，上高丘望故国，率一行

---

①《宝历甲申朝鲜人赠答录》，日本福井市立图书馆所藏本。
②《问槎余响》卷上，1764 年二月一日，韩国国立中央图书馆所藏本。

文武官员，行山呼之礼。赤间关遇正朝，亦如之。"①

　　"贵邦三年丧居倚庐者，着丧服为力役佣作也？否则官赐粟乎？又其礼皆袭周制乎？"（茅山）

　　"虽丧中，农者为农，商者为商。但其持礼如礼耳。大凡丧礼，是自天子达于庶人者，故其节目亦多从上，而言其庶人，苫块草覆，自为倚闾，食素断色，自为持礼耳。余可类推，冠昏祭亦同。弊邦自君上至庶人，皆遵《家礼》而已。"（玄川）②

　　朝鲜文士们在回答过程中积极向日本文士传达了朝鲜士大夫在日常生活中注重实现中华价值，朝鲜是完全实行中华制度的国家等信息。如上述所示，在日本文士询问冠帽的名称时，朝鲜文士不仅说明其名称，还用"司马温公在独乐园中所使用的"，"以前圣贤所穿过的"等方式来强调其意义。另外，成大中及大臣们在远离朝廷的情况下仍按照节气严格遵守礼仪，元重举在谈到婚丧嫁娶问题时也表示，甚至朝鲜的平民百姓们也都遵守《朱子家礼》。另一方面，朝鲜的士大夫们具有与中国人相当的汉语读写能力，甚至连言语也表现出和中国相似的一面。③元重举还说，朝鲜作为受箕子教化的国家，因此发音和中国相似。④此外，成大中强调朝鲜科举制度运作理想。事实上，在朝鲜确实以儒家思想作为社会制度和文化的根基，但实际上平民百姓很难守丧三年，而科举制度也弊端斑斑。另外，朝鲜人一边使用被称为"方言"的朝鲜语，一边又通过数年的努力，学习作为书面语的汉文。士大夫在学习经书时，除汉文外，还需要谚文的帮助。但是，癸未使行时期的制述官和书记们几乎不约而同地省略了所有这些弊端，只回答朝鲜是作为和中国相

---

①《韩馆唱和》卷二，1764年三月二日，日本国立公文书馆所藏本。

②《两好余话》附录，日本天理大学图书馆所藏本。

③ "贵邦音韵须与中华异，虽则异乎，如轻重清浊，天子圣哲，一呼吸中自判然否？""虽与华音小异，清浊自判，不似贵邦之音嘐嘐无章。"（《朝鲜人来朝于津村御场笔语》，大坂府立中之岛图书馆所藏本）

④ 玄川："我国字音出于箕子，故于中国最近。诗文赋辞等百体具有读法韵折，惜乎不能与同声音耳。【鹤台先生使玄川高吟和诗，因有此言。】"（《长门癸甲问槎》坤下，东京都立中央图书馆所藏本）

似的国家，运行着理想的儒家制度。

而且，他们没有详细回应任何有损朝鲜"中华形象"的话题，并且试图缩小其意味。例如，成大中曾收到两次关于展示朝鲜谚文的请求，但他都以没有时间为由拒绝答复。对于日本文士请求解释谚文字句的书信，南玉和元重举也都没有回信，这也许是因为朝鲜文士并没有必要必须回复日本文士提问。关于火葬、鸟葬等葬礼仪式以及飞头獠的相关提问，成大中斩钉截铁地表示："朝鲜作为小中华绝对不会发生那样的事情"。①而在被问到朝鲜佛教相关问题时，他则说"不应当向儒学者提出这样的问题"。关于"朝鲜有无佩刀的习俗，还是如日本一样身份低的人不敢佩剑"的提问，成大中极力否认说："朝鲜不可能有那种边塞的习俗。"②

朝鲜虽与中华的制度相距甚远，但关于朝鲜风俗的问题却一次次出现，由此可以看出日本人主要关心的还是朝鲜传承的中华礼乐文化。因此，我们有必要探讨一下，双方在关于这一部分内容的对话上是否存在对立或分歧。在笔谈及使行录中可见朝鲜文士们想要"教导日本礼仪"的意图，即朝鲜文士积极传达有关衣冠文物、科举制度等各种礼制信息的最终目的是，通过展示朝鲜人自身体现的礼数从而以德服人（日本人）。一言以蔽之，就是"用夏变夷"。这虽然是个听起来多少有点抽象的目标，但是如果日本人能够叹服朝鲜的礼乐文化，并想要模仿它，进而充分理解朝鲜文士们深深领悟的中华文化之精髓即为礼之精神的话，那么也可说一定程度上实现了这个目标。元重举在《乘槎录》中记述自己的目标似乎取得了成果，但从笔谈唱和集收录的对话中可以看出，事

---

① "人死则僧俗共烧化，所谓火葬也，间有土葬者而已。夫鸟葬则弃之中野，水葬则没之江流者，绝亡矣。虽贵邦亦然，或有水、鸟二葬耶？"（仙楼）"此法岂中华所有，弊邦小中华，复没此事耳。所谓土葬、火葬也。"（秋月）（《两好余话》卷上，1764 年四月）禀："吾国无飞头獠，贵邦或有见之者乎？"（青桂）答："飞头是西南夷俗，弊邦小中华，绝无此事耳。"（龙渊）（《观枫互咏》卷上，1764 年四月六日，中野叁敏所藏本）

② "弊邦人佩刀于腰间，贵邦人□之，尊卑皆如此欤？其无官爵者，不敢带刀铍邪？""带剑者，非北俗则南风，吾邦岂有是观。君试看吾军，岂有一寸铁乎？小刀聊备裁纸削简用耳。""古云'男子出行不离剑佩，远行不离弓矢'如何？"（《朝鲜人来朝于津村御场笔语》）

实并非如此。下面是关于日本服饰的对话。

玄川曰："身体发肤受之父母，君何剃除须发？"

道载曰："昔孔子宋于宋，于越于于越。"

玄川曰："大圣人之事，不可妄自证。"①

"唯羞此服俗名上下，自诸君衣冠视之，岂不发笑。"（仙楼）

"既知其可笑，又知其可悦，盍出谷迁乔。"（秋月）

"国习于义何害？"（仙楼）②

问："何为带牛佩犊？"（玄川）

答："二百年来，为士君子者，必带双剑。"（文虎）

问："是带剑本意杀他人耶，抑防人之来杀我耶？俱非平世之像，不佩似无妨矣。未知此亦国法云着令甲否？"（玄川）

答："令有之，带双剑者为士君子，不带者为庶人，国风不可变也。人或谓国家无叔孙通，可以恨矣。余观之，则吾邦尚武，谁备而然，古称丈夫邦，良有故也。亦以是四夷畏服，莫敢袭我者。且但代君子亦带剑，何事彼柔弱之态？"（文虎）③

上文可以看出日本文士赞叹朝鲜衣冠服饰的内容，（如果没有现实的难关）他们似乎想抛弃日本的习俗沿袭朝鲜的衣冠服饰。但是如果指责日本的服饰，日本文士就会用"沿袭国俗不伤大义"或"自古大丈夫体不离剑"等话语来应对。第一篇引文是徂徕学派文士龟井鲁（1743—1814，字道载，号南冥）的笔谈。龟井鲁的穿着与日本普通人不同，他自称此为"明朝居士"的穿着。但龟井鲁与日本人一样剃除了须发，因此当元重举问及为何如此时，龟井鲁如上述作答。第二篇笔谈的对象是奥典元继（1729—1807，号仙楼）。他虽以日本的服饰俗名上下而惭愧，但认为这是沿袭国俗所以不成问题。第三篇引文中则更进一步的体现了源文虎对于日本本国尚武风俗的自豪感。源文虎认为就是因此四方

---

① 《泱泱余响》，1763 年十二月十一日，京都大学附属图书馆所藏本。

② 《两好余话》卷上，1764 年一月。

③ 《鸿胪摭华》坤，1764 年一月二十二日，日本西尾市岩濑文库所藏本。

蛮夷才不敢小看日本。这暗示着朝鲜对清朝称臣并陷入文弱后与日本的情况完全不同。据元重举所言："源文虎学习程朱，敬仰程朱，其父葬礼均依据《文公家礼》削石刻碑，立于墓前"。但是，对于这种有违儒家思想的日本尚武风俗，元重举完全没有提出异议。

　　日本文士在询问朝鲜的礼乐文化时，经常会问其仿效中国哪个时代的制度。另外，他们一方面称赞朝鲜的礼乐在队形和礼仪上均具备准则的同时，一方面又指出朝鲜使用的乐器与古乐器的样子不同。他们将朝鲜的乐器与古代典籍中出现的乐器及日本的古乐器进行了比较。此外，日本文士并非单纯地赞叹朝鲜官服之雅，而是就朝鲜官服与品阶如何关联，官帽因官制的不同而有何不同等方面进行了调查。他们对祭礼和丧礼的细节也提出了疑问。日本文士们曾想象，如果朝鲜作为儒教国家还保存着礼乐文化的话，其制度就是自古传承而来的原型制度。以下笔谈内容便体现了日本人的上述思考。

　　"衣冠皆古雅，多是周制乎？"（仙楼）

　　"周制则已古矣，不知其必如此，而中朝盛唐时华制则分明也。"（龙渊）[1]

　　余曰："退石子巾名什么？"

　　渊曰："莲叶冠。"

　　余曰："尤佳。未知中华古有斯制。"

　　渊曰："华人尽秃头，何得有冠？"【余问古制，而渊答以今人，谬矣。】

　　余曰："周之东迁宜矣。"龙渊笑。[2]

　　"贵邦传投壶礼，又冠婚丧祭，皆遵周制耶？"（茅山）

　　"有投壶，四礼皆因《周礼》，而全用《文公家礼》。"（秋月）[3]

---

① 《两好余话》卷上，1764 年一月。
② 《萍遇录》卷上，1764 年四月五日，日本静嘉堂文库所藏本。
③ 《两好余话》附录。

日本人显然将朝鲜人视为中华之典范并且想学习它，但是，他们似乎没能理解朝鲜人"领悟到礼"的自豪感。朝鲜与中华相近，并不意味着朝鲜完全沿袭了过去的制度，而是理解礼乐文化的价值之后根据时代的改变适当地运用。朝鲜士大夫通过接受教育及科举考试、婚丧嫁娶等社会制度已经将儒教价值深度内化，但是日本儒者则与朝鲜士大夫不同，他们将儒教作为"外来学问"接受后将其"适用"于日本社会，从而发展自己的学术，却不能抓住现实政治中实现儒教价值的机会。因此，日本文士所谓对礼乐文化的"学习"，实际上不是从实践，而只是从考证和知识积累的角度来论及的。这与朝鲜人设想的"通过实践礼而实现中华"的概念完全不同。因为对于朝鲜的文士来说，重要的不是"古"，而是"行"，即此时此地的实践。如上所述，两国文士虽共享了"中华"这一代码，但其目标却并不相同。

癸未通信使中的三个文士在和日本人的学术讨论中批评他们只致力于文艺而忽视了日常的孝悌忠信，这也就意味着癸未通信使认为日本文士只追求博学而不懂礼。而朝鲜的士大夫作为儒学者对礼之精神有深刻的体会，在衣冠、服饰及国家礼仪和日常礼法上也都如此，所以三人相信朝鲜才是中华的典范。同时三人认为没有向日本证明的必要，因为这是不言自明的事实。但是，从笔谈来看，日本文士似乎不能理解朝鲜人的这种思维方式。在很多情况下，日本人以朝鲜人的学识、作诗能力、衣冠和服饰，以及朝鲜的科举和儒教礼法等为依据来衡量他们文明的"水平"。因此，日本人认为在类似的方面，日本也一定程度上实现了中华价值，日本与朝鲜是平等的或者比朝鲜更优越。

在癸未通信使笔谈交流中发现的主要内容之一就是日本文士对朝鲜文士"（小中华）自豪感"的抵触。就实现中华文明的程度而言，他们试图论证日本从不落后于朝鲜，甚至在某些方面比朝鲜更优越。这可以理解为，两国文士围绕曾作为相互沟通的代码使用的"中华"表象展开了竞争。当然，朝鲜的文士们从不认为与日本人的交流存在对决或竞争。他们无论在何处都是以中华之士自居，而对日本人进行评价。他们原以为的蛮夷日本竟能够用汉文进行对话，因此他们高度评价日本知道景仰中华。但是另一方面，随着日本文士文言水平的增长，也能感觉到他们并非完全崇敬朝鲜的文士。因此，癸未通信使的文士们比起以前的学士、书记们更加忠实地履行了自身使命，即体现"小中华"的威严。也就是说，朝鲜文士在与日本文士的交流中，为巩固朝鲜"中华典范"的地位，他们都曾有意或无意地努力过。

2. 日本文士：主张日本作为中华实践者的优越性

另外，日本的文士们为了证明本国文化的优越性，必须找出公认的、足以与"中华实践者"朝鲜相媲美的日本的优点。首先是学术和文学的水平。日本文士们渴望得到朝鲜人的认可，尤其是相较前期取得长足发展的日本学术和文坛。日本文士与朝鲜文士主要进行交流的方式即为诗文唱和，故而他们也想强调自己在此方面的优势。他们还主张朝鲜的学术是守旧的，而日本的学术更加先进。同时他们试图"重新发现"原本就保留在日本的古代文物的价值，从而通过它们来证明日本保存着中华文化之精华。

日本文士们试图从以下两个方面证明本国学术及文学的优越性。其一是对朝鲜的学术倾向提出问题并强调日本学术更加先进。他们将整个东亚儒学史视作克服异端的历史，而徂徕学则是程朱之后首次克服了佛教的思想①；他们认为在李攀龙和王世贞时期，文章已经兼备修辞和

①"自梁木之坏矣，杨墨塞路，孟子辟之廓，如火于秦、老于汉、佛于晋唐。当此之时，搢绅先生传注训古，拮据甚瘁，岂遑及其他哉？董仲舒、韩退之之外，莫有浩然自拔振起斯道乎尔。逮宋兴，程朱诸先生出，倡理气心性之说，斥佛老异端之学，宇宙为之一新矣。象山、阳明不亦大才乎，直情径行，君子之所耻。陈白沙、吴廷翰之徒，虽有异同，不能出朱子樊篱矣。仆所见如此，明公以为何如？"松庵曰："吾道者，安天下之道也；佛教者，治心之道也，岂不冰炭水火之相反乎？而程朱诸老先生，专唱心学之说，其不类释氏者几希矣。仆非搅金银铜铁为一器，欲分金银铜铁为别器也，故疑程朱之言类释氏耳。持敬穷理四字，最近似浮屠也。盖为学之道，精修六经先秦之文，旁通诸子百家之说，而后仲尼之道明如观火矣。不然，其说虽高妙精微，臆度妄说，不足信耳。"（《松庵笔语》，1764年三月六日，日本国立公文书馆所藏本）

达意，而日本文士荻生徂徕尊崇李、王，主张古文辞并风靡一时[1]；宋元明历代学者都不能折衷禅与朱子思想，但日本的学者却在此方面取得了比肩中国人的学术成就等等。[2] 上述这些都是强调日本学术在东亚儒学史中处于领先地位的发言。即儒学虽传入日本时间不长，但却已经出现了有远见卓识的学者，他们阐明了古道。而且中国散逸的古经却被保存于日本的事实也被作为这种主张的依据。[3]

其二为日本文士将与朝鲜人的诗文唱和描写为两国的文雅之争，在描写笔战或文战的内容中可以看出他们认为日本对朝鲜有压倒性优势。这一描写方式主要发现于笔谈唱和集的序文中，可以说是日本人自己为证明本国文学的优秀而进行的尝试。相反，以前在笔谈中记录的关于两国作诗倾向的比较，却未在癸未使行时期的笔谈中发现。更重要的是证明日本文学的优越性，这一尝试是很难通过与朝鲜人的笔谈取得成功的。因此，日本文士便通过笔谈唱和集的序跋将上述那些言论在日本境

---

[1] "文章翰墨，虽已异世，修辞与达意二派而已。夏商时盖未分二派，周有悠久，自化大行，明哲辈出，文与质相均，莫不彬彬也。于是修辞达意亦彬彬，渐分孟、荀、老、列，最主达意，左、国、庄、骚，最主修辞……明兴北地，李子蝉脱鸡群，独唱古文于前，李、王继奋力扼腕和于后。修辞与达意兼二派，宇宙一新，殆羽翼于两司马、雄、固，欲以除宋元之弊也。于此文运复焕发，若日月以升盈、卉木以向太阳，瞭瞭乎复古矣。是则三家之力可谓务焉。夫以时与道污隆也，犹日月代明、四时迭行，衰即盛、盛即衰矣。虽我日本莫不亦然也。我邦古来所称，大率皆八大家，唐、宋、元、明亡敢择体，用语录中之语为文者既久矣。然天降命出一儒士，于时元禄正德纪年之间，振古文辞于东都……戊辰信使来日本也，文学矩轩视我东都，谓'李王文辞若颇啮瓦砾，余不敢采二家也'。今也贵邦之于文辞，唯在韩柳二家欤？ 或又有因李王而修古文者欤？ 冀闻大国之称于时文辞。"（《两东斗语》坤，1764 年三月九日，日本国立公文书馆所藏本）
[2] "足下谓读《四书》以朱子新注为主，以宋元明诸儒之说羽翼之，是固宜然。虽然，宋元明诸儒之说，岂可尽信哉？ 高者入禅，卑者流于诸子百家之说，不能折衷朱子，直到开明缜密之境也。徒谁知彼善于此欤？ 虽华桑隔越，风俗气习不相同，然至乎禀性于天而理之同者，人人有殊哉？ 第其中有贤愚品级者，此其由于人而由于地耶？ 吾所师承春庵先生所著《四书疏林》，商采宋元明诸儒注解，纰缪者质诸程朱，使仆辈有所凭焉。顷读李沛霖所著《异同条辨》，乃知有与先生所著暗吻合者，可见人性之禀于天者，果华桑不相远焉。足下以为何如？ 伏冀垂教。"（《和韩双鸣集・筑前蓝岛唱和》，1763 年十二月十日，九州大学附属图书馆所藏本）
[3] 关于古经的分析参考夫马进：《燕行使와通信使》，新书院，261—281 页，2008 年。（日本版：夫马进：《朝鲜燕行使と朝鲜通信使》，名古屋大学出版会，2015 年）

内传播。①

　　下文将考察一下后者的方式。日本文士将朝鲜人与中华的表象联系起来理解的同时，也想证明本国文化与中华价值的一脉相承。他们最看重的价值还是"古"。当时与通信使交流的日本人均认为儒教的理想在于三代至治，因此越是"古"就越接近于原来的"道"。作为日本独有的古制或古代文物，他们举出的实例是天皇朝廷的衣冠文物，隋唐以前的古乐（及高丽乐）还有秦以前的古经。这三点是朝鲜乃至明清代中国都无法企及的卓越优势。下面是日本人关于上述主张的笔谈示例。

　　　　又曰："仆系帝室，知公同源。仆祖去中国而东，经历几年，仆生长斯地，衣服习俗，不得不随于邦也。今观公等冠裳，则怀汉之感寔深矣。然生长中土，则不免清人之胡俗，彼此一是非，仆不欲言也。中土实可慨叹矣。贵国文物，可敬可敬。"

　　　　水轩曰："即令大天之下，礼乐文物独存弊邦，而国各异制，何歉之有？从俗而已。但公以帝室之裔，落此日域，长为异国之人，追思前代，必多歉恨。"……

　　　　龙门曰："吾邦先王遣使隋唐，又择俊秀学于其土，谓之留学

①　典型实例如下："今兹鸡林聘使来，所谓韩客也。自正使至于掌书记，皆彼土词骚中之选，而其使之当于此邦操觚之士者也。盖知其承命以来，各养词鸡者有年所而皆自谓，虚骄之气既已几矣。吾术之全，无敢应者也。然养之难以己所好，则安有于其似木鸡乎？一入我东域，好事之士，所在为群，望韩馆而直前词场，大者昂然，小者竦然，笔觜如削，文气峥嵘，愧季氏介羽，贱后氏金距，与彼相斗者，不可枚数也，亦升平君子之争也。而韩人下里巴曲，共以敏捷为才，我士阳春白雪，各以精工为至，其优劣不论而自分焉。凡诗章苟不精工，则虽一日千首奚以为？不为难耳。故虽无武后，不啻为宋延清夺锦袍，落羽缤纷，流血漂管。而余友河内北元章者，郢曲高调，盖其人也，其于笔阵，实有猿面王之勇也，亦以诗赋斗于浪华鸡林坛，奚必喑噁叱咤？第以谭笑，屡能先鸣焉。韩人知其不可复敌乎猿面王也，辟而后鸣之鸡，敛翅相步，似以请成者。"（林义卿：《鸡坛嘤鸣序》，《鸡坛嘤鸣》，大坂府立中之岛图书馆所藏本）"昔者神皇后一张桑弓，制服三韩，武德永威，待之以狗。近世丰臣王提三尺剑，自将伐韩，八道风靡，余勇猎虎。吾日本之于朝鲜，盖以此二役，盛为国誉矣。今俊卿之诗，神后之弓也。修之以文，施之以道，汉魏振其旅，李杜拜其将，风雅以弦，比兴为矢，圆朗以引满，秀华以射发，而无不中也。其盛矣乎！俊卿之书，丰王之剑也，金英为笔，铁精为墨。"（源惟直：《题宾馆唱和集》，《宾馆唱和集》，京都大学史料编纂所所藏本）

生。礼乐制度一遵其制，衣冠文物焕乎盛矣。文武官僚，有献策科举之法，人之有器也，各得以进矣。拖紫带金，若俛拾地芥也。故天朝典礼于今不改。……人物裳衣不遵古制，苟从简便，实如赵武灵之用胡服者，二百年矣，是志士所叹恨矣。仆虽殊域遗种，幸观朝之士大夫冠裳严然，胜中土之胡俗者万万矣，是仆所欣悦也。"[1]

禀（秋月）："僧因静知之乎？"

复（图南）："旧相识，因静善笛，仆能瑟，故日亲。"

禀（秋月）："君与因静一来，吹笛吹瑟以解我客愁。"

复（图南）："虽欲令先生闻之，非仆所业故辞。我国所传之乐，皆隋唐以前诸曲，不失其谱，如《韶虞》《象武》及《王昭君临河》诸曲，俨然备焉。又所传有高丽谱，其声甚堪爱，大异贵邦骑吹之音，想古先圣之乐，幸而不丧我国耳，顾君夫不健羡乎？"

复（秋月）："不闻，恨恨闷闷。"[2]

上文所示是徂徕学派的中坚学者宫濑龙门（1720—1771）的笔谈。他曾于 1748 年和 1763 年两次与通信使会见，1763 年时他化名为"刘维翰"，自称是汉皇室的后裔，与通信使展开了笔谈。他声称自己如果在中国出生，定能科举及第成为高官；他还声称幸好在日本出生，不用穿蛮夷的服饰。同时，自己作为"中土之遗种"深切敬畏日本不臣服于清朝，而在天皇朝廷中保留古代衣冠文物的做法。他和不同的人尝试进行了四次类似对话。第二个笔谈引文来自名叫山田正珍（1749—1787）的幕府医官，他主张日本保存着隋、唐以前的古乐。

日本文士关于日本古代文物的言论可概括如下。中国古乐早在宋代以后便已失传，衣冠服饰也随着时代变迁，最终变化为辫发和胡服。古经原是中国佚失的，但现珍藏在日本的古经传入中国后受到了瞩目。而朝鲜虽有衣冠，但不过是明制；音乐的渊源也不明确，也没有保存古乐器。从朝鲜的学术风气来看，书籍不足，再加上受科举考试的束缚，

①《东槎余谈》，1764 年三月十日，日本东北大学附属图书馆所藏本。
②《桑韩笔语》，1764 年三月三日，东京都立中央图书馆所藏本。

只重视朱子的注解。如此看来，在保存中华价值方面，日本在东亚占有独一无二的地位。当然，日本文士并未在主张日本优越性的同时将这三点向朝鲜人一目了然地提出。但种种笔谈中可见，每个日本文士都会提及三点中的一或二三，并征求朝鲜人的同意。而笔谈集的读者们看到相关对话后便会自然而然地将朝鲜和日本进行比较，从而得出上述结论。

总而言之，日本文士们虽在一定程度上认可了朝鲜作为中华文化传播者的地位，但另一方面他们主张日本作为东亚文明的中心，具备了其他任何国家都无法比拟的卓越资质，其核心便在于"保存有古代文物"。这种主张乍一看似乎是强调日本优越性的狭隘论述，但实际上是日本儒学者的苦心所想。即日本作为儒学的"后出发者"，如何在东亚文明内寻找自己的位置。丰臣秀吉与神功皇后的武威直到征韩论的出现，一直是日本对朝鲜具有优越感的来源，关于这一点在笔谈集的序言中也都曾提到过。但是笔谈交流是儒学者和儒学者的"文"的对话，故而不能以"武"方面的优势得到对方的承认。加之，通信使交流是以德川家康平定了丰臣家为名义，所以更不能在对话过程中透露这种想法。取而代之的是，日本文士以文为标准，使用东亚知识分子的共同语言——儒学语言，从中华的表象和日本文化的结合点出发来展示自己的地位。一定程度上在儒学者范围内扩散的言论成为此时期日本文士用以进行自我确认的基础。但是我们可以充分推测，通过日本文士与通信使的交流，使得这种言论得以表面化，而且通过笔谈集使得这些言论得以在儒学者之间广泛传播。

此外，日本人还提到了高丽乐、王仁等古代韩半岛和日本交流的有关话题，这种现象也值得探讨。高丽乐是从韩半岛传到日本的古乐，王仁作为百济的学者，被认为是日本文字和学问的始祖。即这两个现象均揭示了从韩半岛向日本进行文化转移的事实。从近代观点来看，日本方面没有理由偏偏提出这两个事实。但是对于日本文士来说，高丽乐作为具有古代风貌的格调乐曲，在朝鲜早已失传。另外，王仁也被认为是日本在古代特定时期已具备学问教化的历史证据。也就是说，正如朝鲜有箕子，日本的文明象征是王仁。

　　朝鲜文士们对于"日本优越论"的反应如何？事实上，日本的衣冠服饰及古乐的保存与否等等并没有引起朝鲜人的关注，这也与通信使在旅程中根本没有机会接触到日本宫廷衣冠和舞乐有关。朝鲜文士们主要就日本服饰中的佩剑习俗和头发形态等风俗有关的问题进行了提问。因为他们的目的在于收集日本这个国家的总体信息，所以他们理所当然地关注更为易见的整体社会风俗和习俗。而且，天皇的存在本身就是僭越，再加上天皇已经失去了实际权力，只是毫无意义地维持政权，所以在日本朝廷中继承的服装和礼仪等都是没有实际意义、徒有虚名的表象。因此朝鲜文士虽仔细收集了有关日本的信息，但没有就有关日本朝廷的衣冠文物或音乐方面进行提问，在使行录中也从没有提到过。

　　朝鲜文士认为（那些古乐和衣冠文物）不仅无法确认其真实性，也从不认为时间久远之物更具价值。儒学基本上都带有"复古"的倾向，事实上，朝鲜人也的确认为自己的"礼制"是以周制为根据。但孟子以后，朱子出现并阐明道统之前，这一时期的制度或经书注释都只是学问走向正统之前的准备阶段。这种观点同样适用于看待朝鲜半岛的历史。在高丽末期，李穑、郑梦周等学者出现之前，朝鲜半岛也只是佛教繁盛的蛮荒之地。基于这一点，朝鲜文士们不愿意提及高丽等旧王朝。当然，此时朝鲜已经出现了例如《东史纲目》等古代史研究的成果，朝鲜内部对朝鲜半岛旧王朝的学术性探索也并非全无。但是，在通信使交流中，体现中华形象尤为重要，因此朝鲜文士并未将朝鲜半岛的古代史视作恰当的话题。他们强调高丽音乐和朝鲜音乐的断绝性，认为找不到王仁的事迹虽然可惜，但并不是重要问题。又因为王仁是与文教相关的人物，所以在通信使使行录中可以提到此人，也因此王仁在朝鲜内部逐渐被了解。

　　也就是说，日本的文士们虽然想通过各种方式证明本国文化的优越性，但是这种意图并没有很好地传达给朝鲜人。朝鲜文士虽在自己的使行录中记录了有关日本书籍或学术的真实性信息，但却没有提及日本保存的古代文物，即天皇朝廷的衣冠服饰或隋唐时期的古乐。在笔谈过程中，他们也没有对此表示赞叹，而是抱持漠不关心的态度。而且，朝鲜文士非但没有承认日本学术或文学已经超过朝鲜和中国，甚至从未察觉到日本人的这种主张。例如，筑前的书记兼朱子学文士井土鲁垌，将自己老师竹田新庵之父竹田春庵的《四书疏林》与中国李沛霖的成果作比。鲁垌很明显地是在显示日本学术已超越朝鲜，接近中华。但南玉对此只说"虚无"，即称赞日本作为崇尚佛教的国家也能有正确的学问。

但是，朝鲜人对日本文士的这种竞争意识之所以没有轻易察觉，还有一个很重要的原因，那就是在实际笔谈过程中，日本人以彬彬有礼的态度对待朝鲜人，并尽量避免提出可能引发冲突的意见。日本文士会以"韩人尊信程朱云云者，姑阿其所好耳"（《朝鲜人来朝于津村御场笔语》），或是"宋儒腐谈，不足论也，故不复议学术，而问他"（《宝历甲申朝鲜人赠答录》）等方式掩盖自己的真实意图。而在编辑笔谈集时，将在实际对话中无法说出的内心想法，通过附加自己的话语来表达自己的意图。

在编辑过程中，日本文士还添加了因为没有抓住适当机会而没能说出口的话。前文所举有关音乐的示例中，"我国所传……您不羡慕吗？"这句话可以认定为对话结束后再添加的内容。在《东槎余谈》中记载的宫濑龙门关于日本衣冠的笔谈中也存在后来添加的部分。另外，比较两国作诗倾向，表现日本文学优秀性的笔谈唱和集的序跋文也是在与通信使的会面结束后，以国内读者为对象重新撰写的文章。即证明日本文化优越性的大部分内容都是在笔谈编辑和流通阶段，即双方谈话结束后进行的。也就是说，日本人关于本国文化优越论的主张在实际笔谈中是相当"小心"地提出的，但在此后笔谈唱和集的编辑和流通过程却更加明确地表达了这样的言论。

关于这种情况，以下两个引文提供了有趣的示例。两文由参与到此时期与通信使笔谈交流的江户国学弟子关松窗（1727—1801）所写。

> 余谓夫朝鲜虽蠢尔东夷也，称为礼义之国，且有先王遗风，故
> 其士大夫亦皆颇文雅，闲习辞藻。我王室之盛，比内诸侯，遣使供
> 贡职，其入宿卫者则拜博士亦有焉。由是观之，好文之风自古以然

矣。今之来者，冠带文物，亦可以观焉。余初见清人，咸鬊袤辫发，亦为不善变矣，比之大有径庭也。①

仲尼曰：礼失而求之野。信乎此言！我不无之感云。初吾监视南京商舶也，其徒七十余人，皆胡服辫发，不复有华风矣。乃谓贾竖氓固当然也，其士大夫则未必同焉。问之，则曰："今世之俗服无差等，施由朝始。若夫明时之制，则既靡有孑遗，独在其朝服图式观之而已矣。"于是我泫然涕出曰："噫！朱明失守，蛮夷猾夏，而后腥膻鞑虏，变服易俗，使先王冠冕衣带之国，变成于鬊袤左衽之俗，则其能国乎！每思及之，未尝不奋袂切齿也。中土犹然，况于诸戎侏偻乎！繇是观之，则遵先王之遗训，其章服之可观乎，今乃在天地间，唯我与韩有是夫。然我则以唐，彼则以明，皆有因而存焉。其所以杰然而出类者，此故之以。夫韩虽蠢尔东夷，僻在荒服外也，箕子封而居之，何陋之有。其教渐衰而尚未坠于地，俨然被服仪度，不如诸夏之亡也。间有夷夏杂糅，不合古典，则地使之然也。使其一变，则岂知不至所谓华也哉！是以会于韩贡使来也，我搢绅处士多通刺请见，馆无虚日。②

从以上两篇引文中可以看出围绕中华表象展开的竞赛结果，以及日本文人的认识能达到什么程度。乍一看，主题似乎是称颂朝鲜的衣冠文物保有旧制，但又与其他笔谈集序文的语气不同。这篇文章虽然对朝鲜没有直接的贬损，但与其他序文相比来看，此文实为贬低了朝鲜。因为此文在中华文明问题上完全颠倒了朝鲜和日本的立场。"朝鲜虽为东夷却知礼仪"，这与过去宋、明称赞高丽等朝鲜半岛国家时使用的表达方式相似。另外，日本是保留着唐制礼仪、服饰的国家，上文作者对这一事实自鸣得意。他还评价道，在边塞各民族中唯有朝鲜与日本同样杰出，甚至还说朝鲜如果改变的话就可以达到"中华"。

这篇文章从朝鲜人的观点来看是不成体统的，但将"朝鲜"和"日

---

① 关松窗：《宾馆唱和集序》，《宾馆唱和集》，东京大学史料编纂所所藏本。
② 关松窗：《倾盖集后序》，《倾盖集》，九州大学所藏本。

本"换个角度看，就具有相当自然的缘由。朝鲜士大夫对中华的没落感到悲伤，对保存在本国的衣冠文物感到自豪，将日本视为蛮夷的同时鼓励他们以"文"参与"中华"。这种朝鲜士大夫对待日本人的典型态度与上文的观点是一致的。关松窗是否考虑到这一点而写了这篇文章，我们无从得知。但是通过这篇文章我们可以充分推测出这一时期日本儒学者的想象，即朝日关系的最终归宿。

结论

癸未通信使笔谈交流的主要特点之一是两国文士围绕中华表象的专属展开了竞争。日本文士们以探究中华文物为宗旨，对朝鲜的礼乐文物和制度进行了调查；朝鲜文士们在回答这些问题的过程中，为了传达自己是领悟"礼之精神"的"小中华"而做出了努力。对他们而言，朝鲜具有"中华地位"是不言而喻的事实；日本虽怀有"用夏变夷"的志向，但仍在向"华"迈进的过程中。另一方面，朝鲜拥有儒家制度且朝鲜人的学术和文学渊源很深，日本人也正是基于这一点认定朝鲜人为中华之人，但对于朝鲜人宣扬的"礼之精神"，他们几乎不能理解。他们只基于学术或文物制度的水平来评价朝鲜是与中华相近的程度。因此，他们认为，日本的学术和文学已有显著发展的同时还保存了古代中国的礼乐文物，故而日本自身才是中华精髓的实践者。

日本人在笔谈过程中提出上述见解并希望得到朝鲜人的认可。但是在很多情况下，日本文士由于礼仪上的问题和对方的不关心，无法畅所欲言。因此在事后笔谈的编辑过程中，他们采用了"注记"的形式，或者通过伪造和添加笔谈内容来表达自己的这种意图。另外，他们还以国内读者为对象利用笔谈集的序跋文散布了这样的议论。徂徕学派文人的笔谈中经常可以发现有关强调日本保留有古代文物的内容，但当时参与交流的日本文士们不分学派几乎都认为日本文治兴盛，无论学术抑或是文学都不落后于朝鲜和中国。可见，日本文士对日本文化优越论主张并非仅限于笔谈的现场，也体现在笔谈的编辑和流通过程中。虽然这些行为都是由日本文士个人单独进行的，但从资料整体来看，可知这是当时日本文人的共同意识和倾向。

韩国学者许南麟曾指出："对于近代东亚世界来说，自我中心性或优越性的集体意识是在对外关系的基础上评判现实的基本原理。"[1] 他还提出从 17 世纪到 19 世纪中叶，朝鲜和日本的关系是"通过外交性言论、贸易、文化交流、民族集体认识、意识形态等手段和机制展开的，可以说这是在二元结构之上展开的中心对周边的集团性竞争"。[2] 不仅如此，近代日本针对"他国"主张日本优越论，这一优越论基于神国的理念，通过武威的政体维持和运行。[3] 正如癸未通信使笔谈集的序跋所示，即使是儒学者也不例外。与视文为武之对立的元重举不同，日本文士认为文武平等，如日本过去用武力征伐朝鲜一样，现在要用文使朝鲜文士屈服。[4]

考虑到这些一般原理，重新总结癸未通信使笔谈交流的意义如下：朝鲜的文学和学术领先于日本，文物制度也接近中华，这是通信使交流开始以来两国文人共有的观念，这在癸未通信使时期也是一样。因此，朝鲜文士们不用刻意主张朝鲜的优越性，而是站在评价日本学术和文学的立场上。相反，日本文士主张日本优越论的同时因为上述需要，而贬低朝鲜的文学和学术。但通信使交流是以诗文唱和为主，所以基本上也只能让朝鲜处于优势地位。因此，日本文人阶层发展到一定程度后便不能单纯地只接受这种不均衡。

日本的文士们虽然仍没有放弃武力上的优越感，但在实际交流过程中并没有表现出这种认识。无论何处，他们只按照朝鲜文士的标准讨论文学和中华。在这一基础上，两国的交流得以成立。结果，朝鲜的文士们承认日本人是东亚文明的一员，日本的儒者通过与朝鲜人"文"的

---

[1] 许南麟：《对外关系에 있어서의 中心과 外缘의 二重构造：近世日本의 对朝鲜关系》，许南麟编：《朝鲜时代 속의 日本》，景仁文化社，2013 年，239 页。

[2] 同上，237 页。

[3] 同上，239—247 页。

[4] 具智贤：《1763 年 笔谈资料를 통해 본 에도에서의 文士 交流-〈倾盖集〉序文에 보이는 认识을 中心으로》，《东方学志》第 153 辑，延世大国学研究院，2011 年，82—83 页。

对等交流,确信自己进入了普遍文明的中心。[1] 此时的文明,或者说普遍文明,纯粹是儒学者的观点所看到的,是他们的认识中存在的观念世界。但是观念上的变化可以推动其他实际关系,进而可以肯定,它在一定程度上影响了现实世界的变化。因此基于这一点,可以说是癸未通信使笔谈交流为探讨近代东亚文化交流的方向提供了重要参照点。

[附录]1763 年笔谈唱和集目录[2]

	书名	所藏处		著·编者[2]	形态
1	泱泱余响	日本	京都大学附属图书馆	[龟井鲁]	写本 1 册 *《龟井南冥·昭阳全集》第 1 卷,苇书房(1975)所收影印本
2	蓝岛唱和集	日本	福冈县立图书馆栉田家文书	[栉田彧]	写本 1 册 * 与《蓝岛唱和集》(1719)为同一册
3	长门癸甲问槎	日本	东京都立中央图书馆	[泷长恺等]	刊本 4 卷 4 册
4	槎客萍水集	日本	东京都立中央图书馆	[市浦直春等]	写本 5 卷 1 册 * 表题:甲申槎客萍水集
5	牛渚唱和	日本	九州大学	[井潜]	写本 2 卷 1 册
6	鸿胪摭华	日本	西尾市岩濑文库	[源文虎]	写本 2 卷 1 册
7	奇事风闻	日本	大坂府立中之岛图书馆	[义端]	写本 1 册
8	两好余话	日本	天里大学图书馆	仙楼先生著/文人茅山衢贞谦士鸣·南浦胜元绰以宽同校	刊本 2 卷 2 册

---

[1] 朝鲜文士承认日本的儒者是普遍文明的一员,此为癸未通信使交流的又一重要特点。日本文士们一方面想要得到朝鲜人的认可,另一方面又主张自己的优越性,同样想在共同的文明圈内确认自己的地位。从这一点看,可以说癸未通信使笔谈交流是两国知识分子在东亚文明这一共同的文化场所中设定本国及对方国"文之坐标"的过程。关于此的详细论述参见张真煜:《癸未通信使 笔谈의 东아시아의 意味》,宝库社,2017 年。

[2] 资料的著/编者情况不确定时,用[ ]符号标注。笔谈参加者为多人时,只标明代表作者一人姓名,其余作者用[~等]标注。

续表

	书名	所藏处		著·编者	形态
9	观枫互咏	日本	中野叁敏（个人收藏）	[山口纯实等]	刊本 2 卷 2 册
10	鸡坛嘤鸣	日本	大坂府立中之岛图书馆	[衢贞谦]	写本（与刊本为同一册） * 标题：朝鲜人来朝于津村御场笔语 * 表题：朝鲜人草书日本人真书笔话
				河内橘庵北山彰世美录 / 弟干世礼·门人木明徵定保校	刊本（与写本为同一册）
11	韩客人相笔话	韩国	国立中央图书馆	日本相士退甫道人新山退著 / 弟千之·门人内藤无角校	刊本 1 册
12	宝历甲申朝鲜人赠答录	日本	福井市立图书馆	鸟山崧岳著	写本 1 册 * 表题：宝历赠答录
13	问佩集	日本	国立公文书馆	日本平安大江资衡穉圭甫著	刊本 1 册
14	栗斋鸿胪摭笔	日本	东京都立中央图书馆	[源之明]	刊本 2 卷 2 册中下卷 *《栗斋探胜草（附录韩客唱和）》所收
15	萍遇录	日本	静嘉堂文库	淡海竺显常大典撰	写本 2 卷 1 册
16	讲余独览	韩国	国立中央图书馆	信浓南宫岳著 / 浪华叁浦言君谨·高须水谷申公甫辑校	刊本 1 册 * 标题：南宫先生讲余独览
17	问槎余响	韩国	国立中央图书馆	伊藤维典伯守辑	刊本 2 卷 2 册
18	殊服同调集	日本	东京都立中央图书馆	尾张林文翼子鹏辑录	刊本 1 册

	书名		所藏处	著·编者	形态
19	叁世唱和	日本	国立国会图书馆	门人源正卿·冈田宜生同校	刊本1册 *《名古屋丛书》第15卷文学编（二），名古屋市教育委员会（1962）所收活版本
20	河梁雅契	日本	国立国会图书馆	平时贯校	刊本1册
21	表海英华	日本	刈谷市立图书馆	国枝守义校	刊本1册
22	和韩医话	日本	国立公文书馆	张藩山口忠居湛玄著／浓州松浦寿师柳昌校	刊本2卷1册
23	韩人唱和	日本	名古屋市蓬左文库	［源秀云等］	写本2册（卷首题：韩人唱和，韩人归国唱和）*表题：甲申韩人唱和来朝，甲申韩人唱和归国
24	缟纻集	日本	福冈大学图书馆	［菅时宪］	写本2卷1册
			九州大学松涛文库		写本2卷1册
25	来观小华使臣诗集	日本	清见寺	［主忍等］	写本1册
26	青丘倾盖集	日本	九州大学	（上）骏东清恒子宪编集	刊本1册（上卷）
			东北大学狩野文库	（下）骏州清恒子宪编集	写本1册（下卷）
27	鸿胪馆诗文稿	日本	九州大学	［滕资哲］	写本1册 *表题：鸿胪馆和韩诗文稿
28	东渡笔谈	日本	国立公文书馆	日本东渡释因静著	刊本1册
29	倭韩医谈	日本	国立公文书馆	东都坂上善之编／同中泽以正校	刊本2卷1册
			东京都立中央图书馆		写本2卷1册
30	韩馆唱和	日本	国立公文书馆	［林信言］	写本3卷3册
31	韩馆唱和续集	日本	国立公文书馆	［林信有等］	写本3卷3册
32	韩馆唱和别集	日本	国立公文书馆	［德力良弼等］	写本1册
33	客馆唱和	日本	国立国会图书馆	［久保泰亨］	写本1册
34	歌芝照乘	日本	国立公文书馆	［涩井平］	写本1册
35	桑韩笔语	日本	东京都立中央图书馆	东都官医山田正珍宗俊编／门人于林宪章子文校	写本1册 *刊本抄写版

	书名		所藏处	著·编者		形态
36	甲申接槎录	美国	哈佛燕京图书馆	东郭源晖非龙著		写本 2 卷 1 册 *表题：接槎录
37	甲申韩客赠答	日本	祐德稻荷神社	［土田贞仍］		写本 1 册
38	韩馆应酬录	日本	福岛县立图书馆	［石宜明］		写本 1 册
39	松庵笔语	日本	国立公文书馆	［井敏卿］		写本 1 册
40	倾盖唱和录	日本	国立国会图书馆	［边瑛］		写本 1 册（部分） *《加摸西葛杜加国风说考》所收
41	两东斗语	日本	国立公文书馆	乾	松本良庵识	刊本 2 卷 2 册
				坤	［横田准大］	
42	倾盖集	日本	九州大学	东郊平鳞景瑞著		写本 1 册
43	东槎余谈	日本	东北大学附属图书馆	刘维翰文翼辑		写本 2 卷 1 册
44	宾馆唱和集	日本	东京大学史料编纂所	武州平俊卿子彦辑并书		刊本 1 册
45	品川一灯	日本	国立公文书馆	［涩井平］		写本 1 册
46	东游篇	日本	国立国会图书馆	那波师曾孝卿录		刊本 1 册
47	韩客唱和	韩国	国史编纂委员会	［龙芳］		写本 1 册 *表题：宝历信使韩客唱和
48	和韩双鸣集	日本	九州大学附属图书馆	卷 1	*（13）问佩集과같음	问佩集	刊本 6 卷 5 册
				卷 2	［龙世华等］	和韩双鸣集卷之二	
				卷 3	［芥元澄等］	芥园问槎	
				卷 4	［德云］	仙水游戏	
				卷 5	［嶋村晸·井土周道］	筑前蓝岛唱和	
				卷 6	［北尾春伦等］	宝历十四年甲申正月廿八日本国寺唱和·四月叁日再会	

18世纪朝日文人的"文会"与"文战"

——以通信使笔谈唱和集资料为中心

韩　东

南昌大学人文学院中文系副教授

引言

从 17 世纪初到 19 世纪初,朝鲜王朝从"交邻以信"的国策出发,总计向日本派出了 12 次通信使团。在这 200 多年间,朝鲜通信使团成员与日本文人进行了广泛的接触与交流。伴随着朝日文人的这种交往,产生了大量的笔谈、诗文唱和、行纪等文献资料。20 世纪初,朝鲜古书刊行会将朝鲜文人所撰行纪资料编辑成《海行总载》一书。[①]1970 年代,韩国民族文化推进会以此为底本,又先后刊印了《海行总载》韩文翻译本(全 12 册),并于每册书后收录汉文原文。[②]2015 年,复旦大学文史研究院又以《海行总载》为基础,编辑出版了《朝鲜通信使文献选

---

① 赵曦等:《海行总载》,朝鲜古书刊行会,1914—1916 年。
② 赵曦等:《(国译)海行总载》,韩国民族文化推进会,1974—1979 年。

编》(全5册)。①

对于这些资料,学界已从不同角度给予了关注。其中有从"重情"与"薄情"的角度出发探讨中日朝三国文人对待交流的情感差异的②;有从传播中华文化的视角解读朝鲜通信使及其资料的意义与价值的③;有挖掘朝鲜文人对日本文化的认知态度的④;还有阐释朝日文人交往中所体现的"文化比赛"心态的。⑤但总的来说,这些讨论多从朝鲜文人所撰行纪资料出发,而对日本文人所撰笔谈唱和集资料缺乏深入解读,或虽关注到了朝日文人交往中的情感意识差异及文化心态,但缺乏从微观角度进一步探讨朝日文人交往活动中的多维层面。

从1607年朝鲜第一次与日本开始通信,到1811年最后一次向日本派出使团,朝日两国的通信交流长达两个多世纪。但比较而言,由于16世纪末的日本侵朝战争以及17世纪前期的后金对朝战争、明亡清兴等一系列重大变局,17世纪朝日文人在通信使行时的交流尚不活跃。进入18世纪后,朝鲜王朝接受了自己在东亚朝贡体系中的角色,并且逐渐改变了对日本的敌对态度。伴随着政治局势的相对稳定,朝鲜与日本的文化交流也进入了少有的"蜜月期",因此要了解朝日文人间的文化交流,这一时期的资料就显得尤为重要。同时,由于朝鲜文人的行纪一贯带着"有色眼镜",所以,若要全面再现当时朝日文人的交流面貌,尤其应重视日本文人辑录的笔谈唱和资料。

① 复旦大学文史研究院编:《朝鲜通信史文献选编》(第1—5册),复旦大学出版社,2015年。
② 夫马进:《1765年洪大容的中国京师行与1764年朝鲜通信使》,《复旦学报(社会科学版)》,2008年第4期,第18—30页。
③ 徐毅:《朝鲜通信使在中日文化交流中的作用》,《南通大学学报(社会科学版)》,2011年第5期,第63—70页。
④ 金禹彤:《朝鲜通信使眼中的日本丧祭礼俗》,《东疆学刊》,2013年第1期,第7—12页。
⑤ 葛兆光:《文化间的比赛:朝鲜赴日通信使文献的意义》,《中华文史论丛》,2014年第2期,第1—50页。

一、18 世纪朝日文人交流的背景

18 世纪朝鲜通信使与日本文人间的交流，首先以明清易代之际东亚政治格局的变化为背景。明亡以后，"满清"入主中原，中华大地"以夷变夏"的事实刺激并导致了传统朝贡体系的瓦解。朝鲜虽然迫于政治、军事上的压力向清朝称臣纳贡，重新进入东亚朝贡体系之中，但君臣无不有"思明反清"之情，日本更是鄙视这个"夷人"建立的王朝。虽然从清朝初期开始，清王朝就希望日本进入朝贡体系，并指令朝鲜从中协调日本朝贡之事，但此时的日本早就不是那个渴望与明朝建立外交关系的国家，而朝鲜王朝对"中介"一事也毫不用心，最终日本没有同朝鲜一样进入清王朝构建的宗藩体制之中。[①]

并河天民（1679—1718）曾在《开疆录》中说："大日本国之威光，应及于唐土、朝鲜、琉球、南蛮诸国。"[②]可见明清交替之后，随着代表中华文化的明朝走向灭亡，日本国内出现了以日本为中心的"日本型华夷观"。而从 17 世纪后期高涨的"朝鲜中华主义"思想也让朝鲜君臣开始谋求一种新的外交环境，重新建立国家与士人的自信。在这样一种微妙的国际关系中，朝鲜与日本建立了一种相互依存的外交体系。这是一种奇怪的外交体制，双方身份平等，并无宗属关系，但是却都试图在外交礼仪上彰显自己的"正统"地位。朝日两国对于"通信使行"都非常重视，无论是朝鲜方面的使行团成员，还是日本方面负责沿路接待的官员，都是经过朝廷精挑细选的，而这些遴选的人员就成了日后双方文化交流活动的主力军。因此，朝日两国从政治出发对通信外交的重视，为朝日两国文人的交流提供了一个广阔的平台。

其次，17 世纪初，当朝日两国开始通信之时，日本的文化发展仍相对滞后，后来虽然国家实现一统、大兴文教，但在日本文人心目中，深受中华文化影响的朝鲜是先进文化之国，这导致推崇中华文化的日本文

[①] 柳岳武：《清初清、日、朝鲜三国关系初探》，《安徽史学》，2005 年第 4 期，第 16—22 页。

[②] 并河天民：《开疆录》，转引自水野明：《日本侵略中国思想的检证》，见戚其章、王如绘主编：《甲午战争与近代中国和世界》，1995 年，第 270 页。

人对这些渡海而来的"小华人"怀有好感,渴望与之交流。如 1764 年日本文人泷长恺见到朝鲜文人成大中时赋诗:"箕圣封疆鸭水东,汉阳建国地形雄。冠裳不染膻腥俗,声教犹存华夏风。盟府藏书朝典重,礼曹传命使槎通。独贤行役君无惮,共喜文明气运同。"① 在当时的日本文人心目中,来自朝鲜的使节都是能文善诗之士,如 1719 年朝鲜通信使团进入日本后,日本文人写下的诗句:"三韩使节入青云,上国文章惬素闻。书记翩翩老辞命,东方千骑不如君。"② 对朝鲜使节的才华表现出由衷的推崇。其他如日本文人松井良直提到朝鲜使节:"殊域唱酬笔作舟,两情通处更无丘。奇哉敏捷如飞电,句句精工不用阁。"③ 不仅推重其以笔为舟开展交流,更夸赞其思维敏捷、句法精工。又或是对其"布字属辞,一笔千扫,旁若无人"气魄的叹服。④ 井孝德在《倾盖集序》有言:"韩人之来也,相邀相要愿交一臂者无它,以彼尝己伎,以己试彼伎耳。"⑤ 由此可见日本文人希望与通晓中华文化的朝鲜使节交往并向其学习的心理。因此,当朝鲜文人到来时,日本便会出现"东都人士引领西望,待文斾之来若庆星景云,争先睹之为快"的景象。⑥

最后,朝鲜与日本虽然语言不通,但是两国文人都能熟练运用汉字。所以当朝日文人会面时,他们无须再通过翻译来传递信息,而是通过"以笔代舌"的笔谈方式进行交流。事实上,日本文人早就吐露过与朝鲜文人利用笔谈展开交流的渴望。如 1719 年通信使行时,日本文人山田定经就曾说:"惟夫两邦异言,四海同情,目击之际,神交即存,况

① 泷长恺:《长门癸甲问槎》(卷 1),韩国国立中央图书馆藏本,明和二年明伦馆刊本,第 17 页。

② 太宰春台:《信阳山人韩馆倡和稿》,日本国立公文书馆藏本,天明四年息偃馆写本,无页码。

③ 河间正胤:《桑韩唱酬集》(卷 1),韩国国立中央图书馆藏本,享保四年刊本,第 3 页。

④ 山田敬适意:《广陵问槎录》(卷下),韩国国立中央图书馆藏本,正德二年写本,无页码。

⑤ 平鳞:《倾盖集》,九州大学图书馆藏本,写本时间不详,无页码。

⑥ 山田敬适意:《广陵问槎录》(卷上),韩国国立中央图书馆藏本,正德二年写本,无页码。

笔话代舌不必缘译氏。"① 又如 1764 年通信使行时，日本文人奥田直毅也曾说过："夫朝鲜与吾大东，壤地不相接，语言不相通，然至其心效华夏之文雅，力追风骚之绝响，则钧之而已矣。是以自非以笔换舌，雄辨解颐安能可得交两国之欢哉。"② 由此可知，由于当时朝日文人都能熟练使用汉字，使得他们能够以笔谈的方式进行对话及文化交流。

在 1764 年刊行的日本文人南宫岳所撰《南宫先生讲余独揽》的扉页上有书肆商人的对句："艺苑新葩开列和韩通好之际会，瀚海清流派分古今为学之异同。"③ 可知这一时期朝日文人的交流既是以共同文艺追求为基础的沟通交好的盛会，也有学术观点的不同乃至论争。日本文人刘维翰在《东槎余谈》卷首中提到当时日本文人拜访朝鲜文人的情景："诸子大抵宿构其稿，以夸国有人矣，且预持难答者试之，至彼不置对，则傲然为韩人大惭矣。又有一试其所蓄，得片语褒赏，则以为终身之荣者。"④ 此处的"宿构其稿"与"预持难答者试之"，正反映了日本文人在诗文唱和中的争胜心态，说明了他们对这类文化交流活动的重视。在这样的心态下，朝日文人的交流也呈现出"友好"与"对抗"两种不同的格局。下文将就这两种格局概括为"文会"与"文战"两个方面展开具体论述。

二、朝日文人的"文会"

1719 年，日本文人雨森芳洲在与朝鲜文人笔谈时写下了这样一首诗："群仙今夜会，醉墨乱纵横。谈笑有余兴，何妨报五更。"⑤ 这首诗让我们看到当时朝日文人文会笔墨纵横、夜深不辍的场景。其他日本文人

① 河间正胤：《桑韩唱酬集》（卷 1），韩国国立中央图书馆藏本，享保四年刊本，第 9 页。
② 山田正珍：《桑韩笔语》，韩国国立中央图书馆藏本，宝历十四年尚古堂写本，无页码。
③ 南宫岳：《南宫先生讲余独览》，韩国国立中央图书馆藏本，明和元年刊本。
④ 刘维翰：《东槎余谈》（卷上），日本东北大学图书馆藏本，明和元年薛罗馆刊本，第 1 页。
⑤ 河间正胤：《桑韩唱酬集》（卷 1），韩国国立中央图书馆藏本，享保四年刊本，第 16 页。

也有诗提到当时的文会：“文会从来绝世尘，盈盘黄橘露香新。手中二颗何真味，使我欣然笑启唇。”① 从中可见当时朝日文人筵席间的热闹场景。朝日文人的文会，有时场面很盛大，如日本僧侣大典显常《萍遇录》载：“闻朝鲜制述书记辈，彬彬有才，西东间执贽唱酬者，千有余人。”②

日本文人与朝鲜文人都热衷于文会，但对于双方而言，文会的目的各有不同。下面分而论之。

1. 日本文人方面

日本文人与朝鲜文人展开“文会”主要有着三方面的考虑：其一，渴望通过诗文唱和展示文人的风度与情怀。如日本文人菅原纲忠《问佩集序》言：

> 卷末载三韩学士书记及医官诸人之诗若干篇，皆和酬于稚圭者也。金仁谦酬诗曰：“马州以北诗无敌”，其它诸子振锋裁绮，而赞仰其诗者，钦慕其才者，无虑居于多多焉。可谓流芳名乎异域，贻美誉乎殊方。呜呼！盛哉矣。昔者大江朝纲接遇渤海使裴璆于鸿胪馆，彼唱是和，吹笙吹簧，振词藻，竞才华，为裴璆辈罩所赏叹矣。今也稚圭之举，殆几之哉？夫以千岁之下，而亦足以观太古之遗音，岂不愉快哉！③

由这段记述可知，1764 年朝鲜文人南玉、成大中、元重举等人与日本文人大江资衡（号稚圭）诗文唱和，并对其诗艺予以了很高的评价。这种情形，让菅原纲忠想到了之前日本文人大江朝纲与渤海使节宴前诗歌唱和的往事，而且言辞间满怀向往之情。同样是在这一年，日本僧侣大典显常与朝鲜文人成大中在进行笔谈时曾问道：“曾观《皇华集》，乃明时徐居正辈衔命入贵邦，与一时缙绅所唱和也，不知当今亦有斯事否？”④ 此处提到的《皇华集》是一部诗歌唱和集，收录的是明代后期出

---

① 山田敬适意：《广陵问槎录》（卷上），韩国国立中央图书馆藏本，正德二年写本，无页码。

② 大典显常：《萍遇录》，韩国国立中央图书馆藏本，文久三年写本，无页码。

③ 大江资衡：《问佩集》，日本国立公文书馆藏本，明和元年奎文馆写本，第 3 页。

④ 大典显常：《萍遇录》，韩国国立中央图书馆藏本，文久三年写本，无页码。

使朝鲜的使臣与朝鲜文人的唱和诗。很显然，这部诗集也传到了日本，并为日本文人所熟知。因此可见，日本文人对于文会的推崇是有其历史渊源的。

日本文人热衷与朝鲜文人展开"文会"，除了历史的渊源外，更有在现实中"立名求雅"的追求。在朝日文会中，日本文人一般热衷于主动投诗求和，如朝鲜文人南玉对日本文人催促求和的回复："仆当属和，而万里之人，幸接一席，先之以笔语，次以酬唱，未为不可，不须汲汲如风檐之疾，阵马之骤。"①1711年，朝鲜通信使团出使日本，对此，日本文人荻生徂徕有如下记述：

> 此方藻舰士，海西达东关，蚁慕膻聚所在，云鹜染霄相诧，盖习俗所使，要亦升平一观也。吾党好事，近稍稍有起而试之者，事罢后，皆寓稿吾社中以相视也。后先陆丝委积巾箱底，顷因吉生、秋生来为整理，颇成卷帙，暇便展玩，则予向所谓芙蓉白雪之色，自堪远人起敬已。每值绝倒，辄呼毛颖片语以赏。②

这里提到，日本文人在与朝鲜使者笔谈或唱和后，往往将相关资料整理成卷并珍藏保存，或传于诗社同人展玩，有的还会和笔谈资料一起整理成集、刊行于世。如1711年的《客馆璀璨集》中言："二公联璧高堂，光焰万丈，孰不惊骇哉！所赐高和，可谓海外谪仙，殊域大王也。深以为欣羡，将持去而示同志而已。"③这一情形，在1719年和1748年的笔谈资料中也有记载：

> 幸被一顾，实千载之奇缘，百年之荣华，更无可比者。且袖高和二篇来，而见惠示之，拜嘉欣抃，何以谢之，当十袭为传家之珍。④
> 先生与韩人晤语凡三次，自朝至夕，未尝有倦，笔话成堆，唱酬满箧。韩人归藩之后，吾党之诸子同录为三册，于此乎奉示其册

---

① 市浦直春：《槎客萍水集》（卷1），韩国国会图书馆藏本，写本时间不详，无页码。
② 秋以正：《问槎畸赏》（卷上），日本国立公文书馆藏本，正德元年写本，第2页。
③ 木实闻：《客馆璀璨集》（后编），日本国立公文书馆藏本，刊本时间不详，第15页。
④ 河间正胤：《桑韩唱酬集》（卷2），韩国国立中央图书馆藏本，享保四年刊本，第6页。

于先生，为之请名。先生名以《薰风编》，门人小子人人享之拱璧者，又足以解吾党之愠焉。①

日本文人将唱和资料流传于诗社同人，或者作为传家之宝传于后世的举动，反映了他们期望以此“立名求雅”的心态。在当时的日本文人之间，传看与珍藏笔谈唱和集俨然成了一种时尚。日本文人的这种追求某种程度上还刺激了笔谈唱和集的商业化刊行。当得知有笔谈唱和的消息后，日本各地书商都会主动到日本文人家里求购资料，所以，当时的朝日文人笔谈唱和集往往很快就刊行于世，一些书商甚至持续对这些唱和资料关注多年。如浪华书林醉墨斋主人钦白就曾感叹：“正德辛卯岁，不佞刊布《两东唱和》，业已四十年。今岁，延享戊辰四月，韩使至我浪速城，诸贤唱和堆于案上。于兹，复纂集《和韩唱和》。不佞犬马过耳顺，而三见此盛事者，实升平美观也。”②

其二，通过笔谈进行交流、宣泄情感。“相逢异域欣同契，纵是新交似旧情”③，这是1711年朝日文人文会时日本文人写下的诗句。朝日文人基于对汉文化的共同了解，往往能够在短时间内产生一种情感上的亲近和默契。正如日本文人井敏卿初见朝鲜文人时所言：“今日之会，千载奇遇，以殊方之人而晤语一堂上，称知己于沧海万里之外，可谓宇宙间一大奇事矣。”④中世的日本没有科举制度，而且社会等级制度森严，国内士人的友情交往十分受限，如日本文人山田敬适意在所著笔谈唱和集《广陵问槎录》中曾感叹：“夫交友之际诚实而已，人惟轻浮故不能保其交也。苟不相合，则虽同乡同闾，其为相知者几希。如仆生质疏懒不惯时俗，趑趄嗫嚅，每每与人相违者十而八九。非啻人之不知仆，抑仆

---

① 山宫维深：《和韩笔谈薰风编》，韩国国立中央图书馆藏本，宽延元年写本，第2—3页。
② 村上秀范：《和韩唱和录》（卷上），韩国国立中央图书馆藏本，延享五年浪华书林刊本，第2页。
③ 山田敬适意：《广陵问槎录》（卷下），韩国国立中央图书馆藏本，正德二年写本，无页码。
④ 井敏卿：《松庵笔语》，日本国立公文书馆藏本，明和元年写本，无页码。

之不知人也。"①由此可知,生活在当时的日本文人内心是苦闷的,他们渴望与人交流,尤其与能够了解自己的人进行交流。所以,当朝鲜通信使团到来之后,双方的笔谈唱和就成为其情感宣泄的出口。

1719年朝鲜通信使团到来时,日本文人太宰纯德曾说:"乃其于诗,摘藻敏捷,多多益辩,陈王七步不能过云。纯自少稔闻此事,心且慕之……如或得见所谓朝鲜信使者,观其仪貌,听其言论,又以文字周旋其间,尚亦可以摅忧悒矣。"②对日本文人而言,与朝鲜文人的笔谈唱和不仅是交流的渠道,更是排遣苦闷的通道。正是由于这一点,尽管朝鲜的语言、风俗与日本并不一致,但双方的交流却能让日本文人倍感亲切。1764年朝鲜通信使行之时,日本文人井孝德和朝鲜文人进行了笔谈,其中便有谈到文会能够排忧的话题。

> 冠服虽异,言语虽殊,臭味之同,有以合之。君之望仆,以怊怅望征尘者以是耶。冠服虽同,言语虽通,外示服帖,中狭利害,同乡同年,必怀嫌猜,声音载笔,言语存纸,在万里之外,犹如一堂之上。仆之于足下,持此说以自慰耳。③

这里提到,朝鲜与日本在追求与使用汉文化方面是"臭味相投",所以即使风俗各异,却仍然能够围绕"文艺"展开真挚的交流,相比之下,日本国内的士人交往总是计较个人利害得失而相互猜忌,因此日本文人才选择同"万里之外"的朝鲜文人畅谈以求慰藉。

一般说来,朝鲜文人对于日本文人的求和与笔谈请求都会欣然接受。但是由于日本严格制定了"门禁"制度,如果没有相关接待官员的允许或引荐,想与朝鲜文人展开交流也并不那么容易。如1764年负责接待朝鲜通信使团的日本文人南宫岳就曾受到许多请托,他感叹到:"大抵韩使之来我也,远近之邦,蚁慕之士,虽与仆无一面之素者,亦因

---

① 山田敬适意:《广陵问槎录》(卷下),韩国国立中央图书馆藏本,正德二年写本,无页码。
② 太宰春台:《信阳山人韩馆倡和稿》,日本国立公文书馆藏本,天明四年息偃馆写本,无页码。
③ 井孝德:《品川一灯》,日本国立公文书馆藏本,天明三年写本,无页码。

诸友人诸吏以求我者奚啻什佰，而求他者亦何限。"① 由此可见，身处远地的日本寒士想要结交朝鲜文人是十分艰难的。如日本寒士江兼通得知朝鲜通信使行到来的消息后，星夜兼程赶到使团驻地，但是却未能进入宾馆。他因此写了《途中观朝鲜使人行》一诗赠给友人：

> 吾侪遥闻此盛事，竹杖芒鞋发富田。江湖落魄一寒士，头童齿豁囊无钱。学士馆前袖名纸，早晓扫门日暮旋。近体一章托小吏，半旬已无答书传。贫生难见韩知客，向人只说因缘没。没缘是日何处觅，直当抱恨到黄泉。②

由于没有人帮忙疏通，加之所托非人，寒士江兼通就算整日徘徊于宾馆之门，也未能实现与朝鲜文人交流的愿望。这也从一个侧面反映了日本社会中士人交往的困境。正因为见面交流的机会难得，一旦相交于一席之间，总会感到"日短话长宾馆里，邮筒相对意难穷"。③ 因此，也就难免"谈笑淋漓聊永夕，不妨篝火夜深回"了。④

其三，搜集材料或时务信息的需求。有关研究者谈到这个问题时，大都注意到了日本文人对明清时期的政治经济与社会文化信息的询问。⑤ 其实这只是其中一个方面，具体来说，还包括对朝鲜风土人情、东传汉学书籍以及医学知识等方面的关注。

对于同属东亚汉文化圈的日本人来说，对中华文化的向往自不必说，当他们在日本见到每年都亲历中华大地的"小华人"时，肯定要趁机向其询问有关中国的情况。日本僧侣释因静曾对文会中的朝鲜文人说："大东见称高僧者亦不乏，然而未知折节侍何师貌座下，是以宿昔私窃有意飞锡于西方，游中华及贵邦也。国禁不许，可恨可恨。曾闻贵

---

① 南宫岳：《南宫先生讲余独览》，韩国国立中央图书馆藏本，明和元年刊本，第19—20页。
② 秋以正：《问槎畸赏》（卷上），日本国立公文书馆藏本，正德元年写本，第30页。
③ 泷长恺：《长门癸甲问槎》（卷1），韩国国立中央图书馆藏本，明和二年明伦馆刊本，第2页。
④ 泷长恺：《长门癸甲问槎》（卷1），韩国国立中央图书馆藏本，明和二年明伦馆刊本，第17页。
⑤ 徐毅：《朝鲜通信使在中日文化交流中的作用》，《南通大学学报（社会科学版）》，2011年第5期，第68—70页。

邦接地于中华,且奉使入于天朝,面观朝野之美,贫道愿接芝眉者在于此。"① 由此可见,一部分日本文人接触朝鲜文人,是为了以此窥探心中文化圣地中国的现况。当时日本社会对中国的了解大体上有三个途径,一是输入的书籍,二是长崎的商船与漂民,三是通信使团。由于航行抑或漂流到长崎的商船上基本没有士人,而是商人与一些船夫,文化素养上先天不足,日本文人在与其笔谈时往往难以深入探讨。1764 年通信使行时,日本僧侣大典显常在与朝鲜文人的笔谈中就谈过这样的话题:

> 余曰:闽越接海,吾长崎华客岁至,犹比邻然,然皆商贾辈耳。如贵邦朝聘不绝,想躬历燕赵,名际朝班,其谙识搢绅君子之林矣。国体如何?风俗如何?学术如何?复与明时相若否?能变夷否?
>
> 渊曰:我邦人岁入中原,只至燕京而已,顺天以南未曾一至,未审其风俗制度。而今则用夷变夏矣,尚何言哉?君子所以三致意于吾邦也。②

明清交替对东亚的影响不仅体现在政治格局的变动,还反映在文化心态的适应方面。对于"夷狄"入主中原后的问题,日本同朝鲜一样抱有很大的好奇。现在的中国到底是什么情况?还如明朝时一样吗?清军入主中原已过百年了,当年的夷狄文化是否已经被汉化了呢?以上问题都是大典显常想通过朝鲜文人了解的。当然,对于中国的情况,除了学术问题外,朝鲜文人大都不会深入探讨。这里朝鲜文人成大中以一句"以夷变夏"又将话题引向了朝鲜,毕竟比起犯忌讳的话题,朝鲜文人更喜欢宣扬"朝鲜中华主义"。日本士人对朝鲜的中华文化本就有所向往,再加之文会时朝鲜文人自身的宣扬,也难怪大典显常会以"吾侪终不能一乘槎以窥小华文物之美"③ 为恨了。

再看 1711 年日本文人寺田立革与朝鲜文人笔谈的一段内容:

> 仆闻朝鲜之为地一方,秀丽祥气所钟,伟人才子往往而出,风化之美,文物之盛,几不让中华矣。自古来此邦者,历历可数,而

---

① 释因静:《东渡笔谈》,日本国立公文书馆藏本,刊本时间不详,第 10 页。
② 大典显常:《萍遇录》,韩国国立中央图书馆藏本,文久三年写本,无页码。
③ 同上。

皆无不鸣其才、擅其美，以流芳于国中也。方今见公之为人卓识宏才，其过于古人者，何啻万万哉！可谓不易得之才也。其余诸子德行文章超然一时者，有几人乎？且贵邦与中朝壤地相接，辙迹相通，想不待雁鲤往来以相知闻也。如今中华名儒最鸣于世者为谁？并记以示之则幸甚。①

从这段文字可以看出，日本文人几乎把朝鲜抬到了与中华几近同等的地位，寺田立革不仅想了解中国名儒的情况，还想知道这个深受中华文化影响的朝鲜名家的情况。除了这些基本情况的探问外，日本文人还在文会中对有关具体学术知识进行询问。如1748年日本文人山宫维深与朝鲜文人李命启、朴敬行进行文会时的对话：

雪楼：《唐六典》，我邦所传，明正德、嘉靖二版而已，并多磨灭，不知贵邦有官刻、私刊无误之本耶？

海皋：《六典》鄙邦无刊本，只于中秘书及贵人学士家藏明朝旧本，或贸来于燕肆，而亦皆明时旧本耳。

……

雪楼：吕晚村《四书讲义》，诸公观之否？所见何如？梁溪王金儒《诗广大全》，诸公亦用之否？《仪礼续通解》何如？

矩轩：晚村《讲义》，吾邦学者皆尚之，无容更议。《诗广大全》未曾见之。《仪礼续通解》亦多可取，而全信则不可，正好参看。

雪楼：常平社仓法，贵国亦用之耶？《春秋》胡传、左传，诸公孰用之？神主题名，书奉祀名于左于右耶？

矩轩：常平社仓法，用之。《春秋》经筵，用胡传。神主之号题名，用右。②

这里日本文人对于《唐六典》书籍版本的询问，是想在海外求得更好的善本；对《四书讲义》等学术著作的询问，是想了解朝鲜文人对学

---

① 山田敬适意：《广陵问槎录》（卷下），韩国国立中央图书馆藏本，正德二年写本，无页码。

② 山田敬适意：《广陵问槎录》（卷下），韩国国立中央图书馆藏本，正德二年写本，无页码。

术的看法；对经传的选用以及神主题名方式的询问，是从务实的角度出发希望获得可以指导实践的经验。

　　说到务实，日本文人在笔谈中对医学知识的询问表现得更加迫切详尽。在近代医学发展之前，中世的日本医学以传统的中医为主，而日本对于中医学的了解，又主要是学习传入日本的各种中医典籍，这其中影响比较大的是明代李时珍的《本草纲目》和朝鲜光海君时期编订的《东医宝典》。同时，就当时的中医学水准而言，朝鲜也是走在日本前面的。因此，在朝日文人的文会现场，总是能看到日本医员的身影。这些医员虽然不是专业的文人，但是也熟读诗书，所以，朝鲜文人也愿意与之交流。1748 年，日本医官野吕实夫在笔谈唱和集《朝鲜人笔谈》中记述了他与出使日本的朝鲜文人进行的交谈："延享戊辰夏，朝鲜来聘，予禀官，到其客馆，会学士、书记、医官等数人，问彼中物产。然识之者少，而得益不多矣。唯请良医，见其所赍药材，以博览而已。"① 由此可见，这些日本医官获取医学知识的"目的性"是非常明确的。然而，由于在朝鲜通信使团中，诗文唱和一贯是由书记官与制述官负责，因此，当日本医官们与朝鲜文人寒暄后开始步入正题讨论医学知识时，双方往往会陷入尴尬：

　　　　元丈：仆医官也，而学本草，故持来草木枝叶，欲问诸君，见教幸盛。此树贵邦名何？

　　　　完斋：仆等非业医者。凡诸药种，素未谙详，盍问于良医及诸医官耶？……

　　　　元丈：凡系药品者，欲问诸医官以正之，此是寻常杂树，唯此邦有方名，而未知汉名，故问之耳。②

　　日本医官为了学习与求证医学知识，往往亲自带着药草前来询问，然而文人毕竟不懂医术，因此面对平常的药草，朝鲜文人往往束手无策，只能把话题推向朝鲜通信使团中的医员。因此，在一些由日本医官们所著的笔谈唱和集中，可以看到朝日医官们的医学讨论。当然，日本

---

① 野吕实夫：《朝鲜人笔谈》（卷上），日本国立公文书馆藏本，写本时间不详，无页码。
② 同上。

医官在与朝鲜随行医员进行笔谈时，往往也对一些当时社会上流行的疑难杂症进行询问，如问到脚气症时，朝鲜医员答到应多吃粗粮；又如问到狂犬病时，朝鲜医员则答到应喝大粪水。像这些询问具体病症处方的对话虽然散见于各个时期的笔谈中，但是讨论最多的倒不是处方，而是对药草与药品的询问。日本医官曾向朝鲜文人感叹："古来世称名医者，其说人人不同，治方亦大异矣。论定其是非得失，非一朝一夕之可能尽焉。纵纸上争论，所胜于一时，终是空理耳。仆今逢异邦名师，所以不问医理者，为是故也。唯如药品，直以物示之，一问一答，皆实事也。"①由于日本使用的医学书籍来自中国与朝鲜，在日本有些药草的名称不同，而有些药草根本就没有栽培，甚至药市上输入的药材也真假难辨，因此，日本医官非常注重对药草品种与药性的询问，他们会将平日"医家日所玩索，而未曾辨明者，数条列左，禀白以俟教谕"。②应该说，朝日医员之间的笔谈交流对日本的中医学发展是有重大意义的。

日本文人那波师曾在《问槎余响》序文中曾对日本文人拜访朝鲜文人的情景进行了描述："其间投刺通谒，以笔为舌，诗文唱酬或三四人，或十百人，每至驿馆辄必并进，注之虫鱼，程之衡石，多多扰扰，堆案相仍。自非才擅夺席之雄，学兼撞钟之富，则殆将冻解于西，而冰坚于东，雾释于前，而云瀚于后，试问其退者，曷尝不谓虚而行实而归。"③那波师曾评价日本文人与朝鲜文人文会后往往都会感叹"虚行实归"，这正好说明了日本文人从朝鲜文人那里收获到了自己所期望的东西，他们收获的不仅仅是"文趣"，还有与他们生活息息相关的时务信息。

2. 朝鲜文人方面

对朝鲜文人来说，与日本文人展开"文会"主要有两方面的缘由。其一，通过诗文唱和扬名域外。与日本文人倾向于"求雅"的心态不同，

---

① 野吕实夫：《朝鲜人笔谈》（卷上），日本国立公文书馆藏本，写本时间不详，无页码。
② 村上秀范：《和韩唱和附录》，韩国国立中央图书馆藏本，宽延元年浪华书林刊本，无页码。
③ 伊藤维典：《问槎余响》，韩国国立中央图书馆藏本，写本时间不详，第 1 页。

朝鲜文人进行文会活动更看重"立名"。所以，与日本文人对求和的热情态度相比，朝鲜文人对诗歌酬唱的兴趣没有日本文人高。如在释因静所著笔谈唱和集《东渡笔谈》中记录了朝日文人一段对话：

　　赵华山：公辈闻远客风声，远来酬唱，其意良勤。而终日竟夜，至于百千篇，亦何益？

　　东渡：只弄风流之趣，不必患其无益。纵至于百千篇，总类吃茶之话，何劳之有？

　　赵华山：亦如床上假花，虽有目前之巧，亦竟无实。

　　东渡：岂是如假花之无实，实是有意。①

朝鲜文人对日本文人投诗唱和的热情无法理解，日本文人奉为"风流自趣"的益事，在朝鲜文人眼里却只是如假花一样的"无实"之举。不过，笔谈唱和集刊印后可以让自己扬名异域，倒是朝鲜使节所看重的。1764 年朝日通信时，朝鲜文人南玉与日本文人泷长恺进行了笔谈，其中包括如下内容：

　　秋月：戊辰之行，长门有《问槎》三小卷，今行亦欲入梓否？仆辈所酬例皆肤浅，若刻之则是刻画无盐也。

　　鹤台：此行酬唱亦当付剞劂，仆辈徒觉形秽耳。

　　秋月：西京、东武、浪华则或集他境所酬和而同刊，如本州则只刊此境所和者乎？

　　鹤台：书肆所辑录大率多疏漏，是以本州别刻不厕他境。

　　秋月：刊印时并入诸贤送归之诗乎？仆辈以私义一不得和酬，若刊贵诗，则注以韩客以遭变，引义不赋诗，故无和章云云，似得矣。

　　鹤台：当如高谕。②

朝鲜文人本来不热衷诗文唱和，只不过出于礼仪往来的需要，在通信使行时不得不进行诗文唱和活动。由于日本文人投诗求和者实在太多，朝鲜文人往往并不能一一回和，但是朝鲜文人十分在意自己在笔

---

① 释因静：《东渡笔谈》，日本国立公文书馆藏本，刊本时间不详，第 30 页。
② 泷长恺：《长门癸甲问槎》（卷 2），韩国国立中央图书馆藏本，明和二年明伦馆刊本，第 19—20 页。

谈、唱和集刊本中的唱和表现。如上文所示，南玉十分关切自己和日本文人的唱和能否依前例刊行于世，他在询问了关于刊行的具体情况后，还特意要求泷长恺在刊印时一定加注，解释朝鲜文人是因有变故不方便和酬，这反映了朝鲜文人非常在意今后自己在日本的声誉。南玉还曾向日本文人借阅前人所著笔谈唱和集，日本文人井潜在《甲申槎客萍水集》中记录了这段往事。

潜曰：向者所命之先人《槎录》，家仆自旅舍携来，则稿本，奉之。此先人手泽之书，一历电览，乃托朝浦二记室而见还，伏祈。

秋月曰：先稿荷示，当遍示同坐诸朋，归途奉完，刊本若追示于路中，则其便可还此卷。

潜曰：敬承命。明日秋月临发，托滕子业而还《槎录》，且简曰："先稿难于久留，虽未及毕览，径此奉完。"①

南玉借阅先前日本文人所著的通信使行笔谈唱和集，反映了他十分在意朝鲜文人在笔谈唱和集中的表现。朝鲜文人深知日本文人热衷笔谈唱和集的保存与刊印，所以每当通信使团到达日本之时，朝鲜文人都会向日本文人借阅笔谈唱和资料展玩。如1748年朝鲜文人朴敬行与日本文人进行笔谈时，就特别关注1719年朝鲜文人申维翰当年与日本文人诗歌唱和集的刊印情况，并请求借阅。

矩轩：青泉今亦七十翁矣，亦无意于名场……五十时，尚娓娓说日东诸词客，不能忘云尔。青泉唱酬诸作，有刊传者否？幸为仆见示之，偶替隔海面目也。

华阳：……唱酬诸作，昔年既雕梓，殆遍桑域。然而仆距家乡二百余里，装中不贮一本，不能应公之求，是为恨也。

矩轩：所示奉悉。三十年人事，触境一长吁矣。青泉诗竣，还时可以得见否？幸毋靳此意也。②

由此可见，朝鲜文人更感兴趣的，还是前代的笔谈唱和集。事实

① 井潜：《槎客萍水集》（卷3），韩国国会图书馆藏本，写本时间不详，无页码。
② 草场允云：《长门戊辰问槎》（卷上），韩国国会图书馆藏本，宽延元年称觥堂刊本，第18页。

上,朝鲜文人从日本文人手中借阅这些唱和集,无非是想领略往日朝日文人文会中朝鲜文人的具体表现,以此作为自己之后在文会中的参照或指导,以求如先辈一样扬名异域。

其二,搜集海外信息的需要。朝鲜文人与日本文人展开文会,也存在搜集海外信息的目的。只是与日本人相比,朝鲜文人的关注点主要落在探索海上贸易与日本文化情况上。如朝鲜文人虽然在燕行时接触过琉球使臣,但是对琉球的交通情况并不太了解,他们渴望获得这方面的信息;又如日本的长崎是东亚乃至世界上都非常重要的贸易港,朝鲜文人对长崎与中国进行的海上贸易也十分好奇。1711年的朝鲜通信资料中,朝鲜文人与日本文人便有这方面的问答:

　　青坪曰:琉球去此,当几千里? 福建距长崎亦几何?

　　白石曰:本邦里法五百里,在南海之中,其地当于赤道之下,故气候热云。福州距长崎,亦略同。

　　青坪曰:福建往来之路,曾闻有海盗之出没者,商舶亦无被劫之事耶?

　　白石曰:闽海寇贼,所未尝闻。

　　南冈曰:每年往来商舶,有定额云,然耶?

　　白石曰:唐山及西南海舶,岁额有百六七十艘,当(常)年来聚于长崎港。

　　平泉曰:闻近年海路多积,唐船不来云,未知何故?

　　白石曰:去年南京商船,愆其来期,后闻浙江等处,贼船出没。今年春,官兵剿捕贼首,海路已开,其来如旧。①

由于朝鲜实行海禁政策,禁止同东亚各国展开海上贸易,因而海路行程、海盗情况以及贸易规模等情况,都是朝鲜文人渴望从日本文人口中探知的。再如,17世纪以来,日本大兴右文之政,文艺与学术都有较大的发展,随着朝日文人的交流,到了18世纪,朝鲜文人对日本文坛的认可度逐渐提高,特别是到了1764年通信使行时,朝鲜对日本文坛的

---

① 赵泰亿:《江关笔谈》,日本国立公文书馆藏本,写本时间不详,无页码。

整体认识与评价都明显提高。[①] 这种改变并非短时间内实现的，而是在不断了解与认识的基础上逐渐形成的，朝日文人的交流、沟通正是促成这一变化的重要因素之一。1748 年朝鲜文人朴敬行同日本文人笔谈时曾问道："贵国文华固已闻青泉，而其间又三十年，未知近来鸣国之盛者，谁当主牛耳耶？白石门人，亦有传其衣钵，而诗藻之外，亦有留意于性理学上耶？幸为细细示教如何？"[②] 朝鲜文人正是在这种一问一答的往来中逐渐抛弃了意识形态下的主观判断，以客观的、理性的思维来看待日本的现状与发展。

通过以上分析，可以清楚地看到朝日文人之所以能够开展文会活动，除了对"中华文化"的共同认同与追求，最重要的原因就是他们都有着各自"精神"与"物质"上的双重需要。

三、朝日文人的"文战"

朝鲜文人金仁谦在给日本文人田立松的和诗中曾写道："和韩相会一床欢"[③]，不过，朝日文人真实的交流情况并不完全是这样。正如文章一开始所说的那样，在愉快的"文会"之外，也有"四方操觚之士，蚁集文战"的场面[④]，与"文会"的欢快和谐氛围相比，"文战"的争斗氛围更显激烈。与"文会"时推崇与向往心态不同，双方"文战"时的心态是比赛与征服。[⑤] 日本文人林东溟在给北山彰所著笔谈唱和集《鸡坛嘤鸣》作序时写到朝鲜文人进入日本后的场景："一入我东域，好事之士，所在为群，望韩馆而直前词场，大者昂然，小者辣然，笔嘴如削，文气峥嵘，愧季氏介羽，贱后（郈）氏金距，与彼相斗者，不可枚数。"[⑥] 这段话反映

---

① 张伯伟：《汉文学史上的 1764 年》，《文学遗产》，2008 年第 1 期，第 115—126 页。
② 草场允云：《长门戊辰问槎》（卷上），韩国国会图书馆藏本，宽延元年称觥堂刊本，第 57 页。
③ 伊藤维典：《问槎余响》，韩国国立中央图书馆藏本，写本时间不详，第 20 页。
④ 退甫道人：《韩客人相笔话》（序），韩国国立图书馆藏本，明和元年天桥窟刊本，无页码。
⑤ 葛兆光：《文化间的比赛：朝鲜赴日通信使文献的意义》，《中华文史论丛》，2014 年第 2 期，第 1—50 页。
⑥ 北山彰：《鸡坛嘤鸣》，日本大坂府立中之岛图书馆藏本，明和元年写本，第 1—2 页。

了一部分日本文人心中与朝鲜文人展开"文战"的主观意愿。关于日本文人相聚于朝鲜文人所居宾馆进行"文战"的情景，荻生徂徕在《水足氏父子诗卷序》中有所记载：

> 越客岁，文学水足君者，乃价薮君，千里辱书问请余言，弁其诗卷。披之，则携其儿郎邀韩使浪华馆中，与相酬和者也。对垒文苑，旗鼓相当，贾勇争胜，矫不肯下，余于是乎喟然叹息久之。呜呼！肥人之于韩，昔以武争，今则文竞，岂非世治乱之效邪？……升平百年，加以宪庙右文之治，蒸蒸乎覃遐方，才子辈出，不让中土。昔之争也武夫，今之争也君子。[1]

1719年，日本的水足屏山父子在大阪与朝鲜文人会面唱和，并请硕学荻生徂徕为唱和诗稿作序。荻生徂徕在回忆这段往事的同时，也表达了自己对朝日双方"文战"的看法。他认为朝日两国间的争斗历史由来已久，只不过从前双方是武夫间的"武争"，而现在变成君子间的"文争"。荻生徂徕的这段话实际代表了中世日本文人不服输的精神与争胜的心态。在他们心目中，日本当年是战场上的胜利者，如今经过一个世纪的崇文政策，日本的文化与学术都有了很大发展，绝不逊色于那些以"小华人"自称的朝鲜人。在这种认识和心态下，一些日本文人对朝鲜文人的态度、评价也就发生了变化。如日本文人林东溟在《鸡坛嘤鸣》的序文："韩人下里巴曲，共以敏捷为才，我士阳春白雪，各以精工为至，其优劣不论而自分焉。凡诗章苟不精工，则虽一日千首，奚以为不为难耳。"[2]他认为朝鲜文人虽然思维敏捷，但其作品不精工，是"下里巴人"，而日本文人的诗文则精工，是真正的"阳春白雪"。又如日本文人芥焕彦章在为退甫道人所著《韩客人相笔话》所作序："夫韩使来聘，三都人士笔翰为矛，纸墨为盾，竞雄乎词囿，而获鹿执兔者，往往属于吾邦，则优劣之差，亦足概见矣。"[3]芥焕彦章认为朝鲜文人的水平较差，日

---

① 荻生徂徕：《徂徕集》（卷8），韩国国立中央图书馆藏本，元文年间刊本，第18页。
② 北山彰：《鸡坛嘤鸣》，日本大坂府立中之岛图书馆藏本，明和元年写本，第2页。
③ 退甫道人：《韩客人相笔话》（序），韩国国立图书馆藏本，明和元年天桥窟刊本，无页码。

本文人才是"文战"中的胜者。由这些材料可知，在当时的日本社会中，国家与民族的自豪意识开始滋长。

关于朝日文人"文战"的具体内容，总的说来可以分为文化比赛与学术较量两个层面。首先看文化比赛的情况。1764 年日本少年文人山田正珍与朝鲜通信使随行军官春风在笔谈时有过如下的对话：

春风：足下见我人之骑射乎？

图南：见之，愿闻其人之名。

春风：我国无人不善骑射，何以一二之名曰之？

图南：我国无人不善武术，故至奴隶之辈，无一不佩剑，何啻骑射乎？

……

春风：吾居永川，三十八代连为将相，家藏书七千卷，有三十八代世传之册，且有天下已烧之余册，岂非可贵乎？

图南：农黄之书，孔圣之卷，亦多有之矣。仆先君麟屿先生，年十三而神童之名，博究群书，善诗赋，故国家命列诸儒官，新赐二百石，名声藉甚，无人不言东都出神童，于是藏书万有余卷，今尚有之。只恨无已烧之册，洙泗之道，卿家其盛哉？

春风：孔子遗宅，今犹在阙里，门楣揭以金字曰明并日月，德比天地。我国之人每岁往见，如贵国岂不沓沓乎？

图南：何欺人甚乎？仆每读孔安国书之序，终叹孔宅之乌有，何晏亦曰古论出孔氏壁中，已藏壁中之物不坏可得乎？吁！何欺人之甚也？

春风：坏说果有之，而其后王即修本宅于阙里，君以坏说为疑，不知有孔子之遗宅，可谓所见孤陋矣。可叹！可叹！

图南：后王修宅之说果有之，何足为珍乎？吾国东都昌平乡，有庙名大成殿，春秋二时令林祭酒设释奠，奏尧舜先圣之雅乐，祭仪肃，然诚如神在。假令阙里有孔子之遗宅，终丧先圣之礼乐，亦何足为珍？……闻贵国人一岁一拜阙里圣庙，岂不沓沓乎？如仆亦得日拜大成殿，岂非可尊尚乎？①

朝鲜军官春风本想在日本文人面前夸耀朝鲜人的骑射，却招致了山田正珍的"反击"。前半段两人还只是夸耀自己国家风俗与家世，由于都不能让彼此信服，所以接下来二人将话题引向了绝版古籍的收藏，最终又落在了孔子的旧宅上。谈论孔子旧宅，显然是朝鲜军官春风仗着燕行使节到过中国，而日本文人没有去过中国这一点，试图以中华文化的亲历者身份打压日本文人。

按理说，到此日本文人山田正珍应该"认输"；然而，他却根本没有纠缠孔子旧宅的话题，而是举出日本早在中国春秋之时就已经设立大成殿传播尧舜先圣风雅一事来嘲笑朝鲜只知道崇拜中国，而不知道自己文化的"先天不足"。葛兆光先生曾说："中国在通信使文献中，仿佛就是一个不在场的在场者。"②确实是这样，这里支撑春风彰显自豪感的底气不就是中华文化吗？然而，山田正珍在底气不足时的选择值得思考，这至少说明，在朝日文人的"文战"中，朝鲜文人以崇尚中华文化为傲，而日本文人却以自我文化的存在感为荣。

事实上，在朝日文人的文化比赛中，服饰也是一个经常被谈及的话题。如笔谈唱和集《松庵笔语》记述了日本文人井敏卿与朝鲜文人就日本服饰问题展开的一段对话。

> 碧霞曰：贵国士大夫平生不着冠裳，唯服肩衣者何故？
>
> 松庵曰：犹贵国军官平生服战服也。
>
> 碧霞曰：贵国制度典章有大背圣王礼典者何？
>
> 松庵曰：足下误矣，此吾东方之礼尔。……三代礼不相袭，乐不相因，不必是周而非夏、殷也，此亦东方之礼尔。③

这里朝鲜文人对日本文人的"攻击"，选择了日本没有沿用具有"中

---

① 山田正珍：《桑韩笔语》，韩国国立中央图书馆藏本，宝历十四年尚古堂写本，无页码。

② 葛兆光：《文化间的比赛：朝鲜赴日通信使文献的意义》，《中华文史论丛》，2014年第 2 期，第 50 页。

③ 井敏卿：《松庵笔语》，日本国立公文书馆藏本，明和元年写本，无页码。

华"特色服制的问题,这显然是以"中华文化"为突破口,企图以文化征服日本文人。但是井敏卿却用"三代礼不相袭,乐不相因"为论点,强调日本服饰所代表的日本文化的独特性与自豪感。

从大量的笔谈唱和资料中可以发现一个现象,就是一部分日本文人已经清醒地认识到,相对于中华文化而言,自身文化的独特性更为重要。同时,在此基础上,一部分日本文人对日本在东亚汉文化圈中的地位也有了新的看法,他们认为日本文化并不落后,而是与中华文化具有同等的地位。1748 年,日本医官与朝鲜文人朴敬行笔谈时把日本称为"神州",这样的言语一下挑拨了朝鲜文人那敏感的神经。因此朴敬行马上反击痛斥日本文人的这种"不自量力"的举动,当然最后二人的对话只能以尴尬收场。村上秀范在其所著《和韩唱和附录》中记录了片冈正秀对于此事的评论:

> 延享戊辰夏四月,朝鲜聘使,滞华府数日。近远操觚士,唱和笔谈者云集。会有一医人某,呈诗于制述官朴矩轩。其诗称日本为神州,朴一览,辄勃然作色,曰:"天下除中华外,不可称神州。不稽之言,吾不欲观之矣。"某惭赧,不能答而去,府下相传为笑云。予闻之,曰:"甚矣!朴之陋而倨也!"夫称中华为神州,其原出于邹衍所谓神州赤县者,而六艺经传无复明文,盖赞中国以立伟号耳。吾神州,则异乎是。茶稽上古,诺尊辟诸初,日神缵诸后,天地七五之际,开物成务,德被生民,洋洋乎盛哉!自兹而后,天孙世守宝玺,历亿万年而无疆,汔于今绵绵矣。与夫泗水亭长升,而黄屋左纛,盗贼羯虏,擅号皇帝,自辱为点青天子,彼废此兴,视天位如客舍者,不可同世而语也。由是观之,称日本为神州,岂一人之私言哉?假使周公孔子闻之,亦不以为谬矣。顾朝鲜得中国天朝册封为王,其国人崇中国如对上帝。然则,朴等幼惯之久,不知有它,乍见称日本为神州,且惊且怒也。[①]

日本文人片冈正秀对朴敬行痛斥医官的行为感到愤怒与不可理喻,

---

① 村上秀范:《和韩唱和附录》,韩国国立中央图书馆藏本,宽延元年浪华书林刊本,无页码。

他认为日本有悠久的建国历史，并且文化绵长，而中国王朝更替频繁，从这点来看日本并不逊色于中国。同时，朝鲜历代受中国册封，只知道一味跟从中国，因此朝鲜文人才会产生这种"惊怒"之举。这里日本文人既嘲笑了朝鲜文人的"目光短浅"，又发现了日本自身文化的自豪感。事实上到了 18 世纪后期，已经有一部分日本文人对朝鲜自喻为"小华"的行为表示不满并进行反驳。如 1764 年朝日文人笔谈有一段关于"礼乐"的对话：

> 松庵曰：闻贵国鼓吹乐，世宗大王令朴堧制之，当时有因而制之乎？将所自创乎？
>
> 秋月曰：损益三代之乐而成。
>
> 松庵曰：仆尝考中华历代史，三代之乐既亡二千有余年，世宗大王何所损益乎？箕圣之邦犹有存者耶？古乐谱、古乐器，愿一二示之。
>
> 秋月不答。龙渊曰：此伶人之事，仆辈非其职不可答。①

可以看到，朝鲜文人南玉在"礼乐"方面极力向往中华文化靠拢，以此提高自身地位，但是日本文人井敏卿却并不买账，他要求南玉拿出三代以来的乐谱与乐器实物。面对谎言被揭穿的尴尬局面，朝鲜文人成大中只好出面打圆场蒙混过关。

不仅如此，一部分日本文人也开始反思在朝日文会中日本文人盲目崇拜朝鲜的现象。1764 年朝鲜通信时，日本文人刘维翰曾感叹道："韩使入都，文艺之士皆若狂，吾未知其乐也。"② 通过上面的论述，可以知道这里刘维翰的"迷惑"实际上体现了他对看低自身文化而以"小华人"自居的朝鲜文人的反感情绪。而到了 18 世纪末期，日本文人的这种情绪就更高涨了。1789 年，日本文人铃木公温读到笔谈唱和集《坐间笔语》时写下了这样的题识：

> 余顷读《左间笔语》，深美白石源大夫之答矣。近世俗儒，不解

① 井敏卿：《松庵笔语》，日本国立公文书馆藏本，明和元年写本，无页码。
② 刘维翰：《东槎余谈》（卷上），日本东北大学图书馆藏本，明和元年薛罗馆刊本，第1 页。

大经,偶接异邦人,笔舌之间,诐辞妄答,不知失国体自辱者,间或
有诸。于是俗人犬吠,有话说及明清之事,如谓其人曰华人,谓其
产物曰华物之类,实关于人伦名教也不细矣。冀世之舌以代笔者,
于此答致思,则言可寡尤耳。盖朝鲜原吾属国,而彼以礼义衣冠之
邦自居矣。①

　　铃木公温对日本文人盲目崇拜朝鲜,并且自贬日本"身价"的行为
感到不满,他认为当年朝鲜曾在一段时期内被日本所占领,日本文人应
为自身文化感到自豪。张伯伟先生曾经对 1764 年朝鲜通信使的行纪与
笔谈唱和集中有关文学认识的相关内容进行研究,认为这次通信使行在
东亚文学史上具有重要意义,因为正是从这时期起,日本文人转变了对
朝鲜诗文的认识,甚至对朝鲜的文学日益轻视,而对日本自身文学的自
信心与优越感不断增强。②

　　通过以上论述可以发现,与 18 世纪前期不同,到 18 世纪后期,随
着朝日文人间文化竞赛意识的不断强化,日本文人在政治与文化领域逐
渐摆脱了"中华文化"的束缚,开始重视建立日本自身文化的自信心与
优越感。应该说,这种心态在某种程度上也刺激了日本文人就学术问题
展开"文战"的底气。

　　与文化比赛时侧重展现文化自豪感不同,朝日文人间的学术较量主
要体现在双方固守的学术理念上。高丽王朝末期性理学开始传入朝鲜
半岛,其后一直与佛学等其他思想争夺话语权,至朝鲜王朝前期,性理
学逐渐主导了思想文化界的话语权,程朱学最终成为了朝鲜的官学。特
别是 17 世纪朝鲜社会上的"朝鲜中华主义"渗透到思想界之后,性理学
就更加被士人所推崇,性理学被看成是"正学",其他思想都被看作是
"邪学"遭受排挤。所以,对于朝鲜文人来说,性理学不仅是朝鲜学术的
根本,也是朝鲜推崇中华文化的象征。正因为如此,在通信使行时,朝
鲜文人总是愿意谈到性理学的话题。"此来始欲与有识之士,论说上下,
究义理得失之归。奈人士沓臻,应酬旁午,只赋没趣诗若干,间或得

---

① 新井白石:《座间笔语》,韩国国会图书馆藏本,写本时间不详,无页码。
② 张伯伟:《汉文学史上的 1764 年》,《文学遗产》,2008 年第 1 期,第 129—131 页。

一二可语之人,而未能倾倒困廪,固已失其素心,而亦不能不慨然于贵邦文墨之儒也。"①

日本的情形则有所不同。发轫于17世纪后期的日本古学,是以山鹿素行在其《圣教要录》中批判程朱学、提倡古学开端的,其后随着不断发展演变为两派。一派是以伊藤仁斋为中心的古义学派,以追寻原典本义为己任,另一派以荻生徂徕、太宰春台为代表的古文辞派,注重以古文辞解释《论语》等经典的含义。两派在追求古学时的具体方法与理念虽有所不同,但是批判程朱性理学违背经典本义、主张回到原始儒学阶段、重新继承与解读孔孟的古意仍是其共同的追求。②古学派诞生之后,受到了日本文人的推崇,因此在18世纪的日本江户时代,性理学已成为被批判的对象,古学派成为主导思想界的学派。正因为如此,在明知朝鲜推崇儒学的情况下,一些日本文人还是鼓起勇气试探一下朝鲜文人对古学的态度。如日本文人刘维翰就曾问道:"周、程、张、朱之书大废当世,秦汉以上之书行于海内,斯人之力也。……徒以贵国人才之盛,鸿儒故老亦何限。其中有舍宋儒之固,而别辟复古之门者乎?"③对于这样的问题,朝鲜文人的做法是要么置之不理,要么趁机反击。日本文人曾经感慨"韩人之所习本殊,彼尸祝程朱,过于孔子,必以吾言为记诵俗儒,于圣人之道河汉也,圆凿方枘,不敢与校之。"④由此可见,当朝鲜文人反击时必定是气势汹汹,而一些日本文人会在这样的情况下选择知难而退。

但是,也会有一些日本文人据"理"力争,毫不示弱。如1764年日本文人南宫岳曾与朝鲜文人李命启有过交流,南宫岳在其所著《南宫先生讲余独览》中对往事这样记述道:"仆往岁会贵邦诸君于尾张性高院时,海皋李君偶书曰:'君亦畔朱之徒与?'仆始不解其意也。遂书对

---

① 南宫岳:《南宫先生讲余独览》,韩国国立中央图书馆藏本,明和元年刊本,第8页。
② 河宇凤:《朝鲜后期通信使行员的日本古学理解》,《日本思想》,2005年第8辑,第165—168页。
③ 森尚贤:《鸿胪倾盖集》,韩国国会图书馆藏本,写本时间不详,第8—9页。
④ 森尚贤:《鸿胪倾盖集》,韩国国会图书馆藏本,写本时间不详,第9页。

之曰：'夫祖述尧舜，宪章文武，宗师仲尼，学士所奉是已。'李君无对焉。"①至此，可以发现朝日文人间的"文战"其实爆发于朝鲜文人的主动出击之中，而持续于日本文人的勇敢回应之下。1764 年朝鲜文人元重举与日本文人泷长恺就有关程朱性理学与古学的问题进行了长时间的对话。

> 玄川：……朱子之道如日中天，是孔子后一人，反是者皆魍魉之远影。想达识如鹤台者，只欲学徂徕之明处，其暗处则盖已痛弃之不有余。但恐后生新学，将以为鹤台老成者，犹尊奉之如此，吾辈所依归，独不在是耶？其为世道之害有不可胜言者。幸望深引在门挥之义，无陷胥及溺之弊。如何如何？

> 鹤台：徂徕之学，以古言解古经，明如观火。如朱子《明德解》与《诗左传》不合，仁为心德，有专言偏言之目，其说至管仲而窘矣。古者诗、书、礼、乐，谓之四教四术，士君子之所学是已。岂有本然气质、存养省察、主一无适等种种之目乎？圣人之道，敬天为本，徂徕之教亦然。敬天守礼之外，岂别有操存实践之法乎？诸如此类，更仆何尽，是仆之所以有疑于程朱也。

> ……

> 鹤台：文焰炜烨者，岂卿意之类也乎？孔子曰君子无所争也，鹅湖之争所以不免为朱陆也。

> 秋月：足下可谓传法沙门，护法沙弥，仆虽心切，无如之何。

> ……

> 鹤台：高意谨领，物子亦不外孝弟、忠信而为道，且仆前所谓苟国治民安，则复何求，何必争学术之异同乎？

> 秋月：但叙参辰之别好矣。②

18 世纪的日本社会虽然也有推崇性理学之徒，但是很显然古学才

---

① 南宫岳：《南宫先生讲余独览》，韩国国立中央图书馆藏本，明和元年刊本，第 2—3 页。

② 泷长恺：《长门癸甲问槎》（卷 2），韩国国立中央图书馆藏本，明和二年明伦馆刊本，第 13—16 页。

是当时思想界的主流。然而朝鲜文人并不认同这种现象，他们极力推崇程朱性理学思想，并总是"循循善诱"，期望日本文人能够改弦更张。但是面对日本文人对程朱训古、释古问题的疑惑与批判，朝鲜文人并没有从正面予以解答，而只是一味强调程朱学的正统地位。显然，日本文人是不会轻易领受的，这里可以看到日本文人对自己学术思想的固守态度。只不过碍于礼仪与面子，最后日本文人往往都会"息事宁人"。所以朝日文人关于学术间的"文战"虽说火药味十足，但是最终并不会出现完全闹僵的局面，最多只是对争论内容"闭口不谈"而言其他。日本文人山根清曾在泷长恺所著《长门癸甲问槎》的序文中写道：

> 与彼曷争晋楚之盟，吾小儿辈亦从行，如执旗鼓而周旋，则报淝水之捷，亦何难焉。虽然，韩使修聘固大宾也，濒海诸侯，谨供是役，舟楫之戒，饔饩薪刍，无弗具备。唯恐违国家柔远人之意也，以故柔其色，逊其言，而不相抗，从容乎揖让于一堂上。固君子无所争，亦可以见昌明敦庞之化而已矣。[1]

当泷长恺与朝鲜文人就性理学与古学展开对话时，山根清作为当事者也在从旁观看。他认为当时如果一起参与论辩，是能够征服朝鲜文人的，但是最后泷长恺之所以不争论输赢，而其他同人也没有群起而攻之，是因为考虑到国家的"柔远"之意。这样看来，日本文人是不想让学术争辩演变为政治纷争，才在表面上"退让"，其实他们内心是不服气的。同时，这里也反映出了朝日文人在进行学术对话时的心态差异。日本文人基本坚持的是"君子不争"的原则，所以日本文人会尽量避免主动与朝鲜文人直接进行学术对话，比如日本文人源攀髯就曾这样告诫同人到："彼邦之学者，深信思、孟、程、朱胜于孔子也。我邦学者，知思、孟之有弊，程、朱之多差，则何与彼邦人怒目抗衡以追朱、陆鹅湖之争乎？夫君子无所争，争则何以异于思、孟、程、朱哉？故无与论道者也。"[2]不仅如

---

① 泷长恺：《长门癸甲问槎》（卷1），韩国国立中央图书馆藏本，明和二年明伦馆刊本，第3—4页。

② 源攀髯：《和韩唱和录》（卷下），韩国国立中央图书馆藏本，延享五年大阪书林刊本，第17页。

此，日本僧侣释因静还向朝鲜文人写诗到："翰林春满海流东，两地文华见国风。万里共怜龙剑合，清谈不必问雌雄。"①希望朝鲜文人能谈谈风月即可，不必再过于在学术上争论雌雄了。这里必须说明的是，日本文人的"不争"不是畏惧，而是一种对自身学术与文化逐渐自信的表现。因为对于18世纪后期的日本文人来说，他们不再在乎是否与中国的文化与学术相似，而是倾向于着眼肯定自身文化与学术的独特性与优越性。

　　当然，18世纪后期日本社会出现这种现象与日本文人对世界的全新认知有关，西方天文地理知识在其中的影响尤其重要。日本文人泷长恺曾与朝鲜文人谈道：

> 诗、书、礼、乐之教，所被及者，贵邦、吾邦、琉球、交趾诸国已也。自古西洋、南蛮舟舶来吾长崎者，百二三十国，又见地球图《坤舆外记》，而考诸《明清会典》《一统志》，其所不载者尚多矣。宇宙之大，邦域之多如此，而其国各有其国之道，而国治民安也。乾毒有婆罗门法，与释氏之道并行，西洋有天主教，其他如回回教、啰嘛法者，诸国或皆有之。夫作者七人，皆开国之君也，继天立极者也，立利用厚生之道，立成德之道，皆所以代天安民也。国治民安，又复何求？何必中国之独贵，而夷教之可废乎。②

由此可知，得助于西洋地图的输入，日本文人了解到世界范围之大，中国只是其中一隅，而文化种类之多，中华文化只是其中之一。所以，原本深受中华文化影响的日本文人，逐渐跳出了东亚而放眼于世界了。在这种意识下，日本当然就不再把自己的文化视为"夷狄"了，而是同中华文化一样具有同等地位。

四、结语

　　以"文会"与"文战"为线索，将18世纪朝日文人交流的背景及不同层面探讨的基本内容与观点整理如下。

---

① 释因静：《东渡笔谈》，日本国立公文书馆藏本，刊本时间不详，第5页。
② 泷长恺：《长门癸甲问槎》（卷1），韩国国立中央图书馆藏本，明和二年明伦馆刊本，第24页。

　　第一，朝日文人的"文会"以其对中华文化的推崇与认同为基础，反映了18世纪朝日文人"立名求雅"以及搜集信息的需要。首先，日本文人渴望通过文会展现文人的风度与情怀，其着眼点倾向于"求雅"；而朝鲜文人则渴望通过文会扬名异域，其立足点侧重于"立名"。其次，就信息搜集来说，日本文人对信息的搜集体现在对中国明清社会文化、朝鲜风土人情、汉学书籍以及医学知识的关注上，而朝鲜文人对信息的搜集则集中在海外航海贸易与日本文化。除此之外，朝日文人的文会还为双方尤其是日本文人提供了交流、宣泄情感的渠道。

　　第二，朝日文人的"文战"是17世纪朝日两国关系正常化以后士人间"武争"思想转移到文化领域的体现。这种"文战"包括文化比赛与学术较量两个层面。首先，在文化比赛方面，朝鲜文人着重突出自身文化与中华文化的相似性，而日本文人则主要肯定自身文化的独特性与优越性，这也激发了其在学术较量中的底气。其次，在学术较量方面，朝鲜文人固守程朱性理学的正统地位，而日本文人却以批判程朱学的"古学"为宗。在较量过程中，与朝鲜文人咄咄逼人的态度不同，日本文人基本坚持"君子不争"的原则。

　　还需注意的是，朝日文人间的"文会"贯穿整个18世纪，而"文战"却更多出现在18世纪后期。这说明随着朝日文人间交流与辩论的不断深入，以往被"神化"的朝鲜文化的真实面目被揭开，日本士人开始摆脱对"中华文化"的依赖心理而日益认识到自身文化的独特性与优越感。这也正与18世纪后期至20世纪初期日本士人在追求"脱亚入欧"过程中的表现如出一辙。

1811 年日朝外交中的交流机制与文化主导权争夺

王连旺

郑州大学亚洲研究院 副研究员

一、引言

16 世纪末爆发的万历朝鲜战争，以及 17 世纪前叶的明清易代，致使以中国为中心的东亚华夷秩序受到重大冲击，也由此，日本产生"华夷变态"的思想，朝鲜则以"小中华"自居。自 1607 年至 1811 年，李氏朝鲜共派遣 12 批通信使访问日本，开启了日朝两国间延绵两个世纪之久的对等交邻关系。日朝之间虽然语言不通，但双方的知识阶层均有较高的汉文化修养，汉文笔谈遂成为双方交流的主要方式，并为后世留下约 170 种外交笔谈记录。其中部分笔谈文献于 2017 年被联合国教科文组织列入《世界记忆名录》，其历史研究价值不言而喻。

在这 12 批次的日朝通信使外交过程中，朝鲜使节与日本儒官、文士、僧侣等围绕中国文化展开了长期的交流与碰撞。葛兆光将这一时期

的日朝交流，称为"文化间的比赛"①，朝鲜长期占据优势；张伯伟认为
1764 年朝鲜通信使在日本的唱酬笔谈活动，是东亚汉文学史上的一个
转折点，朝鲜使臣由此对日本有了全新的认识和高度的评价，日本则对
朝鲜诗文流露出贬抑之情。② 但到 1811 年，日本的整体文化心态发生了
巨大变化，出现了克服文化自卑感的思潮，并将此上升到了维护国体尊
严的高度。所以，1811 年朝鲜通信使访日，恰好为展示日朝间的文化主
导权争夺提供了一个的舞台。本文利用 1811 年产生的 8 种日朝外交笔
谈资料，以及相关"行使录"文献，在复原朝鲜通信使与日本文士文化
交流机制的基础上，进一步审视这个日朝"文化间比赛"的拐点，并揭
示其背后蕴含的日韩两国政治意图、历史影响。

二、"易地聘礼"与 1811 年日朝外交史料

日本天明七年（1787）五月，江户幕府第 11 代将军德川家齐
（1773—1841）继位之际，连年饥荒导致民怨沸腾，暴动频发。按照惯
例，新将军袭位之后的两三年内，朝鲜应派遣通信使团前往祝贺。但在
财政困难的形势下，德川幕府已无力承担巨额的接待费用。于是，日方
先是不断向朝方提出"延期聘礼"，后来又提出在距离釜山较近的对马
藩举行"聘礼"。但朝方认为，如此一来，不仅改变了在江户（东京）向
幕府将军递交国书、交换国礼的旧例，还降低了接待规格，难以接受。
双方僵持不下，反复交涉长达 20 余年，才促成日朝最后一次通信使外
交。1811 年三月至六月间，日朝双方外交人员在对马藩会晤，这便是有
名的"易地聘礼"。朝鲜通信使团由正使吏曹参议金履乔、副使弘文馆
典翰李勉求等 336 人组成，人数上比之以往的近 500 人规模有较大幅度
的缩减。使团于三月二十九日抵达对马岛，至六月二十七日返程，在日
访问近三个月。

1811 年以前的朝鲜通信使团仅在对马岛短暂停留，然后经由马关

---

① 葛兆光：《文化间的比赛：朝鲜赴日通信使文献的意义》，《中华文史论丛》2014
　年第 2 期，第 1—62 页。
② 张伯伟：《汉文学史上的 1764 年》，《文学遗产》2008 年第 1 期，第 114—131 页。

进入濑户内海，途经鞆之浦、牛窗、兵库等港口抵达大阪，然后在大阪淀川河口换乘幕府及西国大名为其准备的"川御座船"，行进至淀（今京都府伏见区）改行陆路，近 500 人的使节团，再加上对马藩约 1500 人的向导、护卫人员，浩浩荡荡向江户行进。至江户后，入住位于浅草的东本愿寺，然后在大广间向日本幕府将军递交国书和礼品，得到幕府将军的返翰和别幅（回礼）后，启程返回朝鲜。

从对马岛至江户的数千里往返过程中，朝鲜使节团中有人专门记录所见所闻，留下了众多的纪行类资料。而沿途的日本文士在通信使团经过其地时，会蜂拥而至，求书索画，笔谈唱酬，还有人将自己的诗文集或书画作品送给朝鲜使节，求序跋，邀品评，若能得到朝鲜使节的高度评价，其名声会在日本骤然鹊起，一夕成名。

但 1811 年的"易地聘礼"却不同以往。由于改为在距离朝鲜较近的对马岛举行聘礼，朝鲜使节于三月二十九日抵达对马后，便基本完成了物理空间上的移动，从而减少了因移动而产生的人与物、人与人的相遇，使节们也就无法像以往那样观察对马岛以东沿途的地理人文、社会风俗等情况，因此纪行类的记录也在对马岛戛然而止。如正使金履乔《辛未通信日录》[①]的记录时间起自李氏朝鲜纯祖九年（1809）八月，主要记录朝鲜组团出访的始末，抄录了各类文书档案，而到对马岛之后的记录则甚为简略；军官柳相弼《东槎录》虽然比《辛未通信日录》的记录详尽一些，但记事也失之于简："（六月）二十一日，阴，早朝江户林太学头率弟子三四人，以私礼入谒，两使与诸文士移时笔谈；（六月）二十二日，朝阴，暮雨。"[②]实际上，六月二十一日的笔谈，是日本派出的官方最高级别的文化交流团，参与的人有多少？交谈的内容是什么？《东槎录》都没有提及。六月二十二日，大学头林述斋派其弟子松崎慊堂再赴客馆笔谈，但《东槎录》只记录了当天的天气，对松崎来访一事

---

① 辛基秀、仲尾宏编：《善隣と友好の記録：大系朝鮮通信使（善邻与友好的记录：大系朝鲜通信使）》，明石书店，1993 年，第 110—177 页。

② 复旦大学文史研究院：《朝鲜通信使文献选编》第四册，复旦大学出版社，2015 年，第 317 页。

只字未提。通信正使书记金善臣也著有一本日记,名为《清山岛游录》,现藏韩国国立中央图书馆,该书主要收录韩使与日本文士的诗文往来,没有收录笔谈记录。①

"易地聘礼"于朝鲜而言如此,同时也给日本提出了新的课题。以往,幕府将军均在江户接见朝鲜使节,交换国书,举办飨宴,而让德川家齐远赴对马岛接见朝方使团是极不现实的。所以,日方任命小仓藩主小笠原忠固为正使、龙野藩主胁坂安董为副使,随员有大学头林述斋、松崎慊堂、古贺精里、草场珮川、樋口淄川、冈本花亭等人。从成员所担负的职能看,正副使负责完成外交任务,代表幕府将军交换国书和别幅(礼物),并主持举办飨宴。而以林大学头为首的儒官、学者、文士则负责文化交流,这也是日朝外交中的一个重要环节。除了官方派遣的成员外,以酊庵的五山僧以及少数日本地方文士也与朝鲜使节有过笔谈交流,留下了8种58件笔谈文献,这些资料不仅忠实地记录了日朝双方的交流实态,而且可以大大弥补朝方纪行类记录的不足,价值极高。这8种58件笔谈文献具体如下:

(一)对马藩以酊庵轮番僧与朝鲜通信使的笔谈资料

以酊庵是协助对马大名宗义调从事对朝外交事务的五山僧景辙玄苏(1537—1611)在对马藩建立的寺院。享保十七年(1732),大殿毁于火灾后,又移至西山寺瑞泉院。宽永十二年(1635)的"柳川一件"之后,江户幕府从京都五山中选拔硕学之僧轮番驻扎,任命其为"朝鲜修文职",专门从事起草对朝外交文书、监视日朝贸易等工作,此即以酊庵轮番制。1811年朝鲜通信使在对马岛最先接触到可以笔谈酬唱的,便是以酊庵的轮番僧,现存笔谈资料有以下3种计4件:

1.《朝鲜人诗赋》《辛未和韩酬唱录》各1件,二者同书异名,均藏于日本蓬左文库。

2.香川县观音寺市兴昌寺藏贴附有朝鲜通信使相关诗笺的屏风

---

① 承蒙复旦大学文史研究院丁晨楠博士惠赠《清山岛游录》,笔者才得以一览该书内容,特此致谢。

1 件。

3.《辛未马岛唱和》1 件,现藏日本国立国会图书馆鹗轩文库。

(二)江户儒官与朝鲜通信使的笔谈资料

自林罗山起,林家世代作为幕府官方最高文化代表参与对朝外交事务,并与朝鲜使节笔谈交流,本次亦不例外。大学头林述斋被幕府指派赴对马藩接待朝鲜使节,任务便是与朝鲜使节进行文化交流。林述斋率领的文化交流团于闰二月二十八日出发,于五月二日抵达对马藩。林述斋一行由三组成员构成,第一组为林述斋及其弟子松崎慊堂,他们于六月二十一、二十二两日与朝鲜使节进行了最高级别的文会与笔战;第二组为古贺精里及其门生草场佩川、樋口淄川等人,古贺与草场、樋口三人分别于六月二十一日、二十三日、二十四日、二十六日(草场一人)参与了与朝鲜使节的笔谈,内容多探讨学术文章,并有诗歌酬唱;第三组为画员冈本花亭等人,画员被禁止直接与韩使接触,所以冈本花亭与韩使的笔谈酬唱是通过古贺精里传达的。

江户儒官与通信使的笔谈资料有 3 种计 52 件:

1. 松崎慊堂《接鲜纪事·接鲜瘖语》。该本有松崎慊堂自笔草稿本、清稿本、精抄本及后世传抄本、活字印本,计有 37 件。[①]

2. 古贺精里、草场佩川、樋口淄川《对礼余藻》。该本有古贺侗庵整理本、草场佩川校订本、早稻田大学图书馆藏草场佩川自笔抄本等 13 种写本。

3. 冈本花亭、古贺精里《享余一脔》《精里笔谈》各 1 件,二者同书异名。

(三)民间文士与朝鲜通信使的笔谈资料

对马岛虽然远处日本边陲,但依然未能阻挡民间文士的交流热情,

---

① 拙著《朝鲜通信使笔谈文献研究》(上海交通大学出版社,2018 年)著录 31 种,后续调查又发现 6 种。其中,程永超《文化度信使の筆談研究の一斷面——王連旺著〈朝鮮通信使筆談文献研究〉によせて》(《訳官使·通信使とその周辺》第 2 号,2020 年,第 71—80 页)教示韩国所藏写本 3 种,特此致谢。

根据现存资料可知，远赴对马的有江户画家二代喜多川歌磨、京都篆刻家源方启、京都儒士三宅威、江户文人四十宫淳行、千叶平格等人。现存笔谈资料有 2 种：

1.《鸡林情盟》1 件，1812 年刊本。

2.《唱酬笔语并诗稿》1 件，现藏佐贺大学图书馆小城锅岛文库。

除了上述笔谈文献外，由于江户儒官及正副使随员均需长途跋涉至对马岛接待朝鲜通信使，漫长的路程与沿途的见闻促成了日方纪行类文献的产生，出现了草场珮川《津岛日记》、樋口淄川《对游日记》、三宅橘园《薄游漫载》以及《小仓藩朝鲜通信使对马易地聘礼记录》等多种日记，对研究此次日朝外交具有重要的文献价值。

对这批笔谈文献，李元植《文化度の筆談唱和及遺墨關係資料（文化年度的笔谈唱和及其遗墨相关资料）》①、高桥昌彦《朝鲜通信使唱和集目录稿》② 等目录中有所著录，可为整体了解这批资料提供基本指南，但李元植目录存在误收、漏收、重复著录、复本著录不全的情况；高桥昌彦目录则侧重著录刊本、抄本等书册形制的笔谈资料，但也存在复本著录不全的问题，需要进一步完善。

三、日朝外交中的文化交流机制

17 世纪初至 19 世纪初，日朝两国在通信使外交体制下，人员往来频繁，文化交流成为一道亮丽的风景。与日本相比，李氏朝鲜虽然在军事上处于劣势，但在礼仪、服饰、儒学、诗文、书法、医学等方面的文化优越感，使其在两国外交中获得了某种平衡，实现了与日本分庭抗礼的对等外交。而日本在与朝鲜长达两个世纪的通信使外交中，却始终面临克服文化自卑感的问题。

江户中晚期，日本汉学研究水平大步提升，文化自信日益增强。中井竹山（1730—1804）在《草茅危言》中感慨："朝鲜终不可以武力施加

---

① 《善隣と友好の記録：大系朝鮮通信使》第八卷，第 100—101 页。
② 松原孝俊编：《グローバル時代の朝鮮通信使研究：海峡あれど国境なし（全球化时代的朝鲜通信使：有海峡无国境）》，花书院，2010 年，第 211—291 页。

于我，遂欲以文事来凌驾于我，诚如新筑州之《五事略》所论。因乘我邦学暗之处，欺我无知，道中之卤簿建'巡视''清道''令'之旗，无礼之极。"① 中井竹山为大阪怀德堂第四代堂主，学识渊博，门生众多，是当时关西地区最有影响力的儒学家之一。中井竹山提到，朝鲜通信使行高举"巡视""清道""令"等大旗招摇过市，有失礼制。但这也只是表面上的"失礼"，更深层次的问题则在文化交流方面。由于日本长期在文化方面处于劣势，所以每次朝鲜使节来访，日本官民争相求见，求和诗、讨书画、问序跋、邀品评，让朝鲜通信使疲于奔命，在获得文化优越感的同时，也产生了厌倦情绪。如第九次朝鲜通信使的制述官申维翰（1681—1752）《海游录》中便有这样的记载："日本人求得我国诗文者，勿论贵贱贤愚，莫不仰之如神仙，货之如珠玉，即舁人厮卒不知书者，得朝鲜楷书数字，皆以手攒顶而谢。所谓文士，或不远千里而来待于站馆，一宿之间或费纸数百幅，求诗而不得，则虽半行笔谈，珍感无已。"② 由此可见，朝鲜使节每次访日，都能掀起一股"文化旋风"，所到之处，无不受到极大的礼遇与尊重。另外，申维翰《海游录》中，还记载了掌管幕府文化事业的林家大学头林信笃有过请求朝鲜三使笔谈酬唱而被拒绝的情况，且林信笃的文笔被申维翰评价为"拙朴不成样"，还被朝方正使指责"国书未传、使事未了之前，闲漫吟咏，道理未安"。③

而至江户晚期，日本的国学、汉学、艺术全面发达，文化自信日益增强。天保八年（1837），太山诚在上述《精里笔谈》的序文中称："国家兴二百有余年矣。文明之化敷乎海内，英特有名之士起于四方，诸儒自立，各成一家。或诗以名家，或书以名家，或文章以名家，其所见，其所闻，异说纷挐。"④ 太山诚对 1811 年日朝外交笔谈文献《精里笔谈》的阅读体会，反映出日本历经两个世纪所积蓄的文化力量，足以与朝鲜一

---

① 中井竹山：《草茅危言》卷二，大阪大学怀德堂藏 1796 年写本。原文为日语，引文系笔者翻译。

②《朝鲜通信使文献选编》第 3 册，第 365 页。

③ 同上，第 317 页。

④ 古贺精里、冈本花亭：《精里笔谈》，日本国立国会图书馆藏 1817 年太山诚写本，1a。

较高下的意图。也从一个侧面说明，1811年江户儒官赴对马岛与朝鲜使节会面，为日方提供了一个证明自我的舞台。以江户儒官林述斋为首的日方文化交流团对参与笔谈的人员进行了内部选拔，对日方正副使随员参与笔谈的资格进行了严格审查，在江户至对马岛的行进过程中加紧"备战"，至对马岛后日朝双方相互获取对方情报，对马藩也对民间人士能否参与与朝鲜使节的笔谈加以审查。这一系列的措施鲜明地呈现出日朝两国外交中的文化交流机制。

（一）对江户儒官内部参与笔谈人员的选拔

与日本官民进行文化交流是朝鲜通信使访日的重要一环，但最后一次通信使为"易地聘礼"，地理空间的局限性大大限制了朝鲜使节与日本人士的接触机会。对马岛虽有儒士及以酊庵的五山学问僧，但还难以全面体现出日本的文化水准。由此，德川幕府派出大学头林述斋及儒学教授古贺精里作为文化代表，率团赴对马岛与朝鲜使节交流，以此展现出愿意积极与朝鲜进行文化交流的姿态。

大学头相当于我国的国子监祭酒，是一国文化的最高代表。古贺精里是"宽政三博士"之一，精于朱子学，长于诗文，赴对马岛时62岁，正是学问老成之时。此次赴对马岛，林述斋率领的弟子有松崎慊堂等数人，古贺精里率领的弟子有草场珮川、樋口淄川等八人。虽然人数众多，但林述斋对此次参与与朝鲜使节交流的人员，进行了非常严格的筛选，并非人人皆可与之笔谈酬唱。樋口淄川《对游日记》三月三日条记载："先是，每韩人来，其途所由，苟少有文词者以得其片言只字为荣，必就求唱和，彼厌倦敖惰，我苦请而得。或村学究、新近书生妄言不讳开争端者，间亦有之，实欠国体，为不鲜矣。以是，是行祭酒、博士之外，惟许两家门人两三人笔谈，自余一切禁绝。于是林公以挂川儒官松崎复名上，先生以泰与棣芳名上，故予辈途中每逢文士必唱和，欲以习拙速为它日接韩人之地云。"[①] 樋口淄川更将文化交流中的"彼厌倦敖惰，我苦请而得""妄言不讳开争端"的情况上升到了"实欠国体"的高度。

---

① 樋口淄川：《对游日记》，筑波大学图书馆藏写本，4a。

为了解决这一问题，林述斋对参与笔谈交流的人员进行了严格限制。除林述斋本人及古贺精里外，只有松崎慊堂、泰（樋口淄川）、棣芳（草场珮川）等三人入选。

松崎慊堂是林述斋的得意门生，与佐藤一斋齐名，被誉为文政、天保年间的大儒，门生中有安井息轩、盐谷宕阴，其学术支脉对日本近代汉学影响极为深远。他赴对马岛时 41 岁，正值壮年；草场珮川工诗赋，善书画，通华语，据日本国立国会图书馆藏《珮川诗钞》例言记载，草场珮川 63 岁时，便已"赋诗率一万五千余首，为二百五十卷"，"平生所作唯自代日纪云。故今无改其体裁，以存年月之大略及其传"，可知其日日作诗，以诗代谱。草场珮川赴对马岛时 24 岁，是难得一见的青年天才，所著《津岛日记》图文并茂，记事翔实，是研究文化辛未通信使的重要文献；樋口淄川，精于诗文，善写行记，足迹纵贯日本南北，赴对马岛时 26 岁，其所著《对游日记》用汉文书写，记事尤详。

（二）对日方正副使随员参与笔谈的资格审查

日方正副使的随行人员中也有儒士数人，他们也期盼能与韩使笔谈交流，可惜未能达成。如蓬左文库藏《朝鲜人诗赋》《辛未和韩酬唱录》均为日方副使的家臣猪饲正谷于 1811 年五月写于对州金石客馆的。金石客馆即副使在对马岛的驻所，猪饲正谷之所以誊抄以酊庵僧人与韩使的笔谈，或许是出于收集情报的任务，但也隐含着其有意与韩使笔谈交流的愿望。

《津岛日记》五月十二日条中，有草场珮川、樋口淄川否决日方正使随员石川彦岳等人参加与韩使笔谈申请的记载。[①] 石川彦岳（1745—1815）是小笠原藩藩校思永馆的第一代学头，此次作为日方正使的随员来到对马岛。五月十二日，他带领次子宗吉、门生塚田武访问古贺精里，草场珮川与樋口淄川接待了他们并与之诗歌酬唱。据石川彦岳讲，其父石川文翰在明和元年（1764）第十一次通信使访日的前三年，便有与之笔谈"文战"之志，且刻苦准备。但韩使来日本之时，石川文翰染

---

① 草场珮川：《津岛日记》上卷，佐贺大学图书馆藏写本，第 30 叶。

病咳血，未能成行，含恨而终。所以石川彦岳此次来对马岛，强烈希望能与朝鲜使节"笔战"一番，以实现其父的遗愿。正是因为他的申请充满"复仇"情绪，所以未被通过。还有小笠原藩的某位医师，写了七言律诗二百韵，托草场珮川、樋口淄川代为投赠韩使，二人读之只觉发困，固未帮忙传送。更有甚者，正使的随行人员中，有人作了一首八百韵的长诗要请草场珮川、樋口淄川代为投赠韩使，二人无暇审读，故此诗亦未能投赠。由此可见，日方正副使的随行人员中，有多人想与朝鲜使节"笔战"，但这种"虚喝夸诞、炫多斗靡"的恶意竞争行为均未能通过审核。这也说明了日方对此次参与文化交流的人员控制之严格。

（三）对马藩负责民间文士参与笔谈的资格审查

民间文士与朝鲜使节的交流也不是随意可为的。如上述三宅橘园是通过以酊庵观瑞和上的周旋，才取得对马藩的同意。《薄游漫载》五月三日条记载："诣以酊庵，致东福寺即宗院书，谒观瑞和上，嘱韩客唱和之事，即宗院玄道，余同乡旧故，久在东福，余在京十年未尝相值。今春涅槃会余游于彼，不期邂逅，已而余有行色，玄道为余致书于观瑞和上，恳嘱和上大为余周旋，请之藩府，是日雨甚且雷。"[①]三宅橘园于五月二日抵达对马岛，三日即冒雨持书赴以酊庵拜谒观瑞和上，请其与对马藩周旋，以取得和韩使笔谈唱和的资格。由此可见，日方对民间人士与韩使的接触是有所控制的，不可随意参与笔谈交流。

（四）沿路备战与情报互取

林述斋一行自 1811 年闰二月二十八日从江户出发，至五月二日抵达对马岛，历时两个月，期间拜谒沿途大儒，接待来访文士，探讨学问，酬唱诗歌，完成了一次日本儒学界的内部交流，而这也大有益于他们与朝鲜通信使的笔谈交流，是交流前的"备战"。前文所引樋口淄川《对游日记》便道出"故予辈途中每逢文士必唱和，欲以习拙速为它日接韩人之地"。

---

① 三宅橘园：《薄游漫载》卷之三，平野屋太兵卫，1814 年，2a。

佐贺大学图书馆藏本《津岛日记》的五月与六月之间，收录了古贺精里制作并名之为《后师录》的"例题集"①，前有古贺精里题辞："韩人问答书，上板数十种，而我谈富岳则彼以金刚压之，我问其广袤则以二万里诧之，不殆于儿女迷藏之戏乎？邦儒多堕其窠臼，而白石为甚。余闲中举其语或能惑者，使草场、淄川二生驳之，非敢捃摭前辈，所谓前事不忘后事之师也。欲鉴旧辙不复蹈耳。精里识。"②从《后师录》的内容来看，古贺精里从日本已经刊行的日朝笔谈集中选出若干问题，命草场珮川、樋口淄川模拟回答，并一一反驳。这种练习还不止于此，古贺精里之子古贺侗庵所著《侗庵秘籍》中，收录了一篇《拟答韩使问》，日本学者梅泽秀夫指出，这很有可能是侗庵与父亲精里共同预想的问答内容，或者是侗庵自己想象将来如果有机会与韩使交流时预设的问题。③但无论如何，都能说明古贺精里一行通过收集往年的韩人笔谈问答集中的问题，预设问答，模拟训练。

朝鲜通信使于三月二十九日已至对马岛，至林述斋一行抵达，已苦等一月有余。但林述斋一行抵达后并未马上造访客馆与韩使交流，而是一直等到聘礼结束后的六月二十一日才前往笔谈。实际上，这是林述斋与松崎慊堂商定的"先公后私"计划，如此一来，日方不但在交流中取得主动权，而且为获取朝鲜通信使的情报预留了足够的时间。《对游日记》中便有很多关于探听韩使虚实、获取韩使诗文的记载：

　　五月三日，棣芳出问彦岳翁，借以酊庵僧与韩客唱和什来，先生命门人誊写。

　　五月八日，文乡从丰洲造韩馆夜对，儒官柴田左中持同僚沧浪与韩人唱和诗来示。

　　五月十二日，文乡、子容从丰洲造韩馆，逢韩人河清一、皮东冈，得东冈诗而归。

　　五月十四日，子常、公益从丰洲造韩馆。

①《津岛日记》卷上，第78—96叶。
②同上，第78叶。
③古贺精里著、梅泽秀夫编辑：《精里全书》，ペリカン社，1996年，第15页。

五月十七日，天寿、文乡从丰洲造韩馆，逢医官金镇。

六月八日，子常、子容从丰洲至韩馆。

六月十三日，玉堂持韩两使答龙潭长老诗及对人所钻灼之龟来。

可知，林述斋、古贺精里的随员中，丰洲、天寿、文乡、子常、子容多次以民间文士的身份造访韩馆，打听虚实。此外，还借抄朝鲜使节与以酊庵僧人的笔谈酬唱，以了解朝鲜使节的诗文水平。《津岛日记》六月二十日条收录了该日林述斋与古贺精里的一组书信，并抄录了与韩使笔谈的《旧来之官法》[①]，可以看出关于访问韩馆的时间，林述斋、古贺精里两家之间有沟通与协调，并做好了会面前的最后一次准备。

对于林述斋等江户儒官迟迟不来交流，韩使颇为不满。据《对游日记》六月四日条记载："铃木文左至，云昨日韩人李显相游清山寺，归途唐突从监官诉曰：'吾等归期已迫，而未许笔谈，何也？是公等为政不善也。盖对人本不欲使官人与韩人应对，故托言于公事未毕而不许私觌也。'韩人亦知之，故有此事也。"[②]铃木文左是对马藩的文士，从韩人李显相与铃木文左的对话可知，朝方认为是对马藩从中作梗，导致江户儒官没有赴韩馆与朝鲜使节笔谈。此外，《唱酬笔语并诗稿》六月十四日千叶平格（号鸡山）与韩使的有以下笔谈[③]：

韩客：何时齐会笔谈耶？

鸡山：未知在何日。

泊翁：古贺弥助？

鸡山：今在马岛。

泊翁：何处人？

---

①《津岛日记》卷下，25—30a。关于日韩间的笔谈"旧来有官法"，日本学者松原孝俊以《津岛日记》六月二十日的记载为中心，做过专门的探讨，详参松原孝俊《笔谈唱和に「旧法あり」：草场佩川著『津岛日记』を中心に》，载《韩国言语文化研究》第21卷，2015年，第1—11页。

②《对游日记》，26b。

③ 四十宫淳行、千叶平格：《唱酬笔语并诗稿》，佐贺大学图书馆1811年写本，9b—10a。

　　鸡山：江户儒官。

　　泊翁：与林大学头文章如何？

　　鸡山：仆等何比之？非平常之人，公推可知耳。

　　据此笔谈可知，韩使不仅关心何时能与江户儒官笔谈交流，还探听了古贺精里、林述斋的文章学术。《鸡林情盟》六月二十日正使书记金善臣在与三宅橘园（别号威如斋）的笔谈中，更是抱怨日方正副使先于朝鲜使节离开对马岛，而且未能与江户文士笔谈①：

　　清山：江户两使何其忽忽发船也？

　　威如：七八月间，海洋多飓少晴，故先秋而发耳。

　　清山：江户文士闻多来此者，而竟失一面，可恨！

　　威如：彼亦皆怅怅耳！但缘合在天，不可奈何。

　　就在金善臣发出抱怨的第二天，即六月二十一日，林述斋、古贺精里先后率弟子造访韩馆，双方开始了最高级别的笔谈交流。六月二十二日松崎慊堂再访韩馆；六月二十三日古贺精里、草场珮川、樋口淄川访问韩馆；六月二十四日草场珮川三访韩馆；六月二十六日草场珮川在以酊庵与韩使笔谈告别。

四、文化主导权的争夺及其影响

　　《对游日记》六月二十一日条记载："祭酒林公与韩使笔谈于客馆，令松崎复执笔，韩使自尊，口授令书记执笔，故林公亦如此云。"②这里值得注意的是，林述斋并未挥笔，而是口授，由松崎慊堂代笔。之所以这样做是出于礼仪对等的考虑，因为朝方正副使也是"口授令书记执笔"。实际上，双方见面的前提不止于此，从松崎慊堂《接鲜纪事》③中可知，林述斋与松崎慊堂事先已经做了周密的准备，希望借助这次"易地聘礼"的机会，变革接待朝鲜使节的礼仪，"善者尊焉，弊者革焉"，甚至还提出如果不及时更正，会"竞损国体"。

①　三宅橘园：《鸡林情盟・笔语》，河内屋喜兵卫，1812 年，4b。
②　《对游日记》，28b。
③　《朝鲜通信使笔谈文献研究》，第 60—66 页。

具体改革方案归纳如下：

（1）日方为大学头林述斋增设一名书记官。以往林氏访问韩使，对方正副使"专使制述、书记辈主之"，林述斋对此非常不满，所以任命松崎慊堂作为自己的书记官同往，自己口述，由松崎慊堂负责记录、书写，这样就能做到形式上的对等。

（2）先公后私。林述斋和松崎慊堂认为，假如在聘礼之前便私下会务，有可能透漏太多信息给韩使，使其"驾自便之说"，所以决定举行完正式的聘礼之后再进行私下的文化交流。

（3）简化礼仪。见面时省去烦琐的礼仪，"公堂见面，交揖即可"。

（4）以往都是日方主动访问韩馆，这次要求朝鲜使节先提出邀请，然后才去访问。

（5）级别对等。林述斋访问韩馆时，通信正副使需要出面接待。若仅有书记、制述等人接待，则只派古贺精里去。"且彼三品，与我三位"，即要求级别要对等。

（6）服装对等。以往林氏着大纹官服访问韩馆时，韩使往往穿便服接待，这样服装就不对等了，所以这次林述斋一行也穿便服访问韩馆。

（7）诗歌酬唱的顺序。以往都是日方先投赠，然后韩使和诗。这次要求韩使先赠日方诗，日方作和诗。

揭诸前文，至江户晚期，随着日本汉学研究水平大步提升，文化自信日益增强。在这种思潮的之下，江户幕府于文化八年（1811）实现了唯一一次"易地聘礼"，负责接待任务的林述斋及其弟子在远赴对马岛之初，就制定了打破朝鲜文化优越感的接待方案，要求先公后私，并且在得到朝方邀请后才去会晤，更是提出品级对等、服装对等、简化礼仪等诸多要求。

松崎慊堂和朝鲜使节李太华笔谈时问道："清诗不足取乎？"[1]李太华以"以小事大，势也。以诗相和，末也。何必俯问"为借口，没有作出正面回应。接着写道"贵国亦应知我国冠裳"，想以此转移话题，并希望

---

[1]《朝鲜通信使笔谈文献研究》，第 92 页。

得到松崎慊堂对朝鲜"大明衣冠"的评价,而松崎慊堂却以"如其冠裳,横目者见之,所问不在此"为由,未予置评。笔谈中还反映出日朝两国对清朝考据学评价的不同,李太华提道:"我国学问自退陶(李滉)以后,名硕辈出,皆以考亭(朱熹)为主。元无异端之间其间矣。"① 对于将朱子学以外的学问视为异端的看法,松崎慊堂直接予以了否定,并提出"如近世阎百诗、朱竹垞、顾亭林一辈说,是也。"② 认为阎若璩、朱彝尊、顾炎武的学说是值得肯定的,这与江户后期日本儒学界崇尚考据的学风也是一致的。对此,李太华再次强调"此我国无主张者,特观其说而已也。"二人的讨论针锋相对,互不示弱;在评价朝鲜使节的诗歌时,松崎慊堂甚至讲道:"有人寄两书记舟中诗筒至,其诗拙陋,至不能成语。"③并以此为由,没有将"两书记舟中诗"收录进其所编的《接鲜瘖语》。

　　总而言之,在松崎慊堂看来,这次接待通信使时,"一手之所录出,当彼三五辈"④,打破了朝鲜使臣的文化优越感,认为"比之从前,其为得体也"⑤,所以"订定立言之法"⑥,作为今后接待通信使的典范模式。可见,松崎慊堂在撰写《接鲜瘖语》时,不仅仅是为了"纪事",还强调了此书的"立言"功能,希望此书能在今后的日朝外交活动中发挥指导性作用。从现存《接鲜瘖语》三十余种抄本及印本的流布地域之广、流传时间之长可以看出,松崎慊堂的这种思想在日本得到了积极呼应,影响了知识阶层的对朝态度。而长期以文化优势在对日外交中取得对等地位的朝鲜,失去了最有利的筹码,日朝关系在文化失衡下出现一个历史拐点。1918 年,日本政府为了表彰松崎慊堂在对朝外交中发挥的变革旧礼、弘扬国威的贡献,追赠其正五位勋位。可知,松崎慊堂的对朝外交思想得到了日本官方的积极响应,突显了《接鲜瘖语》在近代日朝关

---

① 《朝鲜通信使笔谈文献研究》,第 96 页。
② 同上,第 97 页。
③ 同上,第 114 页。
④ 同上,第 65 页。
⑤ 同上,第 63 页。
⑥ 同上,第 66 页。

系中的重要影响力。①

　　除林述斋、松崎慊堂与朝鲜的笔谈外，通信使与以酊庵的五山僧、京都文士三宅橘园、古贺精里及其门生的笔谈交流总体上是非常友好、融洽的，朝鲜使节对以上人士也是大加赞赏。但在平和的表面下，却隐含着日本文士在对朝交流中文化心态的变化，他们已由最初的仰视对方，变为平视，甚至俯视。

　　古贺侗庵在为其父整理的《对礼余藻》中写有两篇跋文，其中一篇在附录之前，写于文化十年（1813），很好地反映了日本文士文化心态的转变。内容如下②：

　　　　我日域巍然峙立于海东，对岸之国以十数，除西土之外，其稍知礼仪而可与交使币者独有朝鲜而已。是以庆元而还，许其入贡，接遇极优。即彼之典章文物、人才国俗，地形之广狭，兵力之疆弱，虽不能希望本邦之仿佛，而朝廷故以敌国相待，可以见朝廷含弘之美矣。文化壬申之春入贡，小仓侯往对马州受聘，家君实与焉。竣事而归，辑其答问之语、唱酬之什为一卷，题曰《对礼余藻》。

　　　　夫国初以来，接韩使者遗文俱存，历历可睹。源君美及徂徕门诸子，由此其选也。煜间尝繙而阅之，每恨其好胜之心炎于中而溢于外。或以我之强侮彼之弱，以我之大蔑彼之小，以我之丽藻曼辞凌暴彼之枯肠短才，是以公腐夷人不肯降心以从，动以不肖之语相加，纷呶弗已，宾主揖让之礼扫地，其辱国体、贻笑外夷何如也！家君有鉴于兹，及接韩使节，卑以自牧，不敢有凌加。试阅斯编，绝无虚喝夸诞之语，炫多斗靡之作，是以彼亦感悦欣慕，无敢枝梧朝廷之威，不待震耀而自威。二国之好，不假申盟而愈固。

　　　　夫人必地丑力敌不相屈下，然后始有好胜之心。如本邦之于朝鲜，大小悬绝，臣畜之而有余，而白石以下诸子以好胜之心待之，是以敌国自处也，是自小而自卑也。今也家君居之以谦，接之以礼，而彼自知大国之可畏，不敢有侵轶，则亦何苦而效从前好胜之

①《朝鲜通信使笔谈文献研究》，第46—48页。
②《精里全书》，第531页。

为哉。

文化癸酉维暮之春儿煜再拜敬书

古贺侗庵跋文的主旨，是批评新井白石以来产生的日本文士与朝鲜使节笔谈时"虚喝夸诞、炫多斗靡"的好胜之风，指出以往的日本文士之所以争强好胜，皆出于自卑心理。而明智的做法，应该像其父古贺精里一样，谦和有礼，让朝鲜使节心生敬畏之心，这也是大国应有的心态。换言之，这是对日朝"文化间的比赛"的一种否定。跋文中多处称韩使访日为"入贡"，甚至讲出日本与朝鲜"大小悬绝，臣畜之而有余"的狂言。古贺侗庵所说的"大小悬绝"不仅限于疆域与国力，应该也含有极高的文化自信。这种"不待震耀而自威"的对朝文化交流策略，虽然不及林述斋、松崎慊堂大刀阔斧地变革礼制那样有立竿见影的直接效果，但影响也同样深远。

五、结语

本文以最后一次朝鲜通信使为例，利用以酊庵五山学问僧、江户儒官、民间文士等三类群体的 8 种笔谈文献以及相关资料，综合呈现了通信使与日本文士交流的实态。1811 年的朝鲜通信使访日，虽然在日本边陲对马岛举行聘礼，但两国文化的交流与碰撞并未缺失。由大学头林述斋、儒官古贺精里以及他们的弟子组成的日方"文化交流团"，首先对参与此次笔谈的人员进行了内部选拔，对正副使的随行人员中提出与韩使笔谈的申请一一驳回，对马藩拥有对民间人士能否参与笔谈也进行了审查。具体而言，林述斋通过严格控制笔谈参与人员的数量与质量，保证了日方参与人员的交流水平，遏止了动辄以"二百韵"乃至"八百韵"斗奇争胜的"虚喝夸诞、炫多斗靡"之风。除此之外，林述斋一行对此次与韩使的笔谈也做足了功课。通过与沿途日本文士诗歌酬唱练习和诗的速度，认真研究以往日方人员与韩使的笔谈案例与"旧来之官法"，从以酊庵五山学问僧那里抄录韩使的诗文了解对方的诗文水平，又多次派出弟子以民间文士的身份去探听虚实，做到了知己知彼，从容应对。

江户后期，随着日本诸文化领域的全面繁荣，日本文士在与朝鲜使节交流中的心态也发生了巨大变化。这便是林述斋、松崎慊堂变革旧礼，先公后私，要求职官、服饰、礼仪等方面都要对等，对诗歌酬唱顺序也提出了要求的真正原因所在。而笔谈中的多次"交锋"，从形式到内容，对于当时的日方而言，无异于打了一场"文化翻身仗"；而古贺精里的博学与谦让，所谓"不待震耀而自威"，则更是这种"文化自信"的典型表征。自此，朝方长期以文化优势抵消日方军事优势的近世日朝对等外交体系逐渐失衡，日朝"文化间的比赛"中的历史拐点由此而来，这无疑影响了此后日朝外交的走向。

对马易地通信交涉与朝鲜语通词的谚文文书

许芝银

韩国西江大学跨国人文学研究所研究教授

引言

近世时期的倭馆具有朝日之间"边界与接触空间"的双重性质。即为限制日本人的活动领域、阻拦其与朝鲜人的接触而设定的边界，同时也是朝日间展开接触与交流的空间。

李成市在《岩波讲座日本历史》第二十卷的"地域论的序论：边界·接触领域·交流"中，把 Mary Louise Prat 提出的"contact zone"翻译成"接触领域"。[1] 可以认为，李成市的序论副标题"边界·接触领域·交流"正是试图集中分析从古代到现代的东亚海域国家与日本，在边界的接触领域中的交流的产物。

本文因要研究处于朝鲜与日本的边界，即作为接触领域的倭馆中发

---

① 李成市等：《岩波讲座日本历史》20《地域论》，岩波书店，2014年。

生交涉，以及处于中心位置的朝鲜语通词，要使用"contact zone"乃至"接触领域"的概念，所以将其称为"作为接触领域的倭馆"虽无不妥，但这并不能很好地展示倭馆所具有的"边界"性质。虽然倭馆是为限制日本人的活动领域、阻拦其与朝鲜人的接触而设定的边界，但就朝日间展开接触与交流的空间这个层面来说，"边界与接触空间"的名称更为合适。

为处理与朝鲜的外交、贸易业务，500名左右的对马藩人在作为"边界与接触空间"的倭馆中工作。其中作为朝鲜语翻译官的朝鲜语通词活动在与朝鲜沟通交流的最前线①，为了与朝鲜方面进行顺畅的沟通交涉，他们也用谚文制成文书。朝鲜语通词制成的谚文文书中，易地通信交涉时期的文书共有9封②，收录在最近公开的112封谚文文书（对马历史民俗资料馆所藏对马岛宗家文书）中。③

对马易地通信不仅意味着江户幕府限定的场所，也意味着以国书传达仪式为首的外交仪礼的全盘变化，所以朝鲜从接到易地通信的提议之时开始，到实际在对马开展易地通信之时为止，消耗了长达24年的交涉时间。既有的研究已经大致揭示出朝日之间的易地通信交涉过程、译官与朝鲜语通词的工作、当时朝鲜朝廷内部的情况与译官们的活动

---

① 关于朝鲜语通词在与朝鲜相关的官方业务上承担的角色，详参许芝银：《倭館의 朝鮮語通詞와 정보유통》，景仁文化社，2012年。

② 松原孝俊、岸田文隆：《朝鮮通信使易地聘禮交涉の舞臺裏：对馬宗家文庫ハングル書簡から読み解く》，九州大學出版会，2018年，第2页。按解题所述，从1795年到1808年间译官与朝鲜语通词们制成的书信89封、觉书14封、口上书与口陈书9封，共计112封的韩文文书中，由译官制成的是94封，由日本方面朝鲜语通词制成的是14封。但按第19至25页的朝鲜译官发给书信一览表所示，发信者确实是朝鲜语通词的文书是3封（参考7、8、11），其余11封（史料32、67、68、69、70、79、93、94，参考6、9、10）是发信者未详的文书。阅读这11封文书的内容，看起来是朝鲜语通词制成的文书有7封，其余文书的发信者仍是不详。朝鲜语通词制成的10封文书（史料67、68、69、70、79、93、94，参考7、8、11）中9封（参考除11号之外的全部）含有易地通信的内容。

③ 112封中的99封是与对马易地通信关联的书翰，其余13封含有与易地通信之外的内容或是不能被看作是书翰的付札、下札类文书。见松原孝俊、岸田文隆：前揭书（2018），第2页；第5—6页。

情况等。① 但大部分研究将谚文书信的内容作为分析对象，对异地通信交涉过程中日本方面重视的内容，以及朝鲜语通词是如何将此阐述给朝鲜的部分有所忽视。

因此，本文将参考既有的研究成果，将现在已经公开的与易地通信交涉相关的谚文文书中由朝鲜语通词制成，或是推定是朝鲜语通词制成的 9 封谚文文书作为基本资料。首先在第一节中分析既是易地通信交涉的主要舞台，也是站在与朝鲜沟通交流最前线的朝鲜语通词的倭馆内的活动空间。其次在第二节中，以易地通信交涉过程中朝鲜语通词制成的谚文文书的内容为中心，分析代表江户幕府及对马藩立场的朝鲜语通词的活动。通过这样的分析，增加对马易地通信交涉的一个侧面的了解。

一、朝鲜语通词与作为"边界与接触空间"的倭馆

倭馆是从日本派遣而来的使者们的住处，也是朝日之间展开外交与贸易的场所，作为承担对朝鲜外交、贸易业务的日本人滞留场所而发挥作用。针对倭馆运营与对朝鲜外交、贸易业务，以总负责人馆守为首，大约有 500 名对马藩成年男性长住于此。

就其中的朝鲜语通词来说，根据《增正交邻志》的记载，为处理翻译业务，日本在 1693 年首次派遣了两名朝鲜语通词赴朝，每三年交替一次。②1717 年前后，朝鲜语通词的数量增加，职级也被细分为大通词、稽古通词、五人通词等。③ 朝鲜并不给朝鲜语通词们发放食物与衣物，

---

① 以韩文书信为基础，分析对马易地通信的研究有长正统：《倭學譯官書簡よりみた易地行聘交渉》，《史淵》第 115 期，1978 年；长崎县教育委员会：《對馬島宗家文庫史料 朝鮮譯官發給ハングル書簡調査報告書》，长崎县教育委员会，2015 年；松原孝俊、岸田文隆：《朝鮮通信使易地聘礼交渉の舞台裏：对馬宗家文庫ハングル書簡から読み解く》，九州大学出版会，2018 年；金德珍：《조선역관의 '書契偽造' 사건과 1811 년 통신사》，《한국민족문화》第 60 期，2017 等。

② 金健瑞编：《增正交邻志》第二卷《志·差倭》。

③ 许芝银：《쓰시마 조선어통사의 성립과정과 역할》，《한일관계사연구》第 29 期，2008 年，第 148—149 页。

仅仅提供柴与木炭[1]，而倭馆给他们每个月发放 5 石白米。

　　朝鲜语通词的勤务处即通事倭家像书僧倭家、东向寺一样，由日本人自己准备并建造。[2] 通事倭家分为东西两部分，中间是应接室。共有 4 间房屋，老资格的行首与之下的副行首各使用一间，其余 3 名通词共同使用 2 间。[3]

　　朝鲜语通词的执务所位于倭馆东侧的馆守家、裁判家、代官家附近（图一ⓐ下方的大四边形部分，即ⓑ）。

　　其理由是通词的一般业务是辅佐馆守与裁判，以及代官的官方事务。朝鲜语通词在辅佐这些人的业务时，承担的基本任务是翻译。第二，在朝日之间的外交、贸易交涉席上，辅佐裁判与代官，折中二者的意见。第三，在倭馆的日本人向朝鲜方面提出自己的要求事项，或是在需要正确把握朝鲜方面的意图时，负责翻译与制成以朝鲜式汉文写成的文书。第四，负责搜集与朝鲜乃至中国大陆关联的情报，辅佐有向对马藩报告情况义务的馆守，在朝鲜提供的官方情报之外，搜集对马藩与江户幕府需要的情报。[4]

　　但是，朝鲜语通词的主要活动空间并不是仅在倭馆东侧，他们也经常出入北侧的坂下一带。[5] 这是因为该处有位于对日沟通交涉最前线的朝鲜译官们的居住空间与执务所，即诚信堂、宾日轩、通事厅等（图一ⓐ上方的大四边形部分）。

　　　　B：接连阅读了早餐前的书信与现在的书信。……*阁下每日*

---

① 金健瑞编：《增正交邻志》第二卷《志·差倭》。

②《增正交邻志》第二卷《志·馆宇》。

③ 釜山甲寅会编：《日鲜通交史》，釜山甲寅会，1915 年，第 491 页。（许芝银：《쓰시마 조선어통사의 성립과정과 역할》，《한일관계사연구》第 29 期，2008 年，第 148—149 页再引用。）

④ 关于倭馆内朝鲜语通词的角色，参考许芝银：前揭论文（2008）。

⑤ 训导的执务所有诚信堂，别差的执务所有宾日轩，出使译官的执务所有柔远馆，小通事的执务所有通事厅等。这些负责对日关系与倭馆相关业务的朝鲜的译官（训导、别差、小通事、监董官、问情官、别遣堂上官等）被称为"任官"，其居住地与执务所被称为任所。（《增正交邻志·任官》，梁兴淑等：《대마도 역지통신과 역관, 그 '의례적' 관계와 '은밀한' 교류의 간극》，《한일관계사연구》第 50 期，2015 年，第 222—223 页。）

图一 ⓐ

图一 ⓑ

（ⓑ图中左起，从上往下依次是代官家、传语官家、馆守家、开市大厅。）

<u>往来宾日轩，</u>别差的书信已经提及了您担心的话语，所以我已经知晓。愈加郁闷的心情，要如何全部传达给您呢？……四月初一日，讲定官、训导。①

C：……从汉城来的消息会在明日、后日到达。初二日我南下后见面聊聊也行，<u>重要的是听说您已经在任所了。</u>无需焦急行动，请尽早回到倭馆吧。……丁卯正月二十九日，训导。②

D：来信收悉，<u>听说您一直停留在任所，</u>这让我感到过意不去。所有事情都无需焦急行动，如果您还在话，我会在后日南下跟您商议，还请您尽早回到倭馆吧。……丁卯正月三十日，训导。③

B、C、D 是朝日之间易地通信交涉尚未施行的时期，由朝鲜译官寄给朝鲜语通词的谚文书信的一部分内容。B 是 1806 年四月初一日，即将派遣通信使之前，派往东莱府的讲定译官玄义洵与训导玄炍寄给朝鲜语通词的谚文书信。朝鲜语通词每日往来别差的执务所即宾日轩，玄义洵二人已由别差发送的书信得知其担心之意。C 是 1807 年正月二十九日讲定译官玄义洵向朝鲜语通词回信内容的一部分。这是向停留在朝鲜译官的居住地与执务所即任所的朝鲜语通词告知，如果有从汉城来的消息，会去倭馆直接见面并商议，所以请朝鲜语通词先回倭馆等待。D 是 1807 年正月三十日讲定译官玄义洵向朝鲜语通词寄去的回信的一部分。前日向朝鲜语通词寄去的书信里虽然提及要是有从汉城来的消息，会去倭馆，但朝鲜语通词仍然继续停留在任所，等待消息，这让玄义洵感到过意不去，希望朝鲜语通词能回到倭馆。

但审视 B、C、D 的内容，朝鲜语通词访问任所的当时，训导并不在任所。训导未在任所的可能是，因公、私事前去汉城，或是有向东莱府使报告的事情前去东莱官厅，或是因处罚或问责等理由而被停职反省。东莱官厅与译官们的任所之间距离较远，处理完毕业务需要一天的

---

① 松原孝俊、岸田文隆：前揭书（2018），第 193—194 页。《史料 59》。
② 同上，第 267—268 页。《史料 81》。
③ 同上，第 268—269 页。《史料 82》。

往返时间。① 一般说来，译官们去东莱的话，会在东莱停留，处理完事情之后才回到任所。译官们不在任所的话，会派通事或者小童去倭馆，或以书信告知自己不在任所。② 因此，朝鲜语通词是明明知道训导不在任所，却仍然访问任所。此外，通过 B 中讲定译官玄义洵所写的"接连阅读了早餐前的书信与现在的书信"可知，一天之内可以多次发信与任所之外的译官进行沟通。

综上可知，朝鲜语通词非常频繁地访问译官们的任所，催促会面与回信。那么该时期朝日之间有什么问题呢？下节将做具体分析。

二、易地通信交涉与朝鲜语通词的谚文文书

在对马历史民俗资料馆所藏的对马岛宗家文书中最近公开的 112 封谚文文书里，含有 9 封可以被推断是由朝鲜语通词在易地通信交涉时期制成的谚文文书。

表一

	史料番号	管理番号	备注
1	史料 67	1691	背书：丙寅六月论议之文
2	史料 68	54—1—7	背书：初写之信
3	史料 69	823—28,819—14	背书：控八月十九日分
4	史料 70	1684	信封：含有真文扣书付，小田几五郎
5	史料 79	1688	背书：下书是从都船主处得来的易为理解的书信
6	史料 93	1687	背书：六月十六日交涉
7	史料 94	1685	背书：交涉时用谚文以向任官展示的计划而制成的草案
8	参考 7		插入文书 4《记录类 3/ 朝鲜关系 B-7》之 2
9	参考 8		插入文书 5《记录类 3/ 朝鲜关系 B-7》之 3

---

① 任所与东莱府使的执务所等重要官厅相距 27 里。按《东莱府志》，倭馆与邑治间有 30 里的距离。即任所与倭馆间相距 3 里左右，换算成现在的单位大概是 1.2—1.3km。任所与倭馆间存在名为伏兵山的矮山，往海岸边还有营缮山，有以海岸相连的道路。从倭馆到任所，从任所到倭馆的时候，如果不走海岸道路的话，需要翻过山丘一次才能到达，但距离不远。见梁兴淑等：前揭论文（2015），第 223 页。
② 梁兴淑等：前揭论文（2015），第 224 页。

这些文书看起来是在 1806 年到 1807 年间制成的，包括"觉（备忘录）"、"书信"、"口上书（为正确传递意思，将口头的话制成文书）"等文书样式。所有的收信发信者并不明确，但看起来是认识并可以书写谚文的朝鲜语通词制成，寄给朝鲜的译官等或是在交涉席上展示的文书。本节将利用朝鲜语通词制成的谚文文书，分析异地通信交涉过程中日本方面重视的部分，朝鲜语通词又是如何将此阐述给朝鲜方面。

1787 年四月，德川家齐就任江户幕府的第十一代将军。按照惯例，接到幕府命令的对马藩两次派遣大差使，将前任将军的死亡消息与新任将军的就任消息告知了朝鲜。朝鲜在十二月派遣译官使至对马藩，转达了哀悼与祝贺之意。此外，朝鲜也预想到日本在三年内会提出派遣通信使的要求，开始着手准备通信使派遣。① 江户幕府也在 1788 年三月二十日指示对马藩按从前惯例向朝鲜提出通信使派遣的要求。

但三个月之后，江户幕府的老中首座松平定信指示对马藩以易地通信为前提，向朝鲜提出延期派遣通信使的要求。② 对马藩于 1788 年十月向朝鲜派出了使者古川图书，以经济困乏为由，提出了延期派遣通信使的要求。朝鲜以未有前例为由不同意接待，但因正祖的命令，于 1789 年三月接受了延期派遣通信使的要求，并要求日本再次提交延期年限。但因松平定信已经在考虑以易地通信为前提的延期派遣通信使，所以未再进行交涉。③

另一方面，对马藩围绕易地通信问题，赞同派的大森繁右卫门与反对派的杉村直记的意见对立走向公开化。1791 年五月，松平定信向大森繁右卫门指示开始与朝鲜的易地通信交涉，12 月的时候大森繁右卫门一派被派往朝鲜。但朝鲜以易地通信违反前例为由，拒绝了日本方面的要求，相关交涉搁浅了四年。④ 结果该使者直到 1795 年二月才收到朝

① 《增正交邻志》卷 6，《问慰各年例》；三宅英利著，孙承喆译：《近世韩日韩日关系史研究》，1991 年，第 405—406 页。
② 松平定信：《宇下人言》，三宅英利著，孙承喆译：前揭书，第 407 页。
③ 三宅英利著，孙承喆译：前揭书，第 409 页。
④ 长正统：前揭论文，第 105—106 页。

鲜的聘礼延期无妨的答书,回到对马藩。对马藩向江户幕府提交了该答书,报告了未能完成易地通信交涉的事实。①

但 1795 年三月,东莱府新赴任的译官朴俊汉访问了倭馆,通过朝鲜语通词言及了以减少经费为前提的易地通信的可能性。②七月,朴俊汉向朝鲜语通词转达了自身从朝鲜朝廷得到秘密交涉的命令,说是希望按对马藩提议进行交涉,开始着手暗箱交涉。朴俊汉计划如果该消息被报告给江户幕府,幕府的意向通过对马藩再传到倭馆的话,就将该情况报告给朝鲜朝廷,对马藩派出请求通信使的使者的话,那时再对以减少经费为前提的易地通信进行具体讨论。③

馆守任期即将结束的户田赖母通过朝鲜语通词向朴俊汉确认了重启易地通信交涉是朝鲜朝廷的指示,在收到要求完成易地通信的东莱府使的书信后,回到了对马报告了此事。④该消息在 1797 年二月立刻被报告给幕府。四月,幕府下达了命令,即通告朝鲜,若朝鲜不先同意易地通信的话,就不商讨其他省弊方法。幕府的方针于 1797 年七月,按倭馆→朝鲜语通词→朴俊汉→东莱府使的路线得以传达。⑤

正在这时,将军的世子去世,对马藩藩主一回到对马,朝鲜在八月就派出了问慰行。此时朴俊汉被任命为渡海译官,他前去对马提及了易地通信之事。对马藩一边声称幕府已经做出了"通信使派遣延期"的决定,所以若无朝鲜的官方要求,无法做出应答,一边拜托朴俊汉说服朝鲜朝廷。⑥

朴俊汉归国两个月后,即 1797 年二月,朝鲜朝廷内部第一次谈及

---

① 许芝银:《근세 왜관 館守의 역할과 戶田賴母》,《한일관계사연구》第 48 期,2014 年,第 20 页。
② 松原孝俊、岸田文隆:前揭书(2018),第 212—213 页。《史料 68》。
③ 酒井雅代:前揭论文(2018),第 2 页。
④ 田保桥洁著,金钟学译:《근대일선관계의 연구》하,一潮阁,2016 年,第 595 页。
⑤ 同上,第 594—597 页。
⑥ 酒井雅代:前揭论文(2018),第 3 页;岩方久彦:《1811 년 대마도 역지통신연구 : 기미책을 중심으로》,《한일관계사연구》第 23 期,2005 年,第 147—148 页。

了易地通信，做出了进行通信使派遣时日延期交涉的决定。① 七月，朴俊汉将朝鲜朝廷希望将通信使派遣延期5—6年的意向告知馆守户田赖母，针对以减少费用为前提的易地通信达成了协议。九月，将批准该协议的东莱府使的书契等送至倭馆。通过对马藩得知此事的幕府同意在第二年，即1798年五月重启易地通信交涉。朴俊汉与馆守户田赖母通过交涉，缔结了戊午易地行聘协定，其结果是通信使派遣延期到十年后的1807年。

　　1799年朴俊汉因热病死亡，与其同属一派的朴致俭等接过了交涉的任务。另一方面，户田赖母在结束馆守任期之后，仍因对马藩的指示，在1802年到1805年以古馆守的身份滞留倭馆。他以担任通信使讲定裁判的1798年，与朴俊汉缔结的戊午易地行聘协定为基础，与讲定官朴致俭讲定了通信使行节目。但随着讲定官被换成玄义洵，在这之前决定的交涉案件开始被调查。结果发现戊午易地行聘协定缔结当时，礼曹参议与东莱府使的书契乃是伪造的事实，因此事被牵连的译官们于1805年九月在草梁倭馆门前被处以刑罚。②

　　在此之前的1805年五月，江户幕府命令对马藩，要求通信使来聘。对马藩派出了古川图书等人组成的通信使请来大差倭（邀请通信使的使者）。十一月，一行人携带含有易地通信与1809年派遣通信使内容的书契到达倭馆。③ 接到东莱府使报告的朝鲜朝廷认为，由于伪造文书的译官受罚，所以没有同意接待。④ 直到1806年三月初十日，才做出了先接待后讨论的结论，⑤ 并在三月十一日派出了接慰官徐能辅。⑥

　　接慰官一行在五月初四日抵达东莱府，⑦ 直到五月十二日才在倭馆

---

① 《承政院日记》正祖二十一年（1797）二月初十日；《日省录》正祖二十一年（1797）二月初十日。

② 许芝银：前揭论文（2014），第206页。

③ 酒井雅代：前揭论文（2018），第4页。

④ 梁兴淑等：前揭论文（2015），第227页。

⑤ 《朝鲜王朝实录》纯祖六年（1806）三月初十日。

⑥ 同上三月十一日。

⑦ 《典客司日记》第10，纯祖六年丙寅（1806）五月初十日。

举行了通信使请来大差使的下船宴，接受了书契。通信使请来大差使特
意提醒书契里有关于易地通信的内容，还向东莱府使与接慰官表达了希
望其尽力的话语。就此东莱府使表示，易地通信不是朝鲜提出的建议，
所以实行与否只能等待朝廷的处分，并离开了座位。之后都船主与讲定
译官玄义洵、训导玄炌见面，强调易地通信是两国已经讲定的问题。但
讲定译官等人认为，因为讲定之事是奸译辈们所为的不正行为，且这些
人已经被依法处置，所以无法继续商议。旧馆守户田赖母随即展示了戊
午协定当时讲定的两张节目。[①] 讲定译官等人认为这是凶译辈们伪造的
文书，不接受且不看这些文书，反而责备户田赖母。最后，户田赖母一
边发火道："这样下去的话，那就等对马灭亡了以后再放弃吧！"一边摔
门而去，商议就此中止。[②]

　　六月十一日，朝鲜朝廷对通信使请来大差使书契的答书到达东莱，
东莱府使答书通过译官向倭馆转达誊本。但是倭馆方面表示："如果答
书内容不是打算顺利完成本次事情，那绝不接受。"训导担心会发生风
波，不打算转达朝廷的答书，而都船主等以违反先例斥责了训导们。[③]
当时朝鲜语通词为传达倭馆方面的立场而制成的谚文文书至今存留，全
文虽然略长，但仍介绍如下：

　　H：日本六十六州俱已知悉该事已顺利成事，何有直到今日才
言该事不成之理？请换位思考一下。贵国之人说此事子虚乌有，意
为他国已知之事乃是无有。朝鲜也见到日本俱已知此事之言，也全
部读了去年秋天的书契与口伸等，连讲定官、训导、衙前的胥吏们
的言语都上告了朝廷。事情明白，但因讲定官、训导未能向两位使
道详细禀告此事，事情才落到如今的地步。小人等想禀告事由，走
到使道面前，但却被斥为越界，小人等屡屡说明并非越界，即便是
请求得到一个不要阻拦去路的吩咐，都未能得到许可。因此现在
两国之间早晚必将出事。无论最终如何，都该将事由禀告使道，如

① 田保桥洁著，金钟学译：前揭书，第 637 页。
② 许芝银：前揭论文（2014），第 206—207 页。
③ 田保桥洁著，金钟学译：前揭书，第 638 页。

果最终不能顺利成事，倭馆所有人将玉石俱焚，所以请让我们出去吧。

一、大差使回答书契誊本在结诚以来已有前例。因下船茶礼后十五日或不超过二十日即可到来，所以立即迅速派遣飞船，等待回答准备礼单茶礼。见到誊本之后，举行别宴也是前例。因此，将此言数次告知堂上差备译官、讲定官、训导、别差、堂上差备译官诸位，但都回答即便前例如此，但今次不行。责问道："任官为何说已有前例之事但今次不行？"回答说是两位使道说是不行，所以就算有前例今次也不行。当初以任官之言制止此事，现在又说是使道之言，处事为何如此？不将倭馆之言详细禀告使道，又以使道之言事事制止，悲切地只希望能让我们出去。

一、原打算在倭馆首先举行别宴，却固执地说是未有前例，只得将百余年前的公务之事，作为设行的前例展示出来。任官们斥责道："为何要说百余年前的话？总是说不行。"直到现在同意将设行别宴报告上去。忽这忽那，任官们这样行事，处事为何如此？

一、通过过于制止誊本一事，自然可以预料到事情不会顺利。之前许接之时，虽也见了前令，但并未说一定要见之言。别宴之后，若是还不顺利的话，大差使还会在哪次宴席上见到两位使道？我们对马岛为两国之事奔走，却到了这种境地，自然不得不灭亡。两位使道敬请鉴察。现在因微末理由与任官们争执究竟是想如何？是想前去尊前，了解对事情处理的吩咐。

丙寅六月[①]

上文是说日本各州均知道易地通信交涉正顺利进行，所以没有理由正式告知日本实际情况并非如此。此外，也没有必要告知日本，朝鲜译官们伪造书契，受到处罚之事。1805 年秋，讲定译官与训导、衙前的胥吏们都已看过来到朝鲜的通信使请来大差使的书契与具申，那时连他们所说的话都已报告给朝廷，朝廷俱已知悉。但讲定译官与训导却未能将

① 松原孝俊、岸田文隆：前揭书（2018），第 205—206 页。《史料 67》。

这样的内容明确报告给东莱府使与釜山金使，所以出现问题。日本人想直接见两位使道，从倭馆中出来，但却被斥为越界遭到制止，也得不到允许外出的许可。所以日本人向东莱府使报告情况后，说是事情不能顺利进行的话，倭馆的日本人将玉石俱焚。

从下划线部分可知，朝鲜方面是译官处于与倭馆方面沟通接触的最前线。朝鲜语通词代表通信使请来大差使，一边批判译官们在交涉席上自说自话，无法沟通之下不仅搬出东莱府使的话，处事方式进也是忽这忽那，一边吐露了为朝日两国办事反而变得难堪的对马藩的立场。此外，也强调了因为通过译官而事情不顺，所以即使是越界，也要直接见到东莱府使与釜山金使进行谈判的倭馆方面的立场。

最终东莱府使与接慰官于六月二十四日举行了别宴，于二十五日举行了礼单茶礼，将礼曹参判等人的书契转交给通信使请来大差使。大差使等人认为书契的内容并非自己想要的内容，拒绝受理，40余名的日本人聚集到译官们的执务所，说了言辞不逊的话语。[①] 之后的八月十九日，为举行第一、二、三送使船的下船宴，东莱府使访问了倭馆，当时朝鲜语通词写给东莱府使的谚文文书至今存留。文书的前部分包括朝日之间易地通信交涉过程的始末、朴俊汉的工作、对马藩的应对，以及对本次礼曹致通信使请来大差使回答书契内容不满的内容。后部分一条一条地叙述了通信使请来大差使不能接受礼曹回答书契的七大理由。

一、……您认为大差使能接受并非是针对该书契的回答书契吗？

一、……您认为天下的使臣会接受本国将亡（的书契）而离去吗？这与劝他国服毒去死并无二致。

一、……朝鲜派使臣去日本时，无论答书中有什么样的话语，朝鲜使臣会随意接受离去吗？请换位思考一下。……

一、……您真的认为不会有问题吗？此回答延误的话，对马州不会生出是非吗？

---

① 田保桥洁著，金钟学译：前揭书，第638—639页。

一、……结诚之初，定下条约的人虽然都已去世，但一旦缔结条约，即使百年之后也应该按条约行事，这样诚信才能持续下去不是吗？

一、……每次公论之时，您说是处死了欺骗之人，就算不出此言，也是众所周知之事。如果江户没有书契，倒也无妨，但是在该书契已到江户之后，就算处死更多人也无可奈何之事。……一张书契，给万民带来灾祸，敬请三思。

一、……此时对马州的本意是斡旋消除招致我国的倾亡，也会给两国交涉带来害处的可能性，所以敬请三思。……不知道此言会不会传到朝廷。……虽然不知道朝廷的意向，但使道您让我们接受回答书契，一再催促，但对马州很快就会招来江户的斥责，所以万死不能接受该书契。①

已经向幕府报告易地通信成事之后，通信使请来大差使绝对不可能接受礼曹的回答书契，对马藩也不可能放弃易地通信。从下划线部分可知，朝鲜语通词称"请换位思考一下"，"敬请三思"等，拜托理解通信使请来大差使的立场，同时也用上了"本国将亡"，"这与劝他国服毒去死并无二致"，"就算处死更多人"，"万死不能接受该书契"等强硬语句，代表通信使请来大差使的立场，让朝鲜接受他们的要求。此外，还提及了"一张书契，给万民带来灾祸"，"对马州很快就会招来江户的斥责"，吐露了易地通信不能成事之时，其影响乃至对马藩的难堪立场。但是，无论朝鲜语通词如何努力，东莱府使仍然不接受他们的要求，通信使请来大差使不得不在第二年，即 1807 年二月向对马藩报告了事态的严重性。

---

① 松原孝俊、岸田文隆：前揭书（2018），第 226 页。《史料 68》。【参考信息】需要注意本史料本文中"仅仅过了八个月就获得许可，下船茶礼与进上宴也接连举行，中宴也按吩咐以干物准备，大差使事事极尽诚意。但过了十个月，也没有对带来书契的回答"的部分。需要注意 1805 年十一月二十一日到达倭馆的通信使请来大差使一行的同时，也要看到本史料与 1806 年八月十九日制成的《史料 69》与《史料 70》的内容相似，可以推测本史料是在相近时期制成。

六月十七日，①朝鲜语通词一边说明希望重启易地通信交涉的是朝鲜，朝鲜方面对易地通信的施行与否反反复复，造成对马的立场十分难堪，一边制成了为得到朝鲜方面的许可，就算越界，通信使请来大差使也会直接前去汉城的谚文文书。②但按松原孝俊、岸田文隆的研究，该谚文文书的内容是朝鲜别差（译官）制成草稿，日本方面添加删减而已。③

　　上面口上（文书的一种形式，译者注）的主旨是别差给的谚文，我们以此为底本，将其翻译成日语，稍作添加删减。用真文写成的，就按其原样。谚文是抄录别差所给之文，其若干添加删减的部分用了红色字迹标记。④

从该内容可知，朝鲜语通词将别差所给的谚文文书翻译成日语，展示给通信使请来大差使看。通信使请来大差使添加删减的部分用汉字文书，即真文写成。此外，抄录别差所给的谚文文书后，用红色字迹标记通信使请来大差使添加删减的部分。

真文的话，应该是为六月十七日新任馆守平时之准备下船宴，东莱府使与釜山金使访问倭馆之时，在要求会见之后，若可以与东莱府使会面的话，为给其展示⑤而制成的文书。此外，抄录别差所给的谚文文书后，制成用红色字迹标记通信使请来大差使添加删减的部分的谚文文书，这应该是为给一起参席的译官确认添加删减的部分。

从红字字迹标记的添加删减部分可知，对马藩主由"太守가（平语，译者注）"改成了"太守께서（敬语，译者注）"，"大差使께서"被改成"大差使正官께서"，"出兵救援"被改成"派出军队救援"等。把草稿

---

① 该文书落款的日期是丁卯六月十六日，换算成朝鲜历法是纯祖七年（1807）六月十七日。见松原孝俊、岸田文隆：前揭书（2018），第228页。

② 松原孝俊、岸田文隆：前揭书（2018），第284—285页。《史料93》。

③ 松原孝俊、岸田文隆：前揭书（2018），第288页。《史料93》。

④ 宗家文库史料—纸物815-1（端裏书き）卯六月十六日之和解。松原孝俊、岸田文隆：前揭书（2018），第288页，《史料93》再引用。

⑤ 但无法确认真文的制成者是负责朝日之间文书业务的东向寺僧侣还是朝鲜语通词。

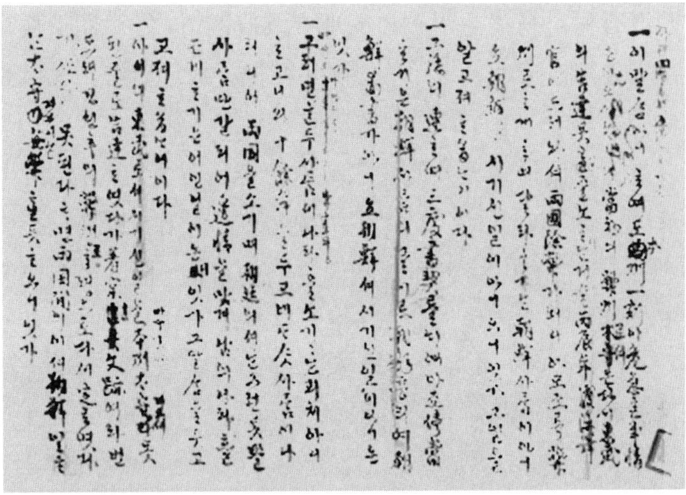

史料 93（1/2）

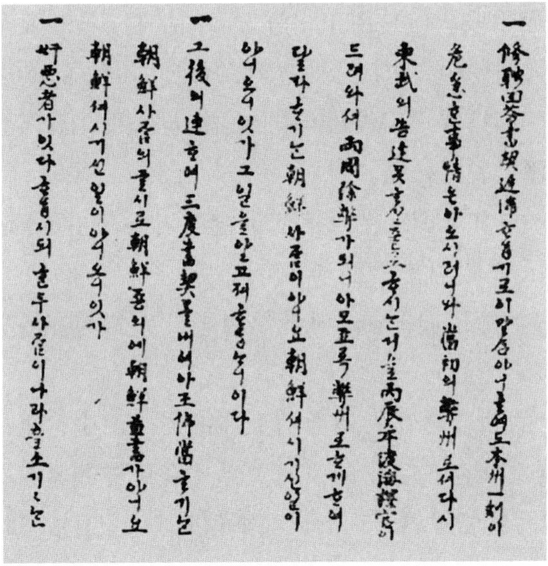

史料 94（1/3）

史料 94
（端裏書き）

图二 ①

① 松原孝俊、岸田文隆引用了田保桥洁的"六月十七日为参加新任馆守平时之的下
船宴，东莱府使与釜山金使访问倭馆之时，300 余名日本人向府使强行要求会见，
朝鲜虽采取了矜惜之策，但府使却并不理睬"的研究，并称当时都船主加纳乡左
卫门等人的真正构想书的草稿即《史料 93》。此外，《史料 94》是正体抄录《史料
93》的文书，该文书背面下端写有"交涉时为用谚文向任官展示而制成的草稿"。
见松原孝俊、岸田文隆：前揭书（2018），第 288—289 页；第 291—294 页。

中译官们没有对对马藩主用敬语的地方改成敬语，把试图从倭馆越界的主体从模糊处理改成明确标示，把汉字标记改成用谚解。也就是这种程度的改动，并没有把译官们制成的草稿大幅度添加删减。

译官将通信使请来大差使与东莱府使会面要求的内容制成草稿，转交给朝鲜语通词，仅就这一点也可推测出译官与朝鲜语通词之间的紧密关系。此外，并没有大幅添加删减译官们的草稿，也可说明译官们在文书内容里较好反映了倭馆方面，乃至对马藩的立场。实际上从文书内容也可知，该文书始终一贯地提及了对于实行易地通信，因为朝鲜反复无常的决定而变得难堪的对马藩的处境，也吐露了朝鲜对对马藩处于难堪的立场，仍然袖手旁观的怨气。

然而东莱府使并没有听从他们的要求，倭馆最终决定于七月十三日，实行最后的越界手段。但是由于朝鲜方面的抵制，日本人没能抵达东莱府，但得到了大差使的要求已上报朝廷的保证。[①] 到了1807年十一月，一直负责交涉的旧馆守户田赖母与朝鲜语通词小田几五郎等最终因交涉失败，受到停职反省的处罚。

之后朝鲜于1809年七月，在对信使讲定与对马藩主的问慰行时，通过与派遣到对马的幕府官吏的面谈，确认易地通信是幕府的意向后，于1811年向对马藩派遣了通信使。从此结束了长达24年的交涉，实现了易地通信。

迄今为止所见的朝日之间易地通信交涉的另一面中，可见朝鲜的译官与朝鲜语通词之间存在隐秘的紧密关系。有这样的紧密关系，从现在存留的译官们写给朝鲜语通词的谚文书信来看，也存在"此乃重要之事，换句话说，我会用各种方法斡旋此事，请您告知旧馆守……请阅后即毁"[②]，"请告知倭馆之人注意言语，请多多叮嘱，该信件也请阅后即焚"[③]，等话语。从朝鲜的立场来看，朝鲜语通词首先要将使朝日之间交涉顺利进行的译官的意图转达给馆守，其次，他们也是管制倭馆里日本

① 田保桥洁著，金钟学译：前揭书，第643页。
② 松原孝俊、岸田文隆：前揭书（2018），第57页。《史料7》。
③ 同上，第103页。《史料20》。

人的必要存在。

此外，从下划线部分可知，译官叮嘱朝鲜语通词在读信后即销毁或是干脆烧掉。即便如此，在易地通信交涉过程中，不仅是译官写给朝鲜语通词的大多数谚文书信，连朝鲜语通词制成的谚文文书也有9封存留到现在。那么朝鲜语通词没有销毁译官们书信的理由，以及朝鲜语通词制成的谚文文书与译官们寄来的谚文书信一道被保管在对马岛宗家文库的理由究竟是什么？

首先，从朝鲜语通词的立场来看，无论与译官们多么关系密切，这都是代表朝鲜立场的译官们寄来的书信，在以后的交涉进程中，可以作为证据及证明资料，所以不能销毁。这也是决定对马藩生死的问题，而朝鲜语通词们将对马藩的立场与利益放在首位。

其次，朝鲜语通词的谚文文书反映了对马藩的立场，是了解在易地通信交涉过程中朝鲜语通词们是如何代表其立场的资料。因此可以在以后进行的交涉中成为典据，所以朝鲜语通词们制成的谚文文书与译官们寄来的书信被保存在一起。

结语

上文叙述了既是易地通信交涉的主要舞台，也是站在与朝鲜沟通交流最前线的朝鲜语通词的倭馆内的活动空间，以及江户幕府与对马藩对易地交涉的立场，乃至代表对马藩的朝鲜语通词的活动。

近世时期的倭馆具有朝日之间"边界与接触空间"的双重性质。在倭馆工作的对马藩人中，作为朝鲜语翻译官的朝鲜语通词活动在与朝鲜沟通交流的最前线。他们的一般业务是辅佐馆守与裁判，以及代官的官方事务，所以其执务所位于坐落在倭馆东侧的馆守家、裁判家、代官家附近。朝鲜语通词的主要活动空间并不是仅在倭馆东侧，他们也经常出入北侧的坂下一带。这是因为该处有位于对日沟通交涉最前线的朝鲜译官们的居住空间与执务所。

朝鲜语通词为与朝鲜方面进行顺畅的沟通交涉，也用朝鲜语制成谚文文书。现在公开的与易地通信交涉相关的谚文文书中，由朝鲜语通词制成或是被认为是朝鲜语通词制成的文书共有 9 封。对马易地通信不仅意味着江户幕府限定的场所，也意味着以国书转达仪式为首的外交仪礼的全盘变化，所以朝鲜从接到易地通信的提议之时开始，到在对马开展易地通信之时为止，消耗了长达 24 年的交涉时间。因此，活动在与朝鲜沟通交流最前线的朝鲜语通词们的角色非常重要。

朝鲜语通词在对马易地通信交涉过程中制成的谚文文书，可以成为把握当时江户幕府与对马藩立场的根据。此外，可以认为这也是了解将江户幕府与对马藩的立场尽力传达给朝鲜方面，为交涉顺利进行而努力的朝鲜语通词们的辛劳的贵重资料。